马克思主义
研究文库

# 马克思政治经济学
# 数量分析研究

丘艳娟　著

**SPM** 南方出版传媒·广东人民出版社

·广州·

图书在版编目（CIP）数据

马克思政治经济学数量分析研究 / 丘艳娟著. —广州：广东人民出版社，2021.12

（马克思主义研究文库）

ISBN 978-7-218-14946-2

Ⅰ．①马…　Ⅱ．①丘…　Ⅲ．①马克思主义政治经济学—研究　Ⅳ．①F0-0

中国版本图书馆 CIP 数据核字（2021）第 027140 号

MAKESI ZHENGZHI JINGJIXUE SHULIANG FENXI YANJIU

马克思政治经济学数量分析研究

丘艳娟　著

版权所有　翻印必究

出 版 人：肖风华

出版统筹：卢雪华
责任编辑：卢雪华　伍茗欣
装帧设计：书窗设计工作室
责任技编：吴彦斌　周星奎

出版发行：广东人民出版社
地　　址：广州市海珠区新港西路 204 号 2 号楼（邮政编码：510300）
电　　话：（020）85716809（总编室）
传　　真：（020）85716872
网　　址：http://www.gdpph.com
印　　刷：广州市豪威彩色印务有限公司
开　　本：787mm×1092mm　1/16
印　　张：18　　字　　数：280千
版　　次：2021年12月第1版
印　　次：2021年12月第1次印刷
定　　价：62.00元

如发现印装质量问题，影响阅读，请与出版社（020-85716849）联系调换。
售书热线：020-85716826

# 总 序

马克思主义深刻揭示了自然界、人类社会、人类思维发展的普遍规律，是科学的理论、人民的理论、实践的理论，为人类社会发展进步指明了方向。这一理论，犹如壮丽的日出，照亮了人类探索历史规律和寻求自身解放的道路。在人类思想史上，还没有哪一种理论像马克思主义那样对人类文明进步产生了如此广泛而巨大的影响。无论时代如何变迁，马克思主义依然显示出科学思想的伟力，依然占据着真理和道义的制高点，人类社会仍然生活在马克思所阐明的发展规律之中。

一个民族要走在时代前列，就一刻不能没有理论思维，一刻不能没有思想指引。当今世界正经历百年未有之大变局，我国正处于实现中华民族伟大复兴的关键时期。中华民族要实现伟大复兴，同样一刻也不能没有理论思维和思想指引。马克思主义是我们认识世界、把握规律、追求真理、改造世界的强大思想武器，是党和人民事业不断发展的参天大树之根本，是党和人民不断奋进的万里长河之源泉，是我们党和国家必须始终遵循的指导思想。新时代，我们仍然要学习和实践马克思主义，坚持马克思主义在意识形态领域指导地位的根本制度，确保中华民族伟大复兴的巨轮始终沿着正确航向破浪前行。

理论的生命力在于不断创新。我们党的历史，就是一部不断推进马克思主义中国化的历史，就是一部不断推进理论创新、进行理论创造的历史，推动马克思主义不断发展是中国共产党人的神圣职责。为深入推进马克思主义理论研究、马克思主义经典著作研究、马克思主义中国化研究，特别是当代中国马克思主义、21 世纪马克思主义研究，不断赋予马克思主义新的生机和活力，推动马克思主义不断焕发出强大的生命力、创造力、感召力，放射出更加灿烂的真理光芒，引导人们不断深化对共产党执政规律、社会主义建设规律、人类社会发展规律的认识，不断增强"四个意识"、坚定"四个自信"、做到"两个维护"，中共广东省委宣传部理论处组织编写了"马克思主义研究文库"丛书。该套丛书作为一个开放性的文库，将定期集中推出一批有分量、有价值、有影响的马克思主义研究学术著作，通过系列研究成果的出版，解答理论之思，回答实践之问，推进我省马克思主义研究，促进哲学社会科学繁荣发展。

"只要进一步发挥我们的唯物主义论点，并且把它应用于现时代，一个强大的、一切时代中最强大的革命远景就会立即展现在我们面前。"在全面建设社会主义现代化国家新征程中，我们要继续高扬马克思主义伟大旗帜，推动马克思、恩格斯设想的人类社会美好前景不断在广东大地、中国大地生动展现出来。

# 目 录

## 第二章　马克思政治经济学数量分析的基本内容

## 第五章 马克思政治经济学数量分析之于新时代中国特色社会主义政治经济学的建构

# 导 论

# 一、选题的缘由

## （一）理论缘由

政治经济学究竟是一种什么样的科学？是分析经济学还是理论经济学呢？长期以来，学界认为政治经济学和西方经济学属于理论经济学下的同一级学科，尤其是从国内研究来看，政治经济学逐渐变成西方的经济学，发展较为迟缓，主流的政治经济学教科书不管是从理论框架还是从基本理论来看，并没有摆脱苏联范式的影响。国内政治经济学被边缘化，对政治经济学是什么这个问题未作过多的反思。宏观经济学和微观经济学对有关社会经济制度的问题基本上不涉及，比较重视量的分析而较少注重质的研究，对经济问题的研究缺乏人文精神，表现出一种超阶级的立场。政治经济学则具有强烈的阶级性，不仅表现在马克思政治经济学具有鲜明的阶级性，而且古典政治经济学也具有阶级性。相比之下，政治经济学在不忽视有关量的分析的同时，注重对社会经济制度进行质的研究。实际上，政治经济学指的就是马克思的经济学。"政治经济学是一门历史科学。"[1]马克思主义政治经济学是无产阶级的政治经济学，属于理论经济学和分析经济学。

西方经济学包括微观经济学和宏观经济学，属于理论经济学，其经济学流派林立。从诺贝尔经济学奖成果来看，获奖者基本上是运用西方主流经济学的数理分析知识研究现实经济问题而获奖。虽然西方经济学有它的可取之处，但这并不意味着只有西方经济学才能解决经济问题，面对经济危机，西方经济学也遇到过挫折。从政治经济学本身的产生源头和科学内容来看，马克思的政治经济学是关于经济发展的科学，习近平总书记指

---

[1]［德］瓦·图赫舍雷尔：《马克思经济理论的形成和发展》，人民出版社1981年版，第202页。

出："学习马克思主义政治经济学基本原理和方法论，有利于我们掌握科学的经济分析方法，认识经济运动过程，把握社会经济发展规律，提高驾驭社会主义市场经济能力，更好回答我国经济发展的理论和实践问题，提高领导我国经济发展能力和水平。"[①] 而马克思政治经济学数量分析方法有助于经济问题的量化分析和质性研究。同时，数量分析成为研究经济问题精确性与严密性必不可少的途径，因而，对现实经济问题的分析若能在定性分析的基础上融入数量分析，不仅有助于促进经济发展，揭示经济规律和经济本质，而且对现实经济问题具有指导意义。

### （二）现实缘由

从西方经济学的发展史来看，西方经济学和数量分析一直是共同发展的。宏观经济学采用总量分析方法，微观经济学采用个量分析方法。总量分析方法和个量分析方法都是数量分析的具体运用形式。尤其是微观经济学在发展过程中受数量分析影响较大，可以说二者是相辅相成的。马克思说："一种科学只有在成功地运用数学时，才算达到了真正完善的地步。"[②] 但在经济学研究中，运用数量分析要恰当，而不是盲目地采用。

当前，经济全球化已成为必然趋势，市场经济的发展趋势已势不可挡，西方国家从建立市场经济以来，经济迅猛发展。苏联虽然在经济上也取得一定的成绩，但其苏联模式的计划经济严重阻碍经济社会的发展。我国在改革的过程中，逐渐认识到计划经济日益显露出的弊端，从而进行市场经济改革探索，探寻到了市场经济改革的方式方法。党的十九大报告指出，增强我国经济创新力和竞争力要着力构建有效的市场机制、宏观调控和微观机制。因而，对微观经济学的学习有助于我们把握市场经济的内在

---

①《立足我国国情和我国发展实践　发展当代中国马克思主义政治经济学》，《人民日报》2015 年 11 月 25 日。

②［法］保尔·拉法格等：《回忆马克思恩格斯》，人民出版社 1957 年版，第 93 页。

运行规律和逻辑关系，尤其是数量分析方法对市场经济发展的现实意义重大。一方面，现代市场经济体制的建立和完善，应具备各种条件，更离不开数量分析方法；另一方面，数量分析作为一种认识方法和工具，随着经济体制改革的不断深化，将日益显示其强大的生命力和广泛用途。因而，对经济问题的分析既要合理汲取西方经济学有关数理分析的具体运用，也要注重马克思政治经济学对社会经济制度进行质的分析，用量来体现质，用质来规范量，两者的融合，是数量分析关于哲学范畴量的分析和质的研究的统一，有利于经济学研究质的研究与整体上的把握和量的分析与内容上的细化。

随着互联网、物联网、云计算和电子通信技术的迅猛发展，经济社会进入信息社会时代，数据的迅速增长成为经济发展的严峻挑战和宝贵机遇。面对经济发展转型，为促进经济发展，我国高度重视数字经济的发展，为实现"十三五"规划经济发展目标，我国政府提出要大力发展大数据经济和数字经济。党的十九大报告强调要加快建设创新型国家，为建设数字中国、智慧社会等要加强应用基础研究，建设现代化经济体系。然而，面对复杂繁多的数据信息，大数据对数据真伪的识辨提供了技术支持，影响着经济生活的各个领域，为经济学的研究提供一种综合定性分析与数量分析的可靠途径。大数据的核心功能在于预测，更重要的是潜藏着无限的经济价值，舍恩伯格在《大数据时代》一书中指出："对大数据的掌握可以转化为经济价值的来源。"① 因而，运用大数据进行经济学的研究是对传统经济学研究的一种传承，尤其是从我国实施国家大数据战略以来，一直积极推进数据资源开放共享，顺应大数据迅猛发展的趋势，促进大数据经济的发展。

---

① ［英］维克托·迈尔－舍恩伯格、肯尼思·库克耶：《大数据时代》，浙江人民出版社2013年版，第15页。

数字经济是电子信息技术带来的经济转型过程产物，先进的技术和低廉的成本，使得各种经济活动能够在大规模、远距离中开展，不仅改变着人们的工作和生活方式，也引起了经济发展研究模式的根本性改变。数字经济对我国经济发展具有一定的价值意义：一方面，由于我国正处于经济转型的关键期，数字经济的发展能使我国实现从高耗能、高污染、高投入的传统经济模式向低碳、环保节能的经济发展模式转变；另一方面，对数字经济的发展和认识虽然存在着一定的局限性和差距，但仍然具有广阔的发展前景，我国应接受数字革命带来的挑战和机遇，实施数字经济发展战略，以数字经济的发展带动和引领低碳、节能、高端的经济发展。

## 二、国内外研究现状述评

纵观全球经济，形势仍旧纷繁复杂。从国际视野看，经济全球化在曲折中进一步深入发展，新技术革命蓄势待发；从国内局势看，社会主义市场经济仍旧富有朝气活力，新科技、新业态、新产品等依然层出不穷，经济发展处于新常态趋势。然而，面对经济社会发生巨大变化的今天，我们究竟需要寻求什么样的政治经济学呢？而马克思政治经济学在回应时代问题中不断地发展，同时，也在解决现实问题中获得强大而旺盛的生命力。与此同时，在坚持马克思的唯物史观和唯物辩证法的基础上科学地继承和发展马克思政治经济学，将数量分析方法融入政治经济学中，是马克思政治经济学的重要研究课题。国内外学者纷纷从不同的角度和范畴对数量分析进行阐述并取得重大的理论研究成果。

### （一）国内研究现状述评

我国对数量分析的研究和应用起步比较晚，尤其是经济数量分析的研究，还处于探索阶段。20 世纪 50 年代，经济数量分析引起部分经济学家和数学家的重视和关注，且在理论和实践层面有一定的探索，但很快就中止研究。到 20 世纪 70 年代中后期，为适应社会主义经济建设的需要，经济数量分析获得快速发展，国外很多相关著作逐渐被借鉴过来。国内研究力量一方面借鉴国外研究方法对我国现实经济问题进行研究分析；另一方面注重方法论本身进行理论层面的研究。在较短时间内，出了许多应用成果，并在全国各地区成立数量经济学会，在各类财经院校开设经济数量分析等课程。在经济研究和管理中，我国对经济数量分析的研究步伐从未放慢，已成为我国经济学科研究的重要领域。关于经济学的一般研究有以下这几个方面：

### 1. 经济学的数量分析

第一，量的分析与质的研究的统一。国内学者普遍认为，数量分析是量的分析与质的研究的统一，经济学研究运用数量分析要求我们既要有质的研究与整体上的把握，也要有量的分析与内容上的细化。通过对经济学研究中的经济指标的量化分析和测试，总体上把握经济本质和经济规律质的方向有利于经济学科的发展。乌家培认为："质的研究与量的分析是统一的。"[1] 量和质属于哲学范畴，质量互变规律普遍存在于人类社会和自然界中。质在量中，一定的质要有一定的量，只有通过量的分析才能看出事物内在关系。

第二，经济数量关系与质量关系。对经济数量分析而言，质量分析是对一定生产方式的社会性质进行理论上的规定，揭示各种经济现象的经济本质和规律。在古典经济学家的论著中，既有经济数量分析，又有质量分析。古典经济数量分析总体而言可分两种：一种是对经济发展过程中各种客观存在的经济因素之间的数量关系的分析；另一种是为论证某一经济观点进一步使用的假设性计算等。经济数量分析与质量分析之间密切联系。

---

① 乌家培：《经济数量分析概论》，中国社会科学出版社 1983 年版，第 2 页。

一方面，经济质量分析以经济发展过程中的经济数量关系的分析为前提条件。因为从认识论的角度来看，人们对事物的认识就是"认识其质和量的规定性及其相互关系"①。另一方面，质量分析促进和深化经济数量分析。因为质量分析有利于促进经济范畴的外延量和内涵量的进一步研究。实际上，马克思本质的量的规定性和政治经济学的研究对象也说明："政治经济学所要求的是本质的量的分析，而不是一般质的量的分析。"②

然而，国内关于经济学数量分析的著作只是以量和质的范畴，从经济计量学视角记录了经济计量的发展轨迹，没有触及数量分析在经济发展中的意义问题。

### 2. 政治经济学数量分析

第一，政治经济学数理分析。马克思批判了资产阶级过度重视量，较少注重质，但马克思并未否认经济学研究中运用数理分析。实际上，在马克思的政治经济学中，数理分析是必不可少的，是分析和解决我国经济发展过程中的现实问题的重要方法和途径。程恩富指出："马克思经济学是同时代经济学数量分析的典范。"③过去有很多经济学家，包括兰格，都认为马克思的政治经济学缺少数量分析，然而，事实上，这样的说法并不成立的。从经济思想史来看，古典政治经济学中应用数量分析方法最多的还是马克思的政治经济学理论。《资本论》更是数量分析的运用体现。复旦大学张薰华教授的著作《〈资本论〉中的数量分析》，为《资本论》和经济学的研究开辟了新的视角和领域，填补了数量分析引入《资本论》研究的空白。阅读之后，笔者认为该著作具有鲜明的特征：

---

① 纪明山主编：《古典经济学数量分析概论》，南开大学出版社 1993 年版，第 297 页。

② 余政：《马克思政治经济学质量分析法之管见——〈资本论〉第一卷第一章学习笔记》，《兰州学刊》1985 年第 1 期，第 42 页。

③ 程恩富：《马克思经济学是同时代经济学数量分析的典范——〈《资本论》中的数量分析〉读后感》，《复旦学报》（社会科学版）1997 年第 6 期，第 107 页。

一方面，量的分析和质的分析相互联系，紧密结合。与西方经济学的数理分析不同的是，马克思在《资本论》中应用数量分析的目的是为更好地通过量的分析来反映和揭示质的规定性，而不是机械地追求数量化。比如，货币的流通量和货币的本质、价值量和价值实体等。马克思对这些内容的分析正是科学的量的分析和质的研究相结合的体现。相反，西方经济学中对质的规定性比较缺乏，缺少对制度和人文的说明。经济学从科学精神和人文精神的角度来看，属于科学和人文的统一。尤其是学界鲜有从定性分析和定量分析相结合出发，来弥合经济学的人文关怀传统。朱成全认为："经济学是科学与人文的统一。"①这也是马克思政治经济学超越西方经济学的主要原因。盛洪在他的著作《经济学精神》中强调："在最高境界中，经济学不是一堆结论，不是一组数学公式，也不是一种逻辑，甚至不是一种分析方法，而是一种信仰、一种文化、一种精神。"②可见，对政治经济学的研究不仅是量的分析和质的研究的相统一，还是科学精神和人文精神的相融合。另一方面，该著作的分析结构是围绕《资本论》三卷体系的逻辑结构展开的。而且要对《资本论》的数量分析进行全面系统的分析，也必须按照《资本论》的逻辑顺序展开，以三卷本体系为框架。同时，对《资本论》的数量分析研究也应该是循序渐进的。

第二，政治经济学数理与制度分析。现代政治经济学指的是现代马克思主义政治经济学，将数理分析方法融入现代政治经济学中是政治经济学的创新。数理方法对辅助经济理论的研究是一种有益的方法。吴易风说："在经济理论中恰当地运用数学方法，可以使正确的理论和科学的研究成果表达得更为准确和精确，可以更好地检验结论和前提是否一致或矛盾，

① 朱成全等：《经济学哲学名篇中元经济学问题研究》，东北财经大学出版社 2014 年版，第 196 页。
② 盛洪：《经济学精神》，广东经济出版社 1999 年版，第 273 页。

可以更有力地增强研究成果中的结论。"① 同时，当代马克思主义政治经济学数理分析研究能有效合理地借鉴西方经济学的合理成分，能为马克思主义政治经济学和西方经济学的交流与沟通提供可能。但对现代政治经济学数理分析的研究要坚持"马学为体、西学为用、国学为根、综合创新"② 的原则。

政治经济学所要研究的核心问题是人类不同社会形态物质资料的生产、分配、流通和消费问题，而这些问题在不同生产方式下又具有不同的性质，但同时又蕴含着一定的数量关系，且经济学家在表达经济理论时愈来愈喜欢运用数理分析方法。吴易风在其著作《马克思主义经济学与西方经济学比较研究》③ 中对马克思主义经济学与西方经济学关于生产、分配、流通和消费进行详细的比较分析，并揭示出这两大经济理论最突出的特点是注重运用数理分析方法。该著作对政治经济学的核心问题生产、分配、流通和消费在数理分析上有一定的探讨，揭示两大经济理论对数理分析的运用以及比较，但缺少对两大经济理论关于数理分析的意义研究。

从对政治经济学数理分析的研究成果来看，国内学者对马克思主义经济学的研究运用文字描述的成果居多，国外研究学者则偏重数理分析方法，再加上长期以来，中外马克思主义经济学的学者在数理分析层面的交流甚少，导致对政治经济学数量分析的研究泾渭分明。

量化分析在一定程度上确保了经济理论研究的精确度，但不能很好地把握量化分析的度或者过于夸大量化分析的优点，会使得实际生活中的政策决策在很大程度上被数据所决定。王明友认为："经济学研究人们的经济活动就不能没有制度的视角，缺少制度视角的经济学就只能是'黑板经

① 吴易风：《当前经济理论界的意见分歧》，中国经济出版社2000年版，第3页。
② 马艳：《现代政治经济学数理分析》，上海财经大学出版社2011年版，第10页。
③ 吴易风：《马克思主义经济学与西方经济学比较研究》（第1卷），中国人民大学出版社2014年版。

济学'。"①也就是说，数据将难以与那些较难量化的价值、需要、公正等因素进行比较，而且这些价值因素往往又触及社会生活的每一个方面，甚至对人类社会的整个价值系统产生巨大影响。因此，寻求科学而有效地进行比较与判断的标准亟须制度和伦理的支撑。闻媛认为："经济规则与伦理原则虽然有区别，但经济规则离不开伦理意义的人文支撑。"②

这些研究更多的是关注经济分析的伦理因素，缺少对马克思政治经济学数量分析方法的理解以及经济分析中道德因素、科学与人文的统一所反映出来的经济数量分析的定性分析和定量分析的逻辑关系。

第三，数量经济学研究。虽然数量经济学的学科属性和研究范式以及与其他学科的相互关系一直是颇具争议的。但从改革开放起到现在，数量经济学在我国的发展始终是遵循两条发展主线：一是数量经济学自身的理论方法研究；二是对经济实际问题的运用研究。长期以来，数量经济学的发展缺乏问题意识，只是过度地强调数学本身的作用，并没有回归到经济学本身，进而导致数量经济学对现实经济问题的研究朝着套用数学公式的方向发展，而不是辅之以必要的数量分析方法，从经济问题本身的角度出发进行研究。因为"通过数量分析，可让经济科学者更上一层楼。经济科学贵在继续前进，不断修改和补充，而期臻于完善。这是继往开来的经济学家的职责。数量经济学一直均在造这座无穷无尽的天桥以通达经济学的奥堂"③。因此，数量经济学要获得长足发展，就要增强其问题意识，以问题导向进入经济学的主流，成为数学化的经济学。程祖瑞认为："数学化的经济学是数量经济学发展的归宿。"④

---

① 王明友：《〈资本论〉中的市场经济逻辑》，社会科学文献出版社 2015 年版，第 10 页。

② 闻媛：《经济分析与道德哲学》，上海交通大学出版社 2016 年版，第 10 页。

③ 薛天栋：《数量经济学》，华中工学院出版社 1986 年版，第 7 页。

④ 程祖瑞、张真：《数学化的经济学是数量经济学发展的归宿》，《郑州大学学报》（哲学社会科学版）1999 年第 3 期，第 105 页。

### 3. 马克思数量分析的研究

第一，量的分析。相较于马克思质的分析，我们似乎对量的分析远远不够。马克思在批判资本主义重视量的同时，并没有否定量的规定性分析。事实上，量的规定性分析是经济学研究不可缺少的重要分析方法。《资本论》中的第二卷资本的流通，实际上就是经济学量的研究，而且马克思是精通和重视数学的，重视运用数学对政治经济学进行精准分析。马克思将数学方法运用于经济现象和经济问题中，使得分析更加简明而精确。比如，马克思在对货币是如何转化为资本的论述时，马克思先是分析了货币转化为资本的过程及其前提条件，对资本的来源和实质进行分析，接着从量上来精确分析货币转化为资本，认为货币只有达到一定量的积累才能转化为资本。又比如商品的价值量、剩余价值量、货币流通量、资本积累量等，都是在量的规定性上加以论证和进行考察。

第二，数量界限分析。不管是从哲学角度，还是从具体科学的角度来看，度是多维性的。幸国强认为："度是事物保持其质的多维数量界限。"①也就是说，度是事物量和质的相融合。度不仅是数量界限，而且还是事物之间达到平衡的客观规定。对经济学的分析与考察，尤其是在分析马克思政治经济学和西方经济学质与量规定性的基础上，进行数量界限分析。因为马克思政治经济学与西方经济学在具体的理论和主张上有较大差异，而这种差异来自二者间方法论上的差别。主要体现在哲学基础不同、研究出发点不同、具体研究方法的不同等。正如马克思所说："马克思的整个世界观不是教义，而是方法。它提供的不是现成的教条，而是进一步研究的出发点和供这种研究使用的方法。"马克思政治经济学注重对社会经济制度进行质性分析，但也不忽视量的分析，若能有效合理地汲取西方经济学

---

① 幸国强：《度是事物保持其质的多维数量界限》，《四川师范大学学报》（社会科学版）1990年第2期，第95页。

中微观经济学量的分析，不仅有利于经济理论的创新，还有利于促进中国特色社会主义政治经济学的创新，甚至对推动中国特色社会主义经济建设意义重大。

第三，质的分析。马克思对经济范畴数量界定的分析和计算是一种量化分析。但马克思一直就认为，必须要以质性分析作为前提和基础，量化分析才有意义。《资本论》第一卷，从一定意义而言，重视质的分析，侧重于商品社会和资本主义社会的基本关系的联系与区别。马克思的劳动价值论是其经济分析的核心，是资本主义经济关系的科学抽象。马克思认为："分析经济形式，既不能用显微镜，也不能用化学试剂，二者都必须由抽象力来代替，而对资产阶级社会说来，劳动产品的商品形式，就是经济的细胞形式。"[1]然而，马克思的劳动价值论对商品价值也进行量的分析。杨玉生认为："从数量分析上说，马克思的劳动价值论的主要任务是表述在一定的产品和生产它所需要的社会必要劳动时间之间的联系，考察支配劳动力在商品生产者社会中的各个生产领域分配的规律。"[2]也就是说，马克思的劳动价值论是量的分析和质的研究的相互统一。

关于马克思数量分析的研究，特别是马克思《资本论》中数量分析方法在政治经济学研究中并未得到高度的重视和运用，探究其原因，一方面是把马克思政治经济学的数量分析方法和西方政治经济学的数理分析相混淆。政治经济学的研究对象是生产关系，因而，马克思的政治经济学数量分析方法是要以质性分析为前提的。如果没有质性分析，量化分析也便会错失方向。另一方面是有很多经济学研究者缺乏数学知识背景。政治经济学研究引入数量分析方法离不开数学知识，如果缺乏数学知识，便会习惯地认为政治经济学只是一种质性科学，并不包括定量分析。

---

[1] ［德］马克思：《资本论》（第1卷），人民出版社2004年版，第8页。
[2] 杨玉生：《从本质上坚持马克思的劳动价值论》，《当代经济研究》2000年第6期，第18页。

### 4. 社会主义市场经济数量分析的研究

社会主义市场经济有利于促进现代化进程，造就现代化经济管理人才，实现强国富民。改革开放以来，邓小平在党的十一届三中全会做出的宏伟战略决策，使我国走上了按市场经济取向进行改革开放的强国富民的道路。虽然在改革的进程中存在各种问题，但依然取得了惊人的成绩。因而，在取得成绩和面临困境时，党的十九大提出了要构建现代化经济体系，与此同时，关于新时代的主要矛盾，究其原因，现代化市场经济制度与和谐社会相比还存在较大差距，简而言之，要充分发挥市场在资源配置中的决定性作用，处理好政府与市场和社会的关系。

过去，很多经济学理论工作者一般把政治经济学看做是宏观经济学，缺乏经济学研究的微观分析。由于我国社会主义市场经济发展的实际需要，对经济发展的研究不能仅局限于宏观经济学，事实上，现在政府对微观经济没有过多的干预。数量分析是政治经济学研究的重要分析方法，所以，数量分析在市场经济中特别重要。

第一，市场经济管理中的经济核算。经济核算的目的是获取最佳的经济效益。它以记录、核算、统计等手段，对经济活动过程中物资耗费和劳动等，以价值形式对经济活动进行核算、分析、统计来寻求经济增值和节约成本的途径。马克思在《资本论》中强调了经济核算的必要性，即"簿记对资本主义生产，比对手工业和农民的分散生产更为必要"[①]，而且资产阶级对生产经营的管理是通过运用数量分析和经济核算的比较来体现的。同时，为计算资本家对工人的剥削程度及其经济收益，马克思运用劳动力价值和剩余价值率进行数量比较分析。马克思的这些分析与论证对提高社会主义市场经济下的经济核算，尤其是对中国特色社会主义市场经济条件下存在的各种复杂的数量关系和数量界限意义重大。张增强认为："研究

---

① ［德］马克思：《资本论》（第2卷），人民出版社2004年版，第152页。

《资本论》的数量分析，不仅有助于我们理解和掌握《资本论》的理论内容，而且对于研究中国特色社会主义经济问题，搞好现代化建设也有着十分重要的指导意义。"①

第二，微观经济学的数量分析研究。微观经济学在其发展过程中一直深受数量分析的影响。从微观经济学的内容上看，更多的是体现了数量分析的趋势，特别是高级的微观经济学，基本上是运用数理公式和方程对经济活动进行论证，而不是单纯用文字来论证，数量分析思想早已渗透到微观经济学的研究中。因而，在社会主义市场经济下，要使市场在资源配置中起决定性作用，数量分析对市场经济的影响重大。于建荣认为："要从广度和深度上推进市场化改革，减少政府对资源的直接配置，减少政府对微观经济活动的直接干预，把市场机制能有效调节的经济活动交给市场，让市场在所有能够发挥作用的领域都充分发挥作用，推动资源配置实现效益最大化和效率最优化。"②尤其是增强企业活力具有现实意义。

社会主义市场经济是中国特色社会主义政治经济学的重要内容。研究社会主义市场经济的经济运行规律要运用马克思政治经济学的立场、观点、方法，从我国实际经济情况出发，按照社会主义微观、宏观经济运行的层次来研究社会主义市场经济。其中，资源配置是市场经济理论的核心内容，数量分析方法在市场经济的发展中起到推动作用。马克思在《资本论》中揭示了资源最优配置的标准，并对资源最优配置的标准进行了"简要的数学表达"③。

中国特色社会主义政治经济学是马克思政治经济学中国化的最新理论

---

① 张增强、王毅武：《〈资本论〉研究的几点再认识》，《当代经济研究》2017年第8期，第16页。

② 于建荣、何芹、汤一用主编：《中国特色社会主义政治经济学》，国家行政学院出版社2016年版，第8页。

③ 王明友：《〈资本论〉中的市场经济逻辑》，社会科学文献出版社2015年版，第19页。

成果之一。在坚持和发展中国特色社会主义政治经济学的过程中，要坚持科学的方法，虽然马克思政治经济学和西方经济学的研究方法、哲学基础和基本立场不同，但掌握好两大经济理论体系的研究方法，对我国建设中国特色社会主义政治经济学方法论具有重要的理论和现实价值。与此同时，在坚持马克思政治经济学的基础上运用数量分析方法，尤其有助于解决我国在改革实践中面临的重大现实问题，而且在运用数量分析方法过程中要避免将数量分析代替经济学的逻辑，最终要回归经济学的本质。习近平总书记指出："坚持和发展中国特色社会主义政治经济学，要以马克思主义政治经济学为指导，总结和提炼我国改革开放和社会主义现代化建设的伟大实践经验，同时借鉴西方经济学的有益成分。"[①]

改革开放开始，我国经济从计划经济向市场经济转型，在经历了计划经济建设的经验和教训以来，学界积极反思传统政治经济学存在的问题，尤其是随着社会主义市场经济的快速发展，很多经济理论工作者都认识到实践和理论要相适应，与时俱进。因而，在新的实践中发展和创新马克思政治经济学成为研究的新课题。然而，政治经济学研究缺乏数量分析方法又是这一时期研究的缺陷，我国传统的社会主义政治经济学深受苏联经济范式的影响，在揭示生产关系的现象和本质时，只是以不同社会经济形态的比较来做实证分析。程恩富指出："传统的社会主义理论经济，在实证描述层面，没有继承马克思经济学高度重视数学方法的优良传统，缺乏定量分析。不少经济范畴、经济规律、经济运行和经济行为的阐述毫无量的规定性。"[②]

与斯密、李嘉图、魁奈等同时代的经济学家相比较，马克思是当时运用数量分析最多和最好的，在《资本论》中，除了运用简单的加减乘除以

---

① 《坚定信心增强定力坚定不移推进供给侧结构性改革》，《人民日报》2016年7月9日。
② 程恩富：《中国经济学理论模式的缺陷与全面重建》，《红旗文稿》2008年第18期，第17页。

外，还运用初等、高等数学。可见，马克思政治经济学把数量分析当成经济学研究中的重要工具和分析方法，重视对数学的应用。特别是从数学理论的形成和发展可以看出，数学概念充满着矛盾的辩证统一：连续与离散、模糊与精确、有限与无限、收敛与发散等。黄楠森认为，"数学化绝不仅仅是一个表述问题"[①]，而是对问题的定性和定量分析。所以，那种认为马克思的经济学不重视量的分析的看法是片面的。

**5. 数据分析以及其他方面分析的理论**

第一，数据分析。数据分析在社会经济学研究中最鲜明的特点是具有数量性，即数据分析"运用科学有效的分析方法以及数学模型对现象的数量关系、发展规律、变动趋势加以描述和推断，能较准确地分析预测现象未来的发展趋势"[②]。

随着我国经济进入新常态，经济发展速度从高速向中高速增长，而经济发展指标所反映的正是我们要面临的各种风险。数据的客观真实性对经济发展情况的有效把握是至关重要的。尤其是在经济实践中，函数性数据是许多领域所获取的样本观察资料，比如"函数性方差分析、函数线性模型、函数性典型相关分析以及描述动态性的微分方程"对经济研究具有现实意义。

第二，大数据与大数据经济学。大数据成为近几年来经济社会生活的热词。大数据具有"规模性、多样性、实时性和价值性"[③]的特点。大数据经济学是指将电子计算机技术运用于经济生活领域，尤其是运用于大数据的经济分析。大数据经济学的兴起冲击传统经济学。一是大数据经济学的研究对象从数据样本变成了数据总体；二是大数据对经济学中的因果关系变得简单；三是大数据经济学能动态、实时地进行经济分析和预测，一改

---

① 黄楠森：《谈谈哲学现代化问题》，《现代哲学》1985 年第 6 期，第 9 页。

② 谢家发：《数据分析》，郑州大学出版社 2014 年版，第 2 页。

③ 尹伯成、赵红军：《西方经济学说史——从市场经济视角的考察》（第三版），复旦大学出版社 2017 年版，第 292 页。

传统经济研究的滞后性。大数据时代对数量经济学也产生一定的影响。数量经济需要经济数据的支撑，经济关系的变化规律需要数据分析。大数据与数量经济学的结合已成为必然趋势。

马克思政治经济学分析方法的数量分析蕴含着极其丰富的价值，马克思政治经济学数量分析方法的前沿问题同样蕴含着极其丰富的价值意义，国内学者从不同的角度对数量分析进行分析，提出很多有价值和意义的学术观点，但也存在一些问题。其一，学者们对数量分析问题的研究缺乏深入系统的理论和实践层面的研究，大都是从社会学、伦理学等层面的数量分析的研究居多，对马克思政治经济学数量分析的研究相对匮乏。其二，对马克思政治经济学数量分析的理论缘由、呈现的特征、基本内涵的概括还只是停留在表面化、外在化的简洁描述，缺乏和哲学相结合作一些深入而有意义的思考。其三，对当前经济社会发展中数量分析存在的基本问题没有过多重视，尤其是鲜有对当前马克思政治经济学数量分析及其意义进行研究和探讨。

### （二）国外研究现状述评

#### 1. 经济学数量分析的研究

第一，经济数量分析与古典政治经济学研究。马克思在《资本论》《剩余价值理论》等著作中，既肯定了古典政治经济学，也批判分析了它的缺陷。马克思认为古典政治经济学存在缺陷的原因之一在于注重量化分析，忽视了本质的考察。但马克思并没有否定古典政治经济学数量分析的科学贡献。然而，人们在研究和教学中却忽视了古典政治经济学数量分析的积极作用。古典政治经济学数量分析的主要代表人物有威廉·配第、亚当·斯密、大卫·李嘉图、魁奈、西斯蒙第等。古典经济学家之所以能作出科学贡献，除了当时的历史条件和代表他们资产阶级利益等原因之外，一个最重要的原因是他们在理论研究中运用经济数量分析方法。

　　日本经济学者佐和隆光指出威廉·配第是使用数量分析方法的先驱，配第在其《政治算术》一书开篇就认为："凡是政府事务以及有关君主荣誉、百姓幸福和国家昌盛的事项，都可以用算术的一般法则证实。"[①] 从经济学说史和现实需要来看，古典政治经济学家的经济数量分析十分重要，为马克思政治经济学数量分析方法的发展打下坚实的基础。

　　第二，经济学与数学研究。数学化是经济学发展的必然趋势。恩格斯说："数学是数量的学科；它从数量这个概念出发。它给这个概念下一个定义，然后再把未包含在定义中的数量所具有的其他基本规定性，当作公理从外部补充进去……这些公理只要不是纯粹的同义反复，就是可以辩证地证明的。"[②] 数学运用于经济学，主要的领域有数理经济学和计量经济学。数理经济学研究经济变量间的相互关系，通过数学公式表述经济现象的一般规律；计量经济学通过统计学，运用于经济政策制定前的分析。熊彼特将数量经济理论和统计观察相结合，在促进计量经济学发展中起到率先作用。

　　奥古斯丹·古诺著的《财富理论的数学原理的研究》[③] 是经济学数学化的开端，真正实现将数学方法融入经济学研究中。在书中，古诺应用大量数学方法分析经济问题，运用微积分计算函数关系以及用函数形式表述经济变量的相互关系，并强调数学运用于财富理论的重要性。古诺认为"数学的用处并非单纯是计算出数值结果，它还可以用来发现不能用数学表达的量之间的关系，以及不能用代数表达式来说明其形式的函数之间的关系"[④]。

　　其中，数理逻辑是研究数学中推理、计算的科学，是数学和逻辑交织的科学。1847年，英国数学家布尔建立"布尔代数"，创造符号系统，运用符号来表示逻辑中的概念，建立运算法则，运用代数方法研究逻辑问

---

① ［英］威廉·配第：《政治算术》，中国社会科学出版社 2010 年版，第 1 页。
② ［德］恩格斯：《自然辩证法》，人民出版社 1971 年版，第 235 页。
③ ［法］奥古斯丹·古诺：《财富理论的数学原理的研究》，商务印书馆 1994 年版。
④ ［法］奥古斯丹·古诺：《财富理论的数学原理的研究》，商务印书馆 1994 年版，第 18—19 页。

题。显然，在经济学研究中运用数理逻辑是否得当直接影响到经济理论的成立与否。正如马克思指出："数学是辩证的辅助工具和表现方式。"[①]

第三，数量经济学与电子计算机技术研究。电子计算机技术的发展和普及为数量经济学的发展提供了技术上的保证。涅姆钦诺夫首次尝试综合运用数量分析方法和电子计算机技术研究社会主义计划经济中涉及的经济问题，他的著作《经济数学方法和模型》[②]比较系统地总结了苏联从1958年到1964年开展经济学数学方法研究的重要成果，反映了经济数学方法在苏联创建初期的基本情况，尤其是对现今的社会主义市场经济的基本问题开展数量经济的研究具有意义。

然而，这些著作研究美中不足的是缺少从数量分析方法的角度对马克思政治经济学的意义进行探讨，对制度的研究匮乏——从某种意义上来说，理性自身意味着计算，甚至作为一种制度精神——并且对数理分析和数量分析的区别没有很好地进行梳理。

### 2. 政治经济学数量分析的研究

第一，政治经济学数量关系问题。政治经济学产生初期，国外研究所要探讨的问题是围绕着国民财富和国家的经济生活而展开的。法国的蒙克莱田的著作《献给国王和王后的政治经济学》所要探讨的问题是国家或社会的经济问题。威廉·配第的著作《政治算术》的问世，标志着统计学的产生，以"政治算术"一词分析当时的经济问题，用数量分析方法研究经济社会问题，对英国、法国、荷兰等国的国情、经济实力进行数量对比分析，并以此为据，为当时的英国经济社会的发展出谋划策。

到18世纪70年代，政治经济学研究的主题是围绕财富的生产和分配的问题，并且这一主题逐渐和统治者的政治活动相分离。萨伊认为："财富本

① 《马克思数学手稿》，人民出版社1975年版，第22页。

② ［苏］B.C.涅姆钦诺夫：《经济数学方法和模型》，商务印书馆1980年版。

来就不依存于政治组织。一个国家不管政体怎样，只要国家事务处理得完善，就能够达到繁荣。"① 虽然数理分析方法在萨伊的理论体系中没有特别突出的体现，但其生产是创造效用的重要命题突显了政治经济学数量关系的思想。

第二，《资本论》中的数量分析及其现实意义问题。马克思的《资本论》通过大量的经济例题演算和经济数量关系探究经济关系的本质和经济规律。《资本论》中运用数量分析方法，是因为：一方面，由政治经济学所要研究的对象决定的。因为政治经济学的研究对象包含量和质两个方面，这就要求政治经济学在基于质的研究分析时，要重视量的分析，不仅要揭示经济关系的本质规律，还要重视揭示经济规律的数量关系。恩格斯指出："任何质都具有无穷的大量的数量表现。"② 另一方面，马克思在研究经济关系时是按照其辩证唯物主义认识论，运用的是科学抽象方法。也就是先从经济现象中的具体，通过分析达到抽象的规定；再从抽象的规定，经过思维逻辑的运行达到具体的再现。在《资本论》中运用科学抽象方法的过程中不仅通过对立统一规律考察经济运行的矛盾，而且还运用质量互变规律考察经济关系量和质的两个方面，揭示出经济关系的内在本质规律，数量分析方法实际上是关于唯物辩证法的量和质的具体运用。

第三，西方主流经济学与数量分析研究。从 1969 年颁发诺贝尔经济学奖以来，近一半的诺贝尔经济学奖获得者在经济学的数量分析方面有突出贡献，并青睐于数量分析方法。伯纳德·S.卡茨的《诺贝尔经济学奖获得者传记辞典》③ 一书表明诺贝尔经济学奖的颁发反映了西方主流经济学的主要成就和发展趋势，研究每一位获奖者在经济学方面的贡献，实际上是对西方主流经济学的基本情况进行回顾。1969 年获奖的雷格纳·弗瑞希和扬·丁伯根与经济数量分析结下不解之缘，因为"使经济学有了数学的准

---

① ［英］萨伊：《政治经济学概论》，商务印书馆 2010 年版，第 11 页。
② 《马克思恩格斯全集》（第 20 卷），人民出版社 1972 年版，第 57 页。
③ ［美］伯纳德·S.卡茨：《诺贝尔经济学奖获得者传记辞典》，中国财政经济出版社 1991 年版。

确性，并给了它一定结构，从而使定量分析和对各种假设的数学证明成了可能"，分享了第一个诺贝尔经济学奖。①

其中，萨缪尔森、阿罗等人之所以获得诺贝尔奖，和他们在经济学研究中运用数量分析的突出贡献密不可分。因而，在诺贝尔经济学奖的引导下，经济学的研究更注重数量分析方法，其发展趋势愈来愈倾向西方主流经济学领域。虽然这种经济学发展轨迹比较单向，但对全球经济学的统一起到了推动作用，使得经济学研究更加精确，同时，分析和判断经济现象更加有据可依。

这些研究，有的是从政治经济学数量关系问题进行探讨，有的是从《资本论》的数量分析探究经济关系的本质和规律，有的是从西方主流经济学与数量分析进行研究，但缺乏从政治经济学的核心问题从数量分析方法探讨经济学数量分析对经济发展的作用，甚至没有弄清楚数理分析和数量分析的联系与区别。

### 3. 马克思数量分析的研究

马·莫·罗森塔尔认为："一定'质量的数量'成了马克思的注意中心。"② 西方经济学家对马克思经济数量分析的理论研究及其依据马克思政治经济学基本原理对资本主义制度的分析，值得我们借鉴。从西方经济学家关于价值和剥削问题来看，斯拉法理论体系为马克思经济数量分析提供了分析工具。斯拉法理论分析的目的在于生产价格和利润的确定，而马克思的理论分析则是揭示剩余价值、平均利润、价值等的本质联系。所以，若能将生产价值和剩余价值的过程作为分析的前提，那么，斯拉法理论的生产方程也可以决定生产价格和平均利润率。

① ［美］杰里米·里金夫、特德·霍华德：《熵：一种新的世界观》，上海译文出版社 1987 年版，第 7 页。

② ［苏］马·莫·罗森塔尔：《马克思主义辩证法史——从马克思主义产生到列宁主义阶段之前》，人民出版社 1982 年版，第 165 页。

比如，扬·斯蒂德曼通过斯拉法的生产方程，从数量分析入手，论证了马克思关于剩余价值的结论。又如，关于马克思的劳动价值论，斯威齐指出马克思的伟大成就之一在于其劳动价值论既有量的分析又有质的分析。但有些西方马克思主义经济学家强调马克思劳动价值论质的分析的同时，认为马克思量的分析有缺陷，尤其是生产价格、平均利润率的转化分析上有缺陷，认为马克思没有完全实现经济活动的转化分析，主张借鉴如斯拉法、鲍特凯维兹等的理论分析来弥补马克思分析上的缺陷。然而，正如恩格斯指出："马克思是精通数学的。"①

西方马克思主义经济学家很重视数量分析，也取得了很多成果，在这一方面，马克思主义经济学家可以汲取其经济数量分析方法。在对待西方马克思主义经济学家关于数量分析研究时应该辩证地看待，肯定其合理成分，批判其不合理的成分，采取实事求是的态度，全面地分析。尤其是在 21 世纪的今天，数学自身取得了巨大的发展，运用的领域也相当广泛，我们要充分利用数学成果，加强对马克思主义经济学的数理应用。正如大卫·科兹指出："数学方法的使用有助于我们更为科学准确地反映资产阶级对工人的剥削，例如，对剩余价值率的推导，能够使我们更清楚地看到资本家对工人的剥削程度，并进一步科学地揭示了资本主义的剥削本质及其积累趋势。"②

**4. 社会主义市场经济数量分析的研究**

第一，社会主义市场经济数量分析与"兰格模式"。"兰格模式"是由波兰经济学家奥斯卡·兰格提出的，指的是："经济理论详细说明抽象规律发生作用和以一定方式彼此发生联系的条件。经济理论中所包含的这类详细说明被称为经济理论的假设，而这类假设的系列近来则称为理论经济

---

① ［德］恩格斯：《反杜林论》，人民出版社 1970 年版，第 8 页。

② ［美］大卫·科兹：《马克思主义政治经济学的历史及未来展望》，《学术月刊》2011年第 7 期，第 70 页。

模式。"①"兰格模式"使社会主义经济理论产生很大变化，尤其是社会主义国家在改革过程中引入市场机制时都曾运用这一模式。比如，在改革开放初期，经济生活中呈现的市场引导企业、国家调控市场的管理方式，就是这一模式在我国经济体制改革过程中发挥着应用。而且在完善社会主义政治经济学和其他学科的关系时谈到经济学的数学化问题。兰格提出，社会主义经济朝着经济数量分析发展，比如，成本、利润、价格、生产数量等不可避免地亟须精准的数学运用，而且这对发挥社会主义经济理论与市场机制的作用具有启示。

第二，社会主义市场经济数量分析与苏联数理经济研究。在很长一段时间内，苏联一些经济学家，如涅姆钦诺夫、诺沃日洛夫、康托罗维奇等人注重对数理经济学的研究，为经济管理体制的科学化提供依据。例如，涅姆钦诺夫的著作《经济数学方法和模型》②系统研究了在社会主义条件下如何运用经济数量分析的数学方法提出系统见解。康托罗维奇在其著作《资源最优利用的经济计算》③提出"客观制约估价"理论，于1975年因其在数理经济学上有杰出贡献获得了诺贝尔经济学奖。

第三，社会主义市场经济数量分析与西方经济学研究。随着我国社会主义市场经济的发展，学习和借鉴西方经济学，尤其是微观经济学具有重要意义。因为中国特色社会主义政治经济学在中国特色社会主义这一最大公约数客观事实下具有时代性、包容性等特征，必须从我国国情出发，采用科学的分析方法进行内在的逻辑推理和论证来研究经济发展。不管如何，社会主义市场经济的研究不能脱离于我国国情和现实，要有利于经济社会发展，有利于改革开放，有利于实现人民日益增长的美好生活需要的完善，而且中国特色社会主义政治经济学更要有时代性和包容性。

---

① ［波兰］奥斯卡·兰格：《社会主义经济理论》，中国社会科学出版社1981年版，第12页。

② ［苏］涅姆钦诺夫：《经济数学方法和模型》，商务印书馆1980年版。

③ ［苏］康托罗维奇：《资源最优利用的经济计算》，苏联科学院出版社1960年版，第18页。

西方经济学的符合现代化生产规律和对市场经济有效运行的科学分析为丰富和发展社会主义市场经济提供了依据。社会主义市场经济具有一般市场经济的共性，西方经济学的内容，例如，不同类型市场的产量、价格等的决定，资源最优配置、经济效益的最大化等，都离不开数量分析方法。因而，对西方经济学的研究有利于我们更好地认识市场经济运行规律，提高经济发展质量，但这并不意味着完全照搬西方，要根据我国实际情况汲取有用的内容。

### 5. 博弈论与经济行为研究

博弈论是数学的一个分支，已成为西方主流经济学的重要方法。博弈论渗透于经济行为的各个领域，并取得很多重要成果。有的学者将博弈论成功地运用于经济学中而获得诺贝尔经济学奖。博弈论为经济行为主体的研究提供了依据和有力的工具，使经济学研究更加注重人和人之间的关系。美国数学家冯·诺伊曼和奥斯卡·摩根斯顿的著作《博弈论与经济行为》①奠定了理性行为理论博弈论的框架。该书阐述了博弈数学理论及其运用，博弈数学理论分为两类：一是在对博弈问题的真正意义上的运用；二是博弈数学理论在经济行为和社会问题中的运用。另外，作者强调对于利益的统一和对立、信息的完善与否、机会因素的影响以及自由的理性决策等这些问题的精准策略是存在的。

传统博弈论分为合作博弈和非合作博弈两大类。非合作博弈论最突出的特征是产生内生合作。克里斯汀·蒙特认为："非合作的参与者虽然仅仅由各自的私利所驱使，但在一些情况下，他们却能表现出'合作的行为'。"②从改革开放以来，尤其是在市场经济日益激烈的今天，市场和政府间存在两种联系，一种是二者的合作解；另一种是二者的博弈解。从经济

---

① ［美］冯·诺伊曼、摩根斯顿：《博弈论与经济行为》，生活·读书·新知三联书店2004年版。
② ［法］克里斯汀·蒙特等：《博弈论与经济学》，经济管理出版社2005年版，第2页。

发展的本质规律来看，二者之间实现完美共存模式比较困难。而博弈解才是经济发展的主流方式，所以，市场和政府之间可以将博弈解运用数量分析方法表述，建立数理函数，通过博弈过程研究市场经济建设，量化市场经济建设的情况。

　　尽管学术界不乏学者探索了经济学定性分析、质性分析、量化分析，甚至也涉及经济数量分析，但对马克思政治经济学数量分析的研究比较匮乏。实际上，在马克思、恩格斯文献中，不仅有经济学定性、定量、质性分析，还蕴藏了大量的经济学数量分析意义。特别是在经济全球化，经济学数量分析应当也需要一个马克思主义视角。且在这一视角下，笔者认为马克思政治经济学数量分析意义在于：一方面，就理论形态而言，马克思政治经济学数量分析，是通过数理分析与质性分析，展示出对政治经济学核心问题研究的有效性；另一方面，从价值旨趣层面来看，马克思政治经济学数量分析方法是通过与哲学量和质范畴的嫁接，在不同程度上批判数理分析的不足，转向对挖掘数量分析的真正内涵以及经济学科学精神和人文精神的统一。

　　由于国外对数量分析的研究起步较早，科学技术更为先进，从不同角度对数量分析的研究早已远超国内。早在 16 世纪，国外就有学者开始运用数量分析方法对经济学进行研究，在管理学、社会学等领域取得突飞猛进的成就，表现出数量分析极其旺盛的生命力。国外对数量分析研究的学者主要集中在日韩、欧美等地区，研究成果大都以论著和论文体现。尤其是第二次世界大战后，数量分析方法逐渐深受各国史学家的关注，被广泛应用于史学研究的诸多领域，并发端于 20 世纪 50 年代末的美国。1957 年，在美国第 17 次经济史学年会上，哈佛大学经济学家康德拉和迈耶积极倡导将数量分析方法介入到经济史研究中；20 世纪 60 年代，这种基于数据的运用数量分析方法的经济史研究分析流派逐渐扩大了阵容，慢慢渗透到社会史、政治史等领域；20 世纪 70 年代后，美国的数量史学家们在经济史领域取得了辉煌的成绩，在社会史、政治史等领域奠定了基础，新经济史学家开始承办各种经济期刊和数量学会。同时，日本、苏联等国在战后也广泛运用数量分析方法，经济学的研究课题、方法、观点经历了一场变革。

数量分析方法之所以在国外快速兴起和发展，并得到各个国家的高度重视，是因为：一是得益于电子计算机技术的发展和应用，为数量分析方法的发展创造了物质上和技术上的条件；二是数量分析方法在人口学、历史学、社会学等社会科学领域中应用的成功经验，为经济学等领域提供了借鉴，促进了数量分析方法在经济学等领域研究中的推广和运用；三是科学数学化变成现代科学发展不可阻挡的趋势，尤其是伴随着电子计算机技术的发展，使数学方法逐渐渗透到各个学科领域，这就对包括经济学在内的各门学科提出了数量化、精准化的要求。

国外学者从不同领域对数量分析进行研究，并提出很多有价值和意义的学术观点，但也存在一些问题：一是过度运用数量分析方法的现象普遍存在。当前，在欧美地区过度运用数量分析的研究，这一现象在社会史分析中较为明显。二是研究成果晦涩难懂，缺乏人文精神与科学精神的统一。目前，西方国家对数量分析的研究逐渐倾向于通过电子计算机程序、编程、公式来表述他们的研究成果，从而使得数量分析的研究变得难懂、抽象，缺乏人文精神与科学精神的统一。三是数量分析方法最早和最为广泛运用的领域是经济学方面的研究，但数量分析方法应用于经济学领域更多的是偏向于数理知识的运用，似乎没有真正理解数量分析的内涵，没有过多地集中研究马克思政治经济学数量分析方法及其当代价值。

## 三、研究对象

《资本论》是马克思的政治经济学批判理论大厦，关于政治经济学的研究对象，马克思在《资本论》第一卷序言中指出："我要在本书研究的，是资本主义生产方式以及和它相适应的生产关系和交换关系。"①政治经济学研究对象是一定社会性质的物质生产和生产关系。

政治经济学数量分析的研究对象是从量和质的分析来研究经济发展关系等问题。量的研究注重微观经济数量的研究，微观经济学重视量化分析，集中研究市场经济条件下经济运行关系和规律；质的研究注重宏观经济调控的研究，宏观经济学重视质性研究，集中研究市场经济条件下政府对经济发展的作用。二者共同推动经济发展，揭示经济关系的本质。杨玉生认为，在经济研究中"一方面分析市场机制如何引导经济实现效率最优化（微观经济学）、另一方面分析政府的干预如何保证经济有效运行（宏观经济学）"②。过去，一般把政治经济学看作宏观经济，缺乏微观分析。而且从市场经济发展的需要来看，宏观经济学还不够，事实上，现在政府较少干预微观经济学，所以，数量分析在市场经济中至关重要，社会主义市场经济更需要加强数量分析的运用。它对建构中国特色社会主义政治经济学意义重大。

## 四、基本概念

### （一）政治经济学的基本概念

#### 1. 含义

（1）政治经济学的定义

政治经济学一词于 1615 年最早出现在法国，法国重商主义理论家蒙克莱田发表的《献给国王和王后的政治经济学》中首次提出政治经济学。在政治经济学产生初期，所要探讨的问题基本上都是与国家和社会的经济生活有关，远远超出家庭或庄园的经济问题。英国的威廉·配第于 1672

① ［德］马克思：《资本论》（第 1 卷），人民出版社 2004 年版，第 8 页。
② 杨玉生：《社会主义市场经济理论史》，山东人民出版社 1999 年版，第 41 页。

年在《爱尔兰政治剖视》中使用政治经济学一词，真正为政治经济学的产生奠定基础，以政治算术分析经济问题，用数量分析方法分析经济社会问题，对英国、法国、荷兰等国的经济情况进行数量经济分析对比，并以此为据，为经济社会发展出谋划策。法国重农学派代表魁奈提出著名的经济表，政治经济学开始用来概括财富、生产和分配的问题。

到 18 世纪 70 年代，政治经济学的主题和财富的生产、分配问题有关。亚当·斯密的《国富论》研究的主题是国民财富。斯密对政治经济学提出两个不同的目标："第一，给人民提供充足的收入或生计，或者更确切地说，使人民能给自己提供这样的收入或生计；第二，给国家或社会提供充分的收入，使公务得以进行。总之，其目的在于富国裕民。"[①] 斯密的这一观点逐渐被后来的经济学家所沿袭。萨伊认为，政治经济学是"阐明财富是怎样生产、分配和消费"[②] 的科学。直到 19 世纪中叶，李嘉图认为政治经济学是研究生产过程中人和人的关系的科学而不是研究财富的学问。这一点得到马克思和恩格斯的认同，反对政治经济学是研究人和物的关系的科学。在《反杜林论》中，恩格斯说："政治经济学，从最广义的意义上说，是研究人类社会中支配物质生活资料的生产和交换的规律的科学。"[③] 是研究"人类各种社会进行生产和交换的并相应地进行产品分配的条件和形式的科学"[④]。

现在，政治经济学一般是指："利用经济学、社会学和政治学所进行的跨学科研究（interdisciplinary studies），以解释政治机构、政治环境和经济制度——资本主义、社会主义，或这两者的混合是如何互相影响的。"[⑤]

① ［英］亚当·斯密：《国富论》（下卷），商务印书馆 2016 年版，第 3 页。
② ［英］萨伊：《政治经济学概论》，商务印书馆 2010 年版，第 6 页。
③ 《马克思恩格斯选集》（第 3 卷），人民出版社 2012 年版，第 525 页。
④ 《马克思恩格斯选集》（第 3 卷），人民出版社 2012 年版，第 528 页。
⑤ 李旭章：《中国特色社会主义政治经济学研究》，人民出版社 2016 年版，第 1 页。

（2）政治经济学与经济学

政治经济学和经济学之间有什么联系和区别呢？政治经济学和经济学二者基本上可以看作同义语。《新帕尔格雷夫经济学大辞典》指出："在即将进入 21 世纪的今天，'政治经济学'和'经济学'这两个词都还存在。自它们产生以来，含义有所变化，然而，二者基本上可以看作同义词。"[①]马歇尔在其《经济学原理》中指出："政治经济学或经济学是一门研究人类一般生活事务的学问。"[②]当前，政治经济学指的就是马克思政治经济学。马克思政治经济学也可称作马克思的经济学。但从研究对象、主要任务来看，马克思政治经济学和现代西方经济学又是不同的。马克思政治经济学是马克思主义的组成部分之一，其内容包含在马克思和恩格斯的《共产党宣言》《1857—1858 年经济学手稿》等著作中，尤其是《资本论》。马克思政治经济学是理论经济学和分析经济学，是研究"经济关系及其发展规律的科学，阐述人类社会发展各个阶段上支配物质资料的生产、交换以及与之相适应的产品分配的规律"[③]。同时，在《资本论》中，马克思认为流通是从交换总体上看的交换。

从叙述方法上来看，现代西方经济学是对市场竞争中具体现象的分析，即实际生产者如何获取更多的利润。马克思政治经济学目的是揭示经济本质和经济规律。马克思所要研究的是针对整个国家大政方针的主题，这也是学习马克思政治经济学的原因所在，因为政治经济学是从整个国家的经济社会生活出发的，立足于现实问题，致力解决现实问题。

（3）政治经济学与政治

政治经济学是指政治和经济的相加吗？随着资本主义经济制度的发

---

① ［英］约翰·伊特韦尔、默里·米尔盖特、彼得·纽曼：《新帕尔格雷夫经济学大辞典》（第 3 卷），经济科学出版社 1996 年版，第 970 页。

② ［英］马歇尔：《经济学原理》，北京出版社 2012 年版，第 2 页。

③ 张忠任：《数理政治经济学》，经济科学出版社 2006 年版，第 5 页。

展，资本主义制度的一个突出特点是政治和经济的分离，剩余占有和分配通过市场交易产生联系，经济领域获得自主性和独立性。从思想上看，这种变化出现经济理论的"去政治化"。国家干预主义的出现，政治因素对市场经济的发展影响很大，国家成为资本主义经济的重要主体，产生了"新政治经济学"[①]。查尔斯·林德布洛姆说："不管是政治学或者是经济学，从一定程度上讲，由于它们各自孤立地研究问题，都已陷入了贫乏枯竭的状态，结果是两头空。"[②] 可见，新政治经济学看到了政治和经济的联系。

在马克思主义看来，政治和经济之间既相互联系又有区别。政治指的是确定国家方针、内容等，处理阶级和社会之间的关系等。经济指的是社会的生产、分配、流通和消费等活动。经济是政治的基础，政治是经济的集中反映。从社会主义社会的情况来看，在公有制经济中，作为上层建筑的国家既要从外部对经济产生间接影响，又要从内部对经济产生直接影响。邓小平说："社会主义市场经济优越性在哪里？就在'四个坚持'，即四项基本原则。"[③] 因而，一方面，政治经济学脱离政治因素的影响，则是空洞贫乏的；另一方面，政治经济学不是政治和经济学的简单相加，也非政治学，是揭示经济运动的本质和规律的学科，两者不能混淆。

### 2. 特征

（1）客观性

从政治经济学的研究对象来看，政治经济学具有客观性。马克思政治经济学是研究经济关系规律的科学。经济规律是客观存在的，是客观经济现象中本质的、必然的联系，不以人的意志为转移。也就是说，不管人们

---

① ［英］约翰·伊特韦尔、默里·米尔盖特、彼得·纽曼：《新帕尔格雷夫经济学大辞典》（第3卷），经济科学出版社1992年版，第909页。

② A.Downs：*An Economic Theory of Democracy*, New York, Harper and Row, 1957, p. 280。

③ 中共中央文献研究室：《邓小平年谱（1975—1997）》（下），中央文献出版社2004年版，第136页。

是否意识到经济关系的规律，它都每时每刻发挥着作用。但在不同的条件下有着不同的经济规律，包括人类社会中普遍存在的共同规律，比如生产关系要适应生产力的规律；不同社会形态共存的经济规律，比如商品社会中的竞争规律、价值规律等；还有一定社会特有的经济规律等。因此，马克思政治经济学要从客观的经济实际出发，准确把握经济客观规律的要求，不同规律的各种功能。这也反映了马克思政治经济学具有高度的精确性和规定性，绝不是主观随意的，它是一门科学。斯大林说："政治经济学的规律是客观规律，它们反映不以我们的意志为转移的经济生活过程的规律性。"①

（2）阶级性

科学社会主义是关于无产阶级解放条件的学说，是马克思主义从人类社会以来尤其是资本主义社会发展的趋势得出的结论，表明了政治经济学具有阶级性的特征。马克思认为其经济理论"能代表的只是这样一个阶级，这个阶级的历史使命是推翻资本主义生产方式和最后消灭阶级。这个阶级就是无产阶级"②。因而，马克思的《资本论》被广大工人阶级称为"圣经"。马克思政治经济学研究的生产关系所反映出的人和人之间的关系就存在阶级关系。恩格斯说："经济学研究的不是物，而是人和人之间的关系，归根到底是阶级和阶级之间的关系。"③马克思政治经济学鲜明的无产阶级立场，必然受到广大劳动人民群众和全世界无产阶级的拥护和支持。这就决定了社会主义市场经济的发展，要始终代表广大劳动人民群众的利益。

（3）逻辑性

马克思政治经济学具有很强的逻辑性。每一门学科要剖析其研究对象和阐述相关的理论，都要有科学的研究方法。建立在哲学基础上的马克思

---

① ［苏］斯大林：《苏联社会主义经济问题》，人民出版社 1961 年版，第 6 页。

② ［德］马克思：《资本论》（第 1 卷），人民出版社 2004 年版，第 18 页。

③ 《马克思恩格斯文集》（第 2 卷），人民出版社 2009 年版，第 604 页。

政治经济学具有科学的研究方法。列宁说："虽然马克思没有遗留下'逻辑'（大写字母的），但他遗留下《资本论》的逻辑，应当充分地利用这种逻辑来解决这一问题，在《资本论》中，唯物主义的逻辑、辩证法和认识论（不必要三个词：它们是同一个东西）都应用于一门学科。"[①] 比如，科学抽象法，对经济事物的本质和规律不能停留在表面，要运用科学抽象法，揭示经济事物的本质，然后还要用经济事物的本质解释具体的经济现象。马克思说："分析经济形式，既不能用显微镜，也不能用化学试剂。二者都必须用抽象力来代替。"[②] 马克思政治经济学的方法还有定性分析与定量分析方法等。因而，建立在哲学基础上的政治经济学的世界观、方法论充满较强的逻辑性，使理论更具吸引力。

（4）开放性

马克思政治经济学并不是一成不变的，具有开放性的特点。马克思政治经济学是基于客观的事实与实践，并不是凝固不变的，而是不断变化发展的。列宁说："政治经济学的基础是事实，而不是教条。"[③] 在经济领域中，生产力从低水平到先进，产业从低端向高新迈进，生产关系从原始到现代，不断发展创新。从马克思政治经济学的发展史来看，政治经济学理论也在不断发展、创新。随着经济全球化的深化，社会主义市场经济的日益发展，马克思政治经济学也将不断丰富发展，不管是其内容和形式还是其理论和方法，都将不断创新，而且政治经济学的最新理论成果不仅有力地指导了我国市场经济的发展实践，又开拓了马克思政治经济学的新境界。因而，那些认为政治经济学过时了的人们，其思想是片面的，并没有看到政治经济学开放性、与时俱进的特点。

### 3. 相关概念

---

① 《列宁全集》（第55卷），人民出版社1990年版，第290页。

② ［德］马克思：《资本论》（第1卷），人民出版社2004年版，第8页。

③ 《列宁全集》（第58卷），人民出版社1990年版，第86页。

（1）马克思主义政治经济学与西方微观经济学

西方微观经济学是研究"家庭和企业如何做出决策，以及它们如何在特定市场上相互交易"①。采取个量分析法研究单个实体的市场、家庭、企业的经济行为，以价格决定为核心。西方微观经济学的主线是通过行为分析，结合供给和需求因素的分析来确定市场价格。因而，其起点是供给与需求理论，分析的逻辑是通过个体经济人的行为分析，再到单个市场的价格分析，最后到整体市场的一般均衡。

自由均衡价格理论是西方微观经济学的重要理论，在西方微观经济学中处于中心地位。马克思主义政治经济学的理论基础是马克思的劳动价值理论。自由均衡价格理论和马克思的劳动价值理论研究的内容是关于市场经济条件下价格的问题。从两者的研究目的来看，自由均衡价格理论的任务是为资产阶级谋取更大的利益，更好地配置资源而服务的，是基于资本主义制度下就经济现象的经济问题的定量研究。这就决定了资本家对价格问题的研究在逻辑思路上涉及的只是与价格相关的几个变量，运用数理分析方法，进行定量研究，而忽视对价值问题的研究。马克思的劳动价值理论从对资本主义社会中的商品现象出发，揭示商品交换的实质是人类劳动的交换。在从质上对商品进行分析后，又从量上分析价值量的问题。马克思主义政治经济学从价值规律的深度进一步揭示出价格的本质以及价格波动的规律。

从经济运行问题来看，虽然马克思主义政治经济学将生产关系作为研究对象，但它不是把生产关系看作静止、孤立的现象来研究，而是从它和生产力、上层建筑的运动联系中来分析其经济发展规律。在《资本论》的第二卷中，关于资本周转、资本循环、社会总资本的再生产以及流通等研究的就是有关资本的微观经济运行问题。因而，马克思主义政治经济学要

---

① ［美］曼昆：《经济学原理》（微观经济学分册），北京大学出版社2015年版，第30页。

汲取西方微观经济学运用数理分析方法对经济问题研究的合理之处来促进我国社会主义市场经济的发展。

（2）马克思主义政治经济学与西方宏观经济学

西方宏观经济学是研究"整体经济现象，包括通货膨胀、失业和经济增长"[1]。其前提条件是资源优化配置，采用总量分析法研究国民收入、经济增长、总需求、总产量、价格水平等经济总量的变动，对现有经济资源未能充分利用的原因进行分析。宏观经济学目的是充分解决资源利用问题，因此，被称为总量经济学。宏观经济学分析的工具有计量经济分析、数理经济分析等。商业周期和经济增长是研究宏观经济学的主要线索。宏观经济学的发展研究能促使人们更好地去理解推动经济增长的方法以及应对周期性经济危机等问题。

社会主义市场经济宏观经济学领域的研究，需要汲取西方宏观经济学的合理成分和批判其局限性，以马克思主义政治经济学再生产理论为指导，结合我国宏观经济运行的实际情况，构建我国特色的宏观经济理论模型。当前，市场经济国家对宏观经济总量、制定宏观经济政策的研究是运用西方宏观经济理论来分析，国内经济学研究领域也认为其是我国宏观经济运行的理论。比如，拉动经济增长的"三驾马车"——投资、出口、消费，就是与借鉴西方开放宏观经济理论有关。一方面，运用现代经济数理分析方法，我国特色开放宏观经济模型能够解释我国经济快速增长的原因。改革开放以来，我国经济快速增长到成为世界第二的经济大国，原因在于投资和出口。另一方面，运用宏观经济模型分析经济现实问题和对宏观经济进行数理分析，结合大数据技术，有利于我国特色开放宏观经济模型的细化以及经济结构的优化。

（3）马克思主义政治经济学与中国特色社会主义政治经济学

---

[1] ［美］曼昆：《经济学原理》（微观经济学分册），北京大学出版社 2015 年版，第 3 页。

中国特色社会主义政治经济学是当代中国马克思主义政治经济学，是马克思主义政治经济学的理论逻辑和我国经济实践相结合的最新成果。从阶级立场来看，中国特色社会主义政治经济学是无产阶级政治经济学，马克思主义政治经济学从诞生起就与无产阶级群众的利益相联系，而且在革命实践活动和理论创造上，对"无产阶级的运动是绝大多数人的，为绝大多数人谋利益的独立的运动"①具有深刻认识。尽管马克思、恩格斯不是出身无产阶级，但却有着为广大无产阶级大众谋利益的情怀。因而，使得他们对政治经济学的研究能自觉坚定地站在无产阶级的立场上，运用唯物史观分析现实，揭示资产阶级经济运动本质，建构起以剩余价值学说为轴心的马克思主义政治经济学。

中国特色社会主义政治经济学不仅是中国经济矛盾演化的需要，同时也是政治经济学发展的逻辑要求。中国特色社会主义政治经济学是对苏联政治经济学苏联模式的反思，是对资本主义政治经济学制度层次的批判。我国从改革开放以来，把马克思主义政治经济学的基本理论和改革实际相结合，不断发展和丰富马克思主义政治经济学，形成了很多具有中国特色的政治经济学理论成果。比如，社会主义初级阶段基本经济制度理论，社会主义市场经济体制理论，社会主义本质理论，社会主义经济发展新常态，新型工业化、城镇化、信息化理论，创新、协调、绿色、开放、共享的发展理念等，这些政治经济学重要理论成果适应了我国国情和时代特色，既有力指导了我国经济发展，又丰富和开拓了马克思主义政治经济学的新境界。

### （二）数量分析的基本概念

#### 1. 含义

---

① 《马克思恩格斯文集》（第2卷），人民出版社2009年版，第42页。

（1）数与量

第一，数的含义界定。数是人们在日常生活中比较常见的词。从远古时起，就具有普遍的意义，符号记数、刻木记数是常用的记事方法，尤其是结绳记数在古代中国、埃及、大洋洲等地盛行，广泛应用于人口统计、部落标记等事项中。结绳记事法在我国就具有古老的渊源，《周易·系辞》曰"上古结绳而治"。汉代许慎《说文·叙》中说"及神农氏结绳为治，而统其事"。结绳记数尽管没有留下任何符号，但以绳结的大小来代表大小数，便说明人们已产生数和数的观念。

在我国早期传统文化中，数在汉语中有 shù 、shǔ 与 shuò 三个读音。数的内涵极其丰富。数作为名词指的是事物的数量，如《诗经·小雅·巧言》载"往来行言，心焉数之"；数作为量词指几个、多少的意思，如《孟子·滕文公下》载"后车数十乘，从者数百人"；数作为副词指的是屡次等，如《易经·说卦》曰"数往者顺"；等等。《九章算术》是我国古代重要的数字典籍，注重粟米、方程、勾股等数量关系的比率问题。西方学者对数范畴的哲学研究最早可追溯到古希腊时期的毕达哥拉斯学派，他们认为万物的始基是数，"数是基本的本原"[①]。数为万物提供了一个概念模型，数和形决定了万物的形式。当前，数字技术广泛运用于经济生活中，人们的生活日益离不开数字化技术，人类进入数字化时代，探究其原因，数字化技术将图像等转换成数字进行记录、筛选、存储，然后又将数字还原为图形、音频等，运用的是人类最远古的数范畴知识。

数作为一种规定量的符号，单个物体由于量的计算需要，因而产生了1、2、3、4、5等自然数，即现在的整数。又因记数的需要引进了0。随着生产力的发展和生活水平的提高，产生了正数、负数、分数等。余元希

---

① ［德］恩格斯：《自然辩证法》，人民出版社1971年版，第166页。

认为"数是用来表示量的"①。从理论层面，我们可以将数和量分开，但在给某物进行计量的时候，尤其是在实际运用中，要明确区分数值和单位。比如我们去购买苹果时，说："老板，我买两。"老板肯定问："你买两斤还是两箱，还是两个呢？"因而，在语句运用层面上，数就是数量。

第二，量的含义界定。哲学范畴上的量是指："事物存在的规模和发展的程度。是可以用多少、大小、高低、长短、轻重、快慢等数量来表示的规定性。任何量都是一定事物的量，是与事物分不开的"②。量是"事物存在的规模和发展的程度，是一种可以用数量来表示的规定性"③。这一含义一方面肯定了量是关于事物存在的规定性和对事物的量特征以及量特征的表现形式间的区别；另一方面，事物的多少、大小、高低等属于具体的量，而不是一般的量。然而，在肯定量定义的科学性时，应看到其中存在的缺陷，即并未揭示量的本质特征和量的存在方式。因而，有必要深层次地去把握量范畴。量的本质是什么呢？

就量与质而言。量和质是事物的两种基本规定性。两者相互联系，又有区别，对事物的存在共同做出基本的规定。质指的是某一事物区别于其他事物特有的规定性，而且质的规定性是事物本身固有的规定性，质的本身的规定性属于区别于其他事物规定性的特定规定性。并与量的规定性互相联系。黑格尔认为质本身的矛盾被激化之后，扬弃质本身，转化为量，属于质到量的过渡。这里的量是事物质的外在界限规定性的量。

就量与运动而言。运动是物质存在的方式和根本属性，其意义在于事物通过运动不断地超越自身，而这种超越是："物质随着时间的推移，不再完全是其自身或完全不是其自身的存在形式，它包括自然、社会和人类

---

① 余元希：《数的概念》，上海教育出版社1963年版，第2页。

② 刘延勃等：《哲学辞典》，吉林人民出版社1983年版，第639页。

③ 《辞海》（哲学分册），上海辞书出版社1980年版，第80页。

思维的一切变化和过程。"① 是事物在时空上的量变和质变。因而，从量和运动的关系来看，事物的内在发展趋势，外在的表现为事物的量，量是事物超越本身的过程，是事物运动的外在规定。

就量与时空而言。牛顿的时空观和相对论的时空观使人们深层次地认识了时空。量成为质的外在规定是在时空形式中完成的。当外部世界划分为宇观、宏观、微观层面时，事物是以空间范围作为界限的。当分析运动的过程及其原因时，事物是以时间范围作为界限的。因而，量的确定是在时空形式下的。

因此，从量的本质上来讲，量是事物质的外在界限规定性，是事物超越本身的过程，是事物运动的外在规定。量是在时空形式下确定的。同时，量是其自身从一极向另一极的发展，所有这些规定性都包含着量的秩序性。量的存在方式就是秩序性，对秩序性可做进一步的抽象化，又称为序。

（2）数量、数据、数字

从哲学范畴的量定义可以看出，量可用数量来表示事物存在形式的规定性，也就是数量表示的是事物量的特征，数量是量的表现。《简明哲学辞典》中的词条说"量（数量）到质的转变"②。数量指的就是量，量定义所列举的大小、程度、规模、长短等是具体的量。数量是事物的多少、长短等，是量的一种概念，其本身也是用量来表达。

《现代汉语词典》中对数据的定义是"进行各种统计、计算、科学研究或技术设计等所依据的数值"。有学者认为，数据是"数据原子、数据项、数据对象和数据集的统称，可以用一个数据表示一个数据原子、一个数据项、一个数据对象或者一个数据集"③。数据是人们运用某种量表对事

---

① 《中国大百科全书·哲学》，中国大百科全书出版社 1985 年版，第 113 页。
② ［苏］罗森塔尔、尤金：《简明哲学辞典》，生活·读书·新知三联书店 1951 年版，第 151 页。
③ 朱扬勇、熊赟：《数据学》，复旦大学出版社 2009 年版，第 3 页。

物的属性进行计量分析的结果，是进行数量分析作出决策的基础。

数字是表示数目的文字、符号。数字还指数量，如不要盲目追求数字等。数字作形容词时是属性词，如数字化技术等。数字包含在数据中。

数据是一种重要的战略资源，大数据技术是从数据庞大、种类繁多的数据中，迅速获取有价值信息的能力。大数据时代，数据即财富，数据资源已成为共识，数据开放共享已成为大趋势，将零碎、分散的数字资源融合成完整的大数据，并获取有价值的数据信息，运用于各领域，对人类生存和发展极其重要。

（3）数量分析

数量分析是人们在认识发展过程中不可或缺的一种认识方法，广泛运用于各领域，在对事物进行定性分析之后，应对事物进行"量的分析，从量的分析过程中去把握事物发展的内在规律性，促使人的认识从一种思想规定向另一种思想规定转化，使认识不断地向精确化发展，从而预示事物发生质变的方向"[1]。在管理学领域，数量分析是一种决策分析方法，是一种"运用数学方法对可以量化的决策问题进行研究，解决决策中数量关系的决策分析方法"[2]。

狭义上讲的数量分析是指在相关理论指导下，按照数学与统计学的相关知识，对有关数据进行处理，建立数理模型，对研究对象的数量特征、数量界限和数量关系进行研究。有学者认为，数量分析就是用"数学的语言（数学表达式、图、表等）和数据（数字、符号、图片等）描述所研究对象系统的状态并分析其变化发展规律的研究活动或行为"[3]。数理化、计

---

[1] 姚安泽、苏振芳：《略论数量分析方法在毛泽东著作中的创造性运用及其现实意义》，《福建师范大学学报》（哲学社会科学版）1983 年第 4 期，第 21 页。

[2] 魏娜：《公共管理中的技术与方法》，中国人民大学出版社 1999 年版，第 144 页。

[3] 张志勇：《管理决策中定量分析的基本作用及其研究方法》，《中国流通经济》2004 年第 2 期，第 42 页。

算机化和模型化是数量分析的基本内容。

广义上讲的数量分析是指对事物的数量关系、数量界限和数量特征进行研究所需的一系列通用的方法。

数量分析是经济分析的重要方法，也是马克思政治经济学的重要内容。唯物史观的经济数量分析揭示了经济关系变化中的量和质的关系。戴思锐认为："经济数量分析是一门从数量方面研究社会经济现象运动发展规律及其应用的科学。"①数量分析是哲学量和质范畴的融合，《资本论》就是唯物辩证法关于量和质的具体运用。数量分析是定性分析、定量分析和质性分析的相融合。

### 2. 特征

（1）科学性

数量分析是应用社会科学和自然科学的最新成果对政治经济学研究对象和管理学等领域的量化分析和研究，它是一种经济分析和决策分析的科学方法。当前，数量分析广泛运用于我国经济决策的研究成果中，自然科学和社会科学研究者和实际经济工作者加强数理方法和电子信息技术在研究工作中的运用。

（2）准确性

通过数量分析得出的结论，往往是通过逻辑关系的推理，借助定性分析、量化分析进一步探寻未知量的关系，从数理逻辑分析中把握事物存在的关系，使结论经过数量分析之后达到精确化的程度。

（3）抽象性

对事物进行数量分析，要将事物的具体内容和特质分开，通过抽象、纯化的数理知识对事物之间的数量关系、数量特征进行分析。例如，数字 6 表示事物间的一种数量关系，它极可能来自 6 块糖果、6 棵

---

① 戴思锐：《经济数量分析基础》，农业出版社 1994 年版，第 1 页。

树、6 个石子等，但是，数字 6 本身并不具有这些树、糖果等具体事物的特征。

### 3. 相关概念

（1）数的分析与量的分析

数是规定量的符号，数表示的是量。数的分析和量的分析既有联系又有区别。数的分析是指对事物量的基本数学概念的分析。比如对自然数、整数、有理数等量的数学概念分析。量的分析是指事物具体的量的一种量化分析。比如事物的多少、大小、高低等具体量的量化分析。数的分析与量的分析的共同点是事物的量，是对事物的量属性的分析。其中，数的分析是量的分析的基础，数的分析要反映出事物的量，规定事物量的符号，进行事物具体的量的量化分析。比如，我们购买苹果时，要规定好苹果的单位，是几斤、几箱还是几个，再对苹果的数量进行量化分析。量的分析可以更好地反映事物数的符号、数值等，以及细化事物具体的量。

（2）定性分析与定量分析

定性分析是指对事物现象进行质的理论思辨的科学方法。在社会学研究中，定性分析侧重实地考察和个案分析，定量分析注重大范围的数据分析。从理论基础和分析理路来看，定性分析遵从人文主义的哲学基础，定量分析着眼于逻辑实证主义。定性分析强调的是对事物整体的归纳和把握，通过对事物概念的分析得出结果；定量分析更多是通过逻辑演绎和推理得出结论，对结论进行反复检验。对政治经济学的研究不仅要规定经济矛盾的质，也要注重经济矛盾的量，只有从量和质的统一中，才能正确认识经济矛盾的内在规律。刘永佶认为："经济过程的数量关系，是与其矛盾的性质有机统一的，不规定矛盾的性质，就不能准确计算其量，也就不能正确规定其质。"[①]

---

① 刘永佶：《中国政治经济学方法论》，中国社会科学出版社 2015 年版，第 235 页。

（3）定量分析与质性分析

定量分析和质性分析最大的区别在于哲学基础与专业范式不同，定量分析遵循客观性、实效性的原则，逻辑实证主义是其基础。逻辑实证主义认为事物之间的逻辑关系，需要定量分析验证。质性分析是以现象解释主义和批判主义作为哲学基础。现象解释主义认为："质性研究就是为了了解对象的行为及其原因和意义，它倾向于在具体情境中去理解某种现象以便在一个群体或社会使用的意义系统中去理解某种特定的行为。"[①]

定量分析和质性分析是社会调查研究的经验性研究方法，深受人文主义与实证主义方法论的影响。现代资本主义政治经济学，尤其是数理经济学注重定量分析，往往忽视质性分析，使得经济学研究缺乏质性分析，人文主义匮乏，导致其研究具有片面性。因而，对经济事物的研究不仅要有定量分析，还要有对事物的质性分析，才能很好地揭示经济现象的本质和规律。

（4）数量分析与质量分析

质量分析是指事物通过逻辑推理得出的结论用文字清晰表述，人们读之便知其义，明其言。数量分析从其概念中便知其以数量关系、数理逻辑来表述。质量分析和数量分析的共同之处体现在对事物的质性表述。

一方面，质量分析包含在数量分析中，可以用数量分析来表述。数量分析蕴含着质量分析的优点，同时，数量分析使我们在研究经济变量的关系时，能够表明经济量之间的互存关系，弥补质量分析的缺陷。另一方面，从逻辑推理层面来看，质量分析用文字描述，数量分析通过数理逻辑关系、数量关系等对事物进行推导，两者的逻辑是相同的。在现实经济工作中，当数量积累到一定程度时，要注重质量分析，切实开展数量分析工作。

---

[①] 常俊跃、雒丽：《研究范式之争及其对研究工作的启示》，《自然辩证法研究》2005年第7期，第20页。

## 五、主要内容

全书分为六大部分，主要内容如下：

导论，主要分析马克思政治经济学数量分析研究的选题缘由，对这一选题的国内外研究现状进行述评。对当前研究需要关注的问题进行分析，并对政治经济学和数量分析的基本概念进行界定。对论文的研究对象、主要内容、研究方法、基本思路以及主要创新点进行交代。

第一章，探析马克思政治经济学数量分析方法的理论溯源。古希腊政治经济学数量分析开启了西方经济数量分析的先河，重商主义政治经济学家的数量分析和古典政治经济学家的数量分析是马克思经济学数量分析的直接来源。立足于马克思《资本论》，从批判和深化的角度，实现经济数量分析从古典范式向现代分析范式的转变，为全文提供崭新的经济数量分析的哲学视角。

第二章，论述马克思政治经济学数量分析的基本内容。政治经济学数量分析内生于政治经济学研究。马克思政治经济学数量分析方法的基本内容包括主体、议题、主张，目标、逻辑、归宿和辩证方法。基于主体对马克思政治经济学和西方经济学的区分，从量和质的层面来看，马克思政治经济学数量分析的目标要从政治经济学理论的主体出发，服务于主体；基于核心议题对生产、分配、流通和消费的数量分析，得出马克思政治经济学数量分析的逻辑包括数量性和质量性、工具性和价值性、历史性和逻辑性、实证性和抽象性。基于主张对核心议题生发的经济矛盾的解决，指明马克思政治经济学数量分析方法的归宿和落脚点，并获得方法论的自觉。

第三章，围绕马克思政治经济学数量分析的发展，对苏联政治经济学、国外马克思主义政治经济学、我国改革开放前后社会主义政治经济学、西方资本主义政治经济学的数量分析关于主体、目标、方法展开述评，为实现新时代中国特色社会主义政治经济学数量分析的创新和发展提供依据。

第四章，分析马克思政治经济学数量分析的意义。一是基于政治经济学主体、议题、主张的数量分析的意义，其有利于释放生产力、刺激消费力、优化分配结构、优化流通体系，对经济发展具有促进作用。二是基于政治经济学目标、逻辑、归宿的数量分析的意义，微观经济数量分析对市场经济意义重大，为马克思主义政治经济学提供分析方法，为中外政治经济学交流博弈提供技术方法。三是基于政治经济学方法的数量分析的意义，微观分析为人类社会发展规律、为宏观经济分析、为系统与要素提供量的分析方法。四是基于政治经济学发展与影响的数量分析意义，经济数量分析为改善民生教育模式、交通、医疗、网络信息安全、民生健康生活质量服务。

第五章，论述马克思政治经济学数量分析之于新时代中国特色社会主义政治经济学的建构。新时代中国特色社会主义政治经济学的创新要结合困境与原因的分析，其建构原则要遵循马克思政治经济学数量分析的主题、目标与归宿、方法，其创新路径要按照这一脉络和理路来实现。

## 六、基本思路

本研究立足于马克思主义经济哲学立场，综合运用定性分析和定量分析相结合的方法、逻辑分析和历史分析统一的方法、具体到抽象再到具体的方法、博弈分析法、价值分析法、比较分析法等，尝试从经济哲学层面对马克思政治经济学数量分析进行研究。首先，从古希腊哲学家的经济数量分析的思想作为经济数量分析的发端，进一步对重商主义政治经济学家的数量分析、古典政治经济学家的数量分析作数量的经济探析以及从古典范式向现代分析范式转变的数量经济的发展。其次，沿着这一历史脉络以及对古典政治经济学的批判与发展，马克思政治经济学数量分析方法的逻辑建构具有独特的价值：对马克思政治经济学和西方经济学关于生产、分配、流通和消费的数量分析既有联系又有区别以及由此生发的经济矛盾解决的异同。并揭示马克思政治经济学数量分析方法的目标、逻辑和科学意义。再次，在与马克思政治经济学和西方经济学数量分析方法比较的基础上实现马克思政治经济学数量分析方法的自觉，得出马克思主义政治经济学数量分析方法的启示。最后，根据马克思政治经济学数量分析方法的发展与影响不断探索中国特色社会主义政治经济学，揭示其对经济发展的意义及其当代价值。

## 七、研究方法与创新点

### （一）研究方法

第一，定性分析和定量分析相结合的方法：对现实经济问题进行量的分析和质的研究，说明经济问题的现象，揭示经济矛盾的本质，探讨经济矛盾的解决途径。

第二，逻辑分析和历史分析统一的方法：对经济社会现象进行研究，结合经济范畴的逻辑关系和历史发展的现实轨迹，为经济科学发展创新寻求依据。

第三，具体到抽象再到具体的方法：从感性具体出发，发现问题，分析问题，抽象出概念、观点和方法，得出简单规定，付诸实践，再现具体。在理性具体的多样性中把握经济规律，指导实践。

第四，博弈分析法：对经济利益各方之间的决策进行博弈分析，理清经济利益主体之间的博弈关系和决策。

第五，价值分析法：对经济现象、经济问题和数量分析的意义进行价值认识、价值评价、价值判断、价值选择的方法。立足数量分析的价值内涵、经济理论体系数量分析的价值意义，揭示经济发展的价值意义。

第六，比较分析法：对马克思政治经济学和西方经济学进行比较分析，理清两大经济理论体系的异同，得出结论，凸显数量分析的意义。

### （二）主要创新点

第一，选题创新。本研究论题即马克思政治经济学数量分析研究本身就是一个创新点。从选题的角度来看，虽然学术界对马克思政治经济学分析方法数量分析基本上是从社会学、管理学等角度进行研究并取得许多研究成果，但从哲学量和质范畴来探讨马克思政治经济学数量分析的研究成果还比较少，本研究恰恰弥补了这个不足，不仅可以推动政治经济学的发展，又可以丰富马克思政治经济学数量分析的意义，具有一定的理论价值。

第二，研究视角创新。现阶段许多经济社会矛盾问题的研究主要是从社会学和政治学的角度进行展开，论文是基于哲学层面从马克思政治经济学数量分析方法的角度去研究经济社会的矛盾问题，从政治经济学的核心问题的角度深入分析各种经济社会问题出现的根源和原因。由于我国现处于市场经济快速发展时期，很多经济社会矛盾问题尚未得到根本性解决，而且这些问题大多是在市场经济体制改革后堆积起来的，也有些矛盾问题是由于市场经济本身的缺陷所引起的，还有一些矛盾问题是因市场经济体制改革的不完善不彻底所导致的，面对不同层次、不同结构的经济社会矛盾，亟须有相应的对策加以解决。对政治经济学核心问题的研究，从数量分析出发，以马克思理论和马克思主义哲学作为理论指导，可以有针对性地提出相应的解决措施，促进经济体制的改革和完善，具有一定的现实意义。

第三，研究方法创新。从研究方法上看，本研究注重综合运用多种方法，尤其是重视运用数量分析方法，剖析政治经济学的核心问题生产、分配、流通和消费存在的问题，从数量分析方法进行研究，挖掘出其蕴含的价值意义。本研究还从马克思政治经济学和西方经济学在方法论上作比较分析，揭示两个经济理论体系的异同。因此，本研究综合运用多种方法，比较完整地展现了马克思政治经济学数量分析的研究。

# 第一章
# 马克思政治经济学数量分析的
# 理论溯源

    数量分析是马克思经济学研究的重要方法，这一方法的理论溯源于古希腊经济问题的数量分析，重商主义政治经济学数量分析，古典政治经济学数量分析。

## 第一节 古希腊哲学家的经济数量分析

古希腊思想有一个显著的特征是理性主义，经济学与哲学相互融合，并以哲理性的知识形态呈现。古希腊思想家爱智慧，追崇真理，以创新知识和探索世界作为生活方式与目标，产生了毕达哥拉斯、色诺芬、柏拉图、亚里士多德等经济思想家和哲学家，并获取了非凡的成就。在古希腊，经济哲学思想占据着举足轻重的地位，对经济学思想的产生以及发展产生了深远的影响，尤其是对于今天经济学思想的发展和创新起到至关重要的作用。

### 一、毕达哥拉斯的经济数量思想

毕达哥拉斯（公元前 580—公元前 500？）是古希腊时期的数学家和哲学家，虽然其学术涉猎范围很广阔，遗憾的是没有留下学术著作，但他的语言篇幅在亚里士多德、柏拉图、拉尔修的文献中有所记载。毕达哥拉斯创立了毕达哥拉斯学派，这一学派特别重视事物的数量分析，认为事物的性质是由数量关系生成的，事物按照一定的数量关系构成和谐的秩序。毕达哥拉斯数的思想对当代科学的发展有着一定的启示作用和新的研究价值。

毕达哥拉斯的哲学思想极具宗教神秘主义色彩，为古希腊科学发展奠定基础，由于渴求灵魂净化，他热衷于数学研究，并力图使灵魂观和哲学观念相互调和，甚至这一学派有些学者认为灵魂是空气的净化剂，可类比于几何点。毕达哥拉斯学派对这些领域的研究为后来古希腊思想家亚里士多德、柏拉图等奠定了基础。米利都学派的很多学者把物质的具体形态当作万物的本原，毕达哥拉斯在此基础上有所超越，从理性思维出发，将数当作世界的本原。尽管在今天看来，把数当作世界的本原是片面的，但是他追求科学真理的方法本身具有划时代的进步，仍然值得学习借鉴。其实，这种追求真理的理性思维方法对黑格尔、亚里士多德影响很大。正如黑格尔说："一提到希腊这个名字，在有教养的欧洲人心中，尤其是在我们德国人心中，自然会引起一种家园之感。"① 毕达哥拉斯对数的研究既是对世界本原的探索，也在于应用。从理性思维出发指导数学和经济发展，将数学上升到哲学的高度，以及在经济上寻找科学算术方法，促进了货币经济的发展。

**1. 数是万物的本原**

（1）"一"是数的本原

毕达哥拉斯学派将万物的本原抽象为数。他们认为无定形的东西因为还未定形，无法给万物定形。因而，万物的本原是共同的有定形的东西，那就是数。万物具有数量关系，数和万物之间的联系已远超过水、土、火等任一元素和万物间的联系。他们的这一思想产生于对数学和谐音学的研究，根据谐音的音程由琴弦的长短决定的原理，认为万物的性质是由数决定的。这种思想具有抽象性，远超米利都学派以感性物质作为万物的开端。也就是说，数除了解释具体事物，还可以解释抽象事物。亚里士多德认为，毕达哥拉斯学派"不从感觉对象中引导出始基。……他们所提出的始基和原因是用来引导他们达到一种更高级的实在的"②。从认识论上看，为理性主义开辟了新的思路。

---

① ［德］黑格尔：《哲学史讲演录》（第1卷），商务印书馆1983年版，第157页。

② 北京大学哲学系外国哲学史教研室：《古希腊罗马哲学》，商务印书馆1961年版，第39页。

　　毕达哥拉斯的数是抽象于数学中的数，数的范围相对比较窄小，仅仅指的是自然数和分数，无理数和分数的出现是在西方近代数学时期。因为"数是决定事物性质的比例关系或抽象原则"①。毕达哥拉斯把数分为奇数和偶数，并引申出一与多、有限与无限等对立范畴，以此来阐明事物的价值意义和性质。他的数是数与形的融合，不仅要有数量的多寡，还要有几何体的大小与重量。杨适认为毕达哥拉斯的数是"事物的质料因，也就是说，用数能造成实际的自然事物，它是万物的实际材料。……数是万物的样式或范型"②。因而，数是万物的形式因，而且是质料因。

　　万物的本原是数，数的本原是"一"。"一"是数的开端和计数单位，这主要是源于毕达哥拉斯学派的鹅卵石计算法。"一"表示的是一个鹅卵石，"一"之后的数字则是由鹅卵石的依次增加产生的，这实际上与今天的骰子上标点的数字意思是一样的。"一"是元一，区别于纯数学的1，在毕达哥拉斯看来，元一是绝对的一，代表的是宇宙万物的整体性。《亚里士多德残篇》中说，毕达哥拉斯学派认为"'一'是第一原则"③。可见，把数的最终本原归为元一，把一当作万物的助推者，曹兴认为："数的最高规定是'一'。'一'是一切数得以确立、产生、发展的单位和尺度，因此'一'是有限事物的最终根源，'一'是有限者的真正化身。"④

　　虽然毕达哥拉斯数的分析带有神秘主义色彩，但是他的发现成为推动人类知识发展的动力，特别是他的这种具有创造力的数学规律对自然科学和其他领域所起到的作用是巨大的。这里的数学规律指的就是他的数的秩序，包含着量和质的相融合，是宇宙万物之间达到平衡的客观规定。毕达哥拉斯曾认为数目是最智慧的，宇宙万物由许多数目组成。

————————

　　① 邓晓芒、赵林：《西方哲学史》，高等教育出版社 2005 年版，第 18 页。

　　② 杨适：《古希腊哲学探本》，商务印书馆 2003 年版，第 165 页。

　　③ 汪子嵩：《希腊哲学史》（第 1 卷），人民出版社 1988 年版，第 281 页。

　　④ 曹兴：《超越神话——古希腊人的哲学智慧》，民族出版社 2005 年版，第 60 页。

（2）万物因数生成

毕达哥拉斯把万物的本原归为数，那么，数是如何生成万物的呢？毕达哥拉斯认为宇宙万物的本原是1或者单子，由单子产生单子的质料2，由单子和质料2生成各种数目。各种数目生成点，点生成线，线生成面，面生成立体图形，立体图形生成可感觉的物体，并产生水、火、气、土四种元素，而且这些元素相互交融，形成有生命、精神的宇宙世界。可见，毕达哥拉斯的数生成万物的发展阶段经历了数、几何图形、物体的生成过程这三个阶段。

第一，一生成各种数目。毕达哥拉斯的数系列是由一开始的，而且古希腊思想家也特别重视数目一，亚里士多德曾认为："一表示着众多的尺度，数目表示着已经被度量过的多和诸尺度的多。"[①] 毕达哥拉斯对10以内的数目尤为重视，认为10是具有整体性的完满数字，因为10是1、2、3、4的和。又比如，1代表着理智，因为1是最原初的数目，是善的象征；2代表着建议或意见，因为2是宇宙间最基本的用数理形式来表达的对立；4和9代表着正义，因为它们是用首个偶数2和首个奇数3的平方；8象征着友情和爱情。毕达哥拉斯学派以这些神秘的象征解释万物的性质，把具体的事物当作对数的"摹仿"，正是因为有了这些数目才会让宇宙万物存在，使事物处于不断的变化发展中，宇宙万物处在一种完满和谐的稳定运动状态之下。

第二，数目生成几何图形。数目为万物提供了概念模型，自然物体的形式由数量和形状所决定。数不仅有量的多寡，还具有形。几何学上之所以有点、线、面、几何图形，是因为有了数。这得益于毕达哥拉斯早年在埃及、巴比伦等地的游学经历，在那里获得了几何知识。在很久以前，埃及人因为丈量土地和建造金字塔的需要，发明了几何学，但是没有从几何图形中抽象出数的理论，只是从经验层面对几何学进行研究。例如，勾股

---

[①] 苗力田：《亚里士多德全集（第1版）》（第7卷），中国人民大学出版社1993年版，第49页。

定理的数学语言表达式 $a^2+b^2=c^2$ 是毕达哥拉斯学派的重要功绩，是数和形的相结合。但埃及人并未得出这一数学定理，只是知道三角形的边长如果分别是 3、4、5，那么，该三角形是直角三角形。

第三，几何图形生成可感物体。热衷于数学研究的毕达哥拉斯在证明勾股定理时，可感物体就产生了。他认为在几何体中，点是首要的，依次产生线、面、体，使得事物让人可感知。在此，进一步地研究了面、线、点和数之间的关系。毕达哥拉斯学派认为一产生点，数目 2、3、4 生成线、面、体。扬布里柯认为："因为'1'是点，'2'是线，'3'是三角形，'4'是角锥形；所有这些，对其他各类图形来讲，都是基本的和首要的。点是导致量度的第一个本原，线是第二个本原，面是第三个本原，体是第四个本原。"[1] 事实上，古希腊毕达哥拉斯学派之所以能认识到数的存在，是因为他们有一种感应。这种感应和人的纯净心灵有关，并与数发生感应。因此，毕达哥拉斯学派努力研究数学、音乐，力图寻找数的奥秘，探寻现实的世界。正如亚里士多德认为这一学派看到了可感知事物的属性，事物由数组成，肯定数不是独立存在的。

### 2. 数的和谐

（1）和谐是一种数量关系

和谐思想贯穿着毕达哥拉斯的数本原说。毕达哥拉斯学派认为所有的事物都由数组成，坚信所有事物的原则就是数的原则，而且一切是和谐的，对和谐观点的研究源自数量关系的思考。他们认为和谐是"杂多的统一，不协调因素的协调"[2]。实际上，这种和谐就是数量之间的一种比例关系。由于毕达哥拉斯学派的学者几乎是数学家，在他们看来，数目之间存在着合适的比例与和谐关系。毕达哥拉斯曾将"和谐是最美好"作为重要

---

① [古希腊]扬布里柯：《算数的神学原理》，中国社会科学出版社 2008 年版，第 84 页。
② 北京大学哲学系美学教研室：《西方美学家论美和美感》，商务印书馆 1980 年版，第 14 页。

的格言。他们认为："一切立体图形中最美的是球形，一切平面图形中最美的是圆形。"①因为球形和圆形存在着对称，这种对称是绝对的，让整体和部分显得格外和谐。

毕达哥拉斯学派从数量关系出发，对天体、音乐等领域的研究，形成了依照数量比例关系的和谐秩序。比如，毕达哥拉斯学派对音乐和谐音中存在的数量比例关系作了开创性的研究。这来自毕达哥拉斯从铁匠铺打铁发出的谐音中得到的启示，根据打铁时重量不同的铁锤发出的不同谐音，做了琴弦试验，得出不同弦的长短与音程存在一种合适的数量比例关系，即四音程的比例为 4：3、五音程的比例为 3：2、八音程的比例为 2：1。策勒说："由于把数学应用到音乐中去，他们就成为科学的声学理论的奠基人，这种理论又是那样深刻地渗透入他们的全部思想体系之中。"②将音乐与不同的音程联系在一起，成为具有审美意义的谐音，甚至是一种哲理范畴，即和谐就是一种数量的比例关系，是量和质的数量界限，通过数量关系达到一种美的质感。

除数量关系上的均衡对称是一种和谐之外，数量关系的对立统一也是一种和谐，主要是古希腊的亚里士多德实现了以对立统一为和谐的提升。事实上，在我国早期传统文化中，和谐也存在着数量关系，比如，在老子的《道德经》第四十二章中说："道生一，一生二，二生三，三生万物。万物负阴而抱阳，冲气以为和。"这段话和毕达哥拉斯的"数的本原"是"一"是一样的，如出一辙，都是出于数量关系的哲学思考。古希腊哲人认为："一切事物的质都必然是特殊的，只有数才是无所不包的。……不同质的物质不过反映了不同的数量关系，所以，用任何一种具体的物质说明宇宙

① 北京大学哲学系美学教研室：《西方美学家论美和美感》，商务印书馆 1980 年版，第 14 页。
② ［德］策勒：《苏格拉底以前的学派》（第 1 卷），朗格曼斯·格林出版社 1881 年版，第 347–348 页。

都有其局限性和片面性，而宇宙间一切现象无不可以数来计量。"①

（2）万物皆数与数量理性主义的兴起

古希腊时期的理性主义方法论对希腊历史发展产生巨大影响，数量性和形而上学是这一时期最为突出的特征。在这里，理性属于形而上的哲学范畴，是万物自我运行的原理，是人性的复归。在宇宙万物中，理性需要人去探索，用智慧去发现和把握，只有人才具有认识理性的能力。恩格斯曾指出："自然界不能是无理性的，这对于希腊人已经是不言而喻的了。"②正如赫拉克利特认为逻各斯（Logos，即理性）自身不断增长，它属于灵魂本身所固有的。对于人而言更应该如此。

古希腊哲学家的光辉成就不仅在于他们提出和谐有序的思想，还在于他们意识到这种和谐有序规律能用数及数量比例关系来表达，主要集中体现在毕达哥拉斯学派的万物皆数这一数量理性主义方法命题中。理性最原初的意思是指科学精神，理性主义主张用科学来解释万物，虽然理性主义在毕达哥拉斯学派那里发展的程度不是很深，原因在于这一学派对数量的抽象并没有完全摆脱"卵石数"等可以触碰的感性物质。但是，这一学派却打开了数量理性主义方法的大门，开辟了一条从抽象性来说明理性主义的道路和一种逻各斯式的存在，尤其是万物和谐有序和数量理性主义方法的思想，直接影响着近代自然科学、天体学等领域，为理性主义的发展奠定了基础。毕达哥拉斯认为宇宙万物存在着数的法则，不管是解释外在物质世界，还是刻画内在精神世界，都需要数学，而且这种数的法则和数学力量在柏拉图那里得到了继承。柏拉图认为数学实质上是宇宙万物存在的秩序和规律，是物质世界的一种客观存在，数学是形成有序性和规律性的关键，并且可以通过人类的理性能力去设计和洞悉数学结构。

---

① 阎国忠：《古希腊罗马美学》，北京大学出版社 1983 年版，第 23 页。

② 《马克思恩格斯全集》（第 20 卷），人民出版社 1956 年版，第 564 页。

随着科学技术方法论的不断延伸，数量理性主义方法又被成功地运用到伦理学、经济学、社会学等科学领域，取得了一定的成绩。比如，毕达哥拉斯把数量秩序运用到伦理学中，认为正义既是内部均等数，又能用平方数来表达。毕达哥拉斯认为 1 到 10 中的数字 4 是正义，宇宙万物创造者的象征。毕达哥拉斯之所以将数理思维和其哲学思维相结合，和他深受历史上数学哲学思想的影响有关，而且其本身具有丰富的数学和哲学理论素养。

### 3. 货币数量经济分析

古希腊的奴隶制经济主要是以自然经济为主，商品货币关系有了一定的发展。根据考证，以铸币形态出现的货币最早产生于公元前 7 世纪的吕底亚王国。随后，货币便一直向西流向了希腊，出现了大量的银矿，为货币的铸造提供了丰富的金矿来源，促进了商品货币经济的繁荣发展。而且政治力量对希腊货币经济的发展也发挥着重要的作用，特别是币制的改革进一步促进了商品和贸易的发展。与此同时，在丰富的金矿资源、海外贸易的交往以及政治力量的作用，共同推动了希腊迈向繁荣的货币经济时代，"货币的发明和广泛使用，必须算作这种经济活动最有力的原因之一"①。诚然，货币的铸造与推行以及货币经济的发展无疑对古希腊经济社会生活起到推动作用。一方面，相较于以牛、羊、工具等实物作为货币的形式而言，铸币的推行和使用，更容易让人们接受与应用，因为铸币更容易计算和交换，刺激了人们对财富的积累；另一方面，随着梭伦社会政治变革的发生，进一步加大了货币的影响力，政权的民主基础得到了巩固。正如恩格斯认为货币经济的日益发展，就好比腐蚀性的酸类不断侵蚀以自然经济为主的传统生活方式，甚至是创造了一种崭新的社会力量。

毕达哥拉斯的数本原说为货币经济活动提供了有力的解释，汤姆逊和格思里都赞同这一观点，尤其是重视赛尔特曼（C.T. Seltman）对毕达哥拉

---

① ［法］杜丹：《古代世界经济生活》，商务印书馆 1963 年版，第 69 页。

斯和古钱币的关系研究。赛尔特曼认为最早出现在南意大利的铸币和毕达哥拉斯有着紧密的联系，并以此作了论述："居住在萨摩斯的宝石雕刻家内撒库斯生有一位赫赫有名的儿子毕达哥拉斯。他擅长于金属工艺、数学和音乐，又是一位深沉的思想家。他大约是在公元前 535 年离开本乡前往克罗通的，在那里他设计了一种铸币……同时在有些城邦中出现了和克罗通性格相同、只是面貌不同于其他希腊货币的铸币。"① 赛尔特曼认为这些铸币和毕达哥拉斯学派的对立统一学说息息相关，是和谐的象征。此外，音乐家阿里斯多克森认为毕达哥拉斯是最早把杆秤、尺推荐给希腊人的人，从商业转向数，把一切当作数。

人们对万事万物的认知，并非凭借思维的抽象力就可实现，量和质这两个简单的哲学范畴就可以说明这一点。马克思说："每一种有用物，如铁、纸等等，都可以从质和量两个角度来考察。每一种这样的物都是许多属性的总和，因此可以在不同的方面有用。发现这些不同的方面，从而发现物的多种使用方式，是历史的事情。为有用的量找到社会尺度，也是这样。"② 因而，人们对事物量的认识属于社会历史的事情，但要形成物的抽象数量概念以及社会公认的标准尺度亟须有力的历史实践作为基础，而且这种有力的历史实践早在古希腊时期就出现了，那就是货币经济和商贸活动的迅速扩大。商品交换活动本身就促使货币产生，因此，人们才获得了对抽象的数观念，是因为对数量的抽象力有货币作为客观存在的基础。

## 二、色诺芬的经济数量分析思想

色诺芬（公元前 430—公元前 355），是古希腊著名的思想家，其一生

---

① ［英］汤姆逊：《古代哲学家》，生活·读书·新知三联书店 1963 年版，第 282 页。
② ［德］马克思：《资本论》（第 1 卷），人民出版社 2004 年版，第 48 页。

著作丰富，主要的经济学代表著作有《经济论》《雅典的收入》。在论述经济问题的著作《经济论》中，首次使用"经济"一词。"经济"一词在古希腊语中主要是由家庭和法律组成，意思是"家庭管理"。色诺芬生活在以自然经济占统治地位，商品货币经济不是很发达的奴隶社会时代，奴隶制的经济生产是以家庭为单位，建立在奴隶主对奴隶和生产资料的私人占有基础上的。《经济论》是色诺芬在做奴隶制庄园主时写成的，他结合自身的庄园经营管理经验，将实际经济管理经验上升到理论高度完成了这部经济著作。而且色诺芬的经济著作具有丰富的经济数量分析思想，尤其是他的微观经济管理思想对后世产生深远的影响。

**1. 财富增长的数量分析**

在经济学的视阈中，财富是用来满足人们某种需要的有价值的东西。通常，人们将财富视为"富有"或者"财产"的别称。从古至今，财富，特别是物质财富的增长和创造是人类家庭经济中最为突显的事情。而且关于家庭经济管理的问题可追溯到古希腊色诺芬的财富观。在《经济论》中，色诺芬认为财富是一种对人们有用的东西或人能够获取益处的东西。对色诺芬财富增长的数量分析思想可以从以下微观层面来分析。

（1）商品的交换

色诺芬通过对经济现象的分析意识到商品具有交换价值和使用价值，认为："凡是有利的东西都是财富，而有害的东西就不是财富。"① 色诺芬认为财富的有用性是相对的，而不是绝对的。简而言之，对于同一种东西而言，判断其是否为财富，主要在于这种东西是否能被人运用。比如色诺芬关于笛子的例子，笛子对于会吹它的人而言，笛子就是财富；反之，则毫无用处。基于此，色诺芬进一步地认识到笛子对于不会使用它的人而言，只有在把它卖掉时才是财富，保留着那就不是财富。显然，色诺芬已经对

---

① ［古希腊］色诺芬：《经济论　雅典的收入》，商务印书馆 1961 年版，第 3 页。

商品的交换价值有所分析，交换属于财富存在的形式，在这里，色诺芬的商品价值是商品的简单价值形式，存在经济数量分析思想。只不过，他并未能将商品的价值和交换价值明确地区别开来。但是，他的商品数量经济分析思想对后来的经济学家产生巨大影响。

（2）家庭经济管理

"家庭管理"主要指的是对奴隶主庄园的经营管理，色诺芬强调"家庭管理"应成为一门经济学问，对"家庭管理"的经济论研究，实际上是研究奴隶主经济学。色诺芬认为奴隶主的主要经济任务就是要让自身的财富不断地增加，其数量表现就是"能够继续支付一切开支，并获有盈余使财富不断增加"[①]。在这里，"开支"只有通过数量分析才能实现"财富不断增加"或带来"盈余"。由此可见，色诺芬财富不断增长的思想中，简单的数量分析是一个主要内容。

（3）重农倾向与人文精神

色诺芬非常注重农业的地位，认为农业是所有技艺的基础，是财富增长的源泉。更重要的是他十分注重生产的收益，包括所有技艺和农业的收益，因为即使是拥有土地或者其他有用的生产资料，如果不加以生产，不积累财富，那么土地等这些东西也不属于财富。法国重农学派的主要代表魁奈继承和发展了色诺芬推崇农业的地位，魁奈认为农业是财富的源泉甚至是唯一的源泉。

色诺芬的重农倾向思想在一定程度上对现代主流经济学还是有借鉴意义的。现代主流经济学最大的特点就是以经济人作为假设，追求经济利润最大化。然而，现实生活中的人是具有情感的主体，在追求经济利益的同时还会受到情感、心理等因素的影响，使得经济利润未必能够达到最大化。色诺芬认为农业能够使人身心愉悦，培养人的美德，给人带来健康。的确，这一思

---

① ［古希腊］色诺芬：《经济论 雅典的收入》，商务印书馆1961年版，第1页。

想得到现代城市人的认同，目前，许多城市人在工作之余，来到乡村，吸收大自然新鲜的氧气，亲自到田庄里耕作，采摘水果，不仅锻炼了身体，而且使人心情愉快。因此，重农思想实际上就是在追求财富数量的同时达到一种质的人文情怀，对现代主流经济学的研究仍然具有借鉴意义。

### 2. 商品价格变化的供求关系数量分析

色诺芬对商品价格的问题有了比较深刻的认识，他认为商品存在交换、使用这两种用途，并且依据市场上时常显现的经济现象和生活实际经验，通过数量分析方法初步意识到商品价格的变化受到市场上供给和需求关系变化的影响。在他的《经济论　雅典的收入》中说道："铜器生产过多，黄铜价格就会低廉，生产黄铜的工人就会因此而破产。当农产品价格低廉的时候，农业就无利可图，许多农民就会放弃农业而从事其他行业。"[①] 在此，色诺芬已经认识到了市场供求关系变化对商品价格的影响，他通过对商品价格变化的供求关系数量分析的考察，一方面认识到了商品供给数量的不断增大会带来商品价格的逐渐降低；另一方面他看到了商品价格的不断下降会对社会劳动的分配造成巨大的影响。

古希腊的色诺芬从市场现象和生活经验揭示了市场流通的本质，即商品价格的波动受到市场供给和需求关系的变化上下波动。这说明那时西方学者已经对商品价格问题的研究达到了较高的程度，但是由于历史经济条件的限制，其思想也存在一定的缺陷，那就是忽视了商品价值的作用，难以从商品本身所耗费的劳动量大小来研究商品价格的高低，只是以市场供给和需求状况研究商品价格，导致市场供求关系决定商品价格的片面认识。不过，色诺芬的经济思想给后世留下了丰富的经济思想财富，在世界经济史上起到的作用非常大。

---

① ［古希腊］色诺芬：《经济论　雅典的收入》，商务印书馆1961年版，第1页。

### 三、亚里士多德的经济数量辩证分析思想

亚里士多德（公元前 384—公元前 322）是古希腊博学多才的思想家，是柏拉图的学生，一生著作颇丰，其经济思想主要体现在他的著作《政治论》《尼各马可伦理学》中。古希腊思想家的经济数量辩证分析，在亚里士多德这里获得了充分的体现，特别是在他的《尼各马可伦理学》中对商品价值形式的研究发表了自己独到的见解，可谓古希腊经济数量辩证分析的典范。

#### 1. 货币数量分析问题研究

亚里士多德认为社会财富包括有用物总和的财富和货币积累的财富。其中，有用物总和的财富即具有使用价值财富的经济活动，属于一种"家庭管理"的经济，这种经济活动是合乎德性的，符合自然发展的规律；反之，如果在不遵循自然规律的基础上去无限追求货币财富的积累，那么，这种经济活动则称之为"货殖"，属于不自然的。亚里士多德为了证明"货殖"的反自然性，从商品的使用价值和交换价值进行分析，因为他意识到货币之所以能与其他商品交换，主要在于二者之间存在质的等同性。因而，按照他的这一说法，我们拥有的所有东西都具有使用和交换价值这两种用途。比如，一件衣服可以用来穿，也可以用来交换。前者的用途是衣服这件物品本身所固有的，后者的用途并不是物品本身所固有的，由于这件物品出现的原因并不只是为了交换。同样，如果人们只是把货币充当交换的媒介，而且交换的目的只是为了获取其他满足自身所需的物品，那么，这一交换行为是合乎自然的。反之，如果只是把货币当作增殖的工具，则这种行为是反自然的。亚里士多德特别反对"货币繁殖货币"的高利贷行为，认为："赚钱并不是无用的事，但如果用不公正的手段赚钱，则是最大的恶事。"①

---

① 周辅成：《西方伦理学名著选辑》（上），商务印书馆 1964 年版，第 76 页。

所以，亚里士多德主张合乎自然和德性的求利才是有价值的货币获取途径。一方面，他认为对货币的拥有要坚持适度原则。另一方面，他认为对货币的运用要坚持理性与中道。亚里士多德对货币理论的分析，实际上是强调要以德性来规范人的求利行为，在追求货币金钱数量的同时，要把握其数量界限，也即把握好度，达到合乎德性的质的致富。

### 2. 商品交换的数量分析

亚里士多德站在哲学的高度，从价值学说史来看，对商品价值问题有了较深入的研究，上升到一种认识论的自觉，而且他的经济数量分析堪称古希腊经济学说的典范。亚里士多德说："互相交换的不是两个医生，而是一个医生和一个农民；或一般说是职业不等的人，但必须使他们成为平等的。就是由于这个缘故，互相交换的一切物必须成为可以依某种方法相互比较的。"[①] 因而，亚里士多德从量的等一性和质的同一性出发，分析不同商品之间能够交换的原因。我们不难看出，亚里士多德所讲的商品之间可以依靠某种方法进行比较，即通过量的等一性考察商品之间的交换。实际上，商品量的等一性属于潜藏的力量，需要依靠具有质的规定的商品来衡量。所以，这种具有数量辩证分析的思想，使亚里士多德进一步地认识到商品价值形式的奥妙。马克思曾赞扬亚里士多德是最早分析价值形式的，正是在此闪烁着他的光芒。

亚里士多德认为商品之间存在着数量比例关系的交换，是因为商品之间具有等同性，指出："没有等同性，就不能交换，没有可通约性，就不能等同。"[②] 亚里士多德的这句话，指出了市场上的商品之间之所以能够交换，通过量的计算与比较，主要是因为商品之间存在着共同的本质。同时，这也是为什么商品之间可以进行计算、比较的原因。事实上，我们

---

[①] ［古希腊］亚里士多德：《伦理学》，商务印书馆 1933 年版，第 106–107 页。

[②] ［德］马克思：《资本论》（第 1 卷），人民出版社 2004 年版，第 74 页。

可以发现，两种东西具有可比性或者不具备可比性，意思是说：这两种东西之间在一定层面上而言，具有某种共同的本质或者不存在这一共同点。在这里，亚里士多德所说的等同性指的就是性质上的相同。马克思曾说："亚里士多德清楚地指出，商品的货币形式——一种商品的价值通过任何别一种商品来表现——的进一步发展形态，因为他说：'5 张床 =1 间屋''无异于'：'5 张床 = 若干货币'。"① 在这里，亚里士多德发现了 5 张床和 1 间屋在交换的背后，存在共同的本质，那就是商品质的规定性。而且商品质的规定性使得商品之间可以进行量的比较和计算。另外，亚里士多德将商品的"简单价值形式"上升到"货币形式"，关键在于通过经济数量分析实现商品价值形式的升华。正如纪明山说的："在量的差异中把握质的同一性，正是以商品交换的数量关系为基础的。"②

古希腊经济数量分析的思想具有以下特点：其一，关于数量分析的研究缺乏系统性，只不过是偶然地出现在古希腊个别思想家的相关著作中，尽管是呈现在一本著作中，也是零星地应用于不同的经济思想当中。其二，由于经济范畴和比较完善的经济学说尚未形成和确定，数量分析仅仅是直观地体现在一定程度上的经济交换关系中。比如，古希腊诗人荷马创作的《伊利亚特》《奥德赛》这两部史诗，论述了交换关系，这一论述就包含了经济数量关系分析。如：2 个女奴隶 =8 头公牛，2 个铜制三角鼎 =40 头公牛。尽管在那时还没有大范围地展开交换，难以提及价值和价值形成的问题，但这种交换的数量关系，却潜藏着简单价值形式。其三，数量分析主要限制在等量关系所反映的交换关系中，缺乏理论现象与本质分析。虽然古希腊时期的经济数量分析有一定的局限，但随着经济理论的不断发展，经济数量分析也在快速发展，尤其是这一时期的商品交换关系的数量分析对后世经济产生深远的影响。

---

① ［德］马克思：《资本论》（第 1 卷），人民出版社 2004 年版，第 74 页。

② 纪明山：《古典经济学数量分析概论》，南开大学出版社 1993 年版，第 23 页。

## 第二节　重商主义政治经济学家的数量分析

重商主义是反映商业资产阶级利益的经济思想，在其发展历程中经历了两个阶段：15 世纪至 16 世纪中叶的早期重商主义和 16 世纪下半叶至 17 世纪中叶的晚期重商主义。当时，商业资本和商品货币关系获得迅速发展，主要是商业资本的运作和流通很活跃。重商主义时代的主要特点是每一个人都是其自身的经济学家，这一时期的经济理论是商人的杰作，集中于对经济政策问题的研究，试图推动国家财富的增长和权力的巩固，增强发展中经济体的繁荣昌盛。

### 一、柯尔培尔的经济数量分析思想

柯尔培尔（1619—1683）是法国杰出的财政大臣、经济政策的制定者。在其辅佐国王时期，他将国家治理和经济政策的实际制定相互结合，认为要想使国家繁荣富强，只有坚持国内贸易大力协助发展对外贸易。然而，重商主义者如果离开经济数量分析则会难以实现实际经济政策的制定，特别是想要在流通领域中取得大量的货币财富。不管是对外贸易还是国内贸易，脱离货币量的计算是难以实现的，因而，对于重商主义者而言，无论何时，国家的货币平衡都是收入大过支出，努力让国家的货币财富源源不断，用贮藏的手段积累国家财富。

早期的重商主义者认为黄金白银是财富，流通领域的货币数量属于不变的量，唯一可以改变的是货币在各个国家的数量比例关系，对于这种数量比例关系的认识成为他们主张保护关税的理由。于是，柯尔培尔认为整个西欧国家的货币流通总量是恒定的，要想让法国繁荣昌盛就必须从别国掠取更多的货币财富，因此，他提出关税税率，以便出口贸易，限制贸易入口等经济政策。虽然如此，在 16 世纪早期的重商主义，人们似乎没有好好地去理解国家贸易带来的后果，更谈不上深信货币因素带来的后果。到了重商主义晚期，经济数量分析的运用逐渐提高，而且晚期重商主义者已经意识到他们的先驱的缺陷，比如，他们认识到货币并非衡量一国财富的唯一标准；对于任一国家而言，不可能只有贸易顺差，并且保持长期的贸易顺差，贸易应是惠及每一个国家。越来越多的经济学家甚至主张市场对经济的运行，减少政府干预经济的数量。

## 二、托马斯·孟的经济数量分析思想

托马斯·孟（1571—1641）是英国晚期重商主义的主要代表人物，其倡导贸易差额。他的著作《英国得自对外贸易的财富》可以说是重商主义划时代的著作。托马斯·孟作为英国晚期重商主义的主要代表，明确地将数量分析方法运用于对外贸易中，并成为国家致富的重要途径。他认为："对外贸易乃是增加我们的财富和现金的通常手段，在这一点上我们必须时时谨守这一原则：在价值上，每年卖给外国人的货物，必须比我们消费他们的为多。"① 对此，他举例说：假使一国有海类产品、有色金属、纺织产品等的充足供应，另外，输送到国外的其他剩余产品价值 220 万英镑。因此，凭借这笔海外出口，可买到并且输入价值 200 万英镑的海外产品供消费。倘若这一国家按照这一惯例贸易，就能让这一国家每年获得 20 万英镑的现金形态的财富。显然，托马斯·孟的贸易差额论是通过数量比较分析建立起来的。按

---

① ［英］托马斯·孟：《英国得自对外贸易的财富》，商务印书馆 1959 年版，第 4 页。

照这一计算，托马斯·孟进一步举例说：花 10 万英镑购买东印度的胡椒，可以在土耳其或其他地方销售，最少能赚到 70 万英镑。因而，托马斯·孟说："我们的国王和王国的最有利的贸易是在东印度的买卖比例上。"[①]

重商主义者通过数量分析得出贸易差额论和货币差额论，相较于重商主义以前的数量分析，经济数量分析在重商主义理论中取得了发展。但由于生产力水平和经济学发展的限制，古典经济学以前的数量分析缺乏系统的研究方法。总体而言，古典经济学以前的数量分析是对经济现象的最初考察，直接影响了古典经济学数量分析的发展。

---

① ［英］托马斯·孟：《英国得自对外贸易的财富》，商务印书馆 1959 年版，第 9 页。

## 第三节 古典政治经济学家的数量分析

古希腊思想家、重商主义者的经济观点，包含着数量分析的萌芽，并最终由古典政治经济学家将数量分析与经济范畴、经济理论连接成统一的体系。主要表现在：古典经济学的经济范畴逐渐确立，并且围绕着国民财富增长这一基本理路展开，运用数量分析方法，揭示经济范畴、经济现象的规律和本质，逐渐突破了重商主义数量分析的狭隘眼界，将经济理论的研究从流通领域呈现出的经济表象不断深入转向生产领域，寻求经济活动的内在本质和规律，进一步扩大了经济数量分析的领域。

### 一、配第政治算术向经济学渗透的机理发轫

配第（1623—1687）作为古典政治经济学的奠基人，活动于资产阶级革命与工场手工业快速发展时期，深受以培根为代表的哲学运动的影响，逐渐摆脱了重商主义的束缚。他运用数量分析方法研究社会经济问题，不仅通过数量繁多的统计资料，由表及里，探究表面的经济现象，深入研究资本主义生产关系的内在本质，而且将研究对象从流通领域转向生产领域，较早提出劳动价值论思想。在此，对地租、工资、利息等做了有益的尝试。马克思曾赞誉配第对政治经济学的贡献，称其政治算术是"政治经济学作为一门独立科学分离出来的最初形式"[1]。

---

① ［德］马克思：《政治经济学批判》，人民出版社 1976 年版，第 37-38 页。

### 1. 政治算术适应经济社会的现实需要

配第的《政治算术》是在 1671—1676 年写成的，独创性地运用了算术方法研究经济社会问题，明确提出用数量分析方法对英国、法国、荷兰三国的经济力量进行论证研究，试图探讨当时这些资产阶级国家共同的经济规律。该书写作的动机实际上是为当时的统治阶级服务的。这一时期，英国资本主义工业革命取得快速发展的同时，要求原始资本积累进一步加速，这就使得国外市场的争夺和殖民地的掠夺加剧，由于当时英国的经济力量远远落后于法国、荷兰，尤其是海外市场和殖民地更是在法国、荷兰的掌控之下，对此，战胜法国、荷兰的经济力量成为英国资产阶级的主要任务。因而，为适应资产阶级的现实需要，配第作为资产阶级的策士，《政治算术》《赋税论》应运而生，为英国资本主义鼓舞志气。他主张英国对原始资本的积累应大力发展本国产业，不断增长金银珠宝等财富，争夺国外市场，以此扩充英国国力。马克思曾指出："当荷兰作为一个贸易国家还占着优势地位，而法国似乎要变成一个称霸于世的贸易强国的时候，他在《政治算术》的一章中就证明英国负有征服世界市场的使命。"[1]

配第在《政治算术》的第一至五章中，除了对国内经济作了数量关系的比较之外，还对荷兰、英国、法国的国力作了数量分析的比较，可称为经济数量分析的最初比较范例。

配第对这些国家的土地面积、公共收入、耕地、出口额、船只等经济因素进行数量分析比较，主要是从宏观经济的角度去考察，尽管在他的数量比较分析中还未涉及国民生产总值、国民收入等宏观要素，但却反映了配第劳动决定价值的思想，对社会经济进行比较数量分析，得出盈余收益是英国关键的社会生产动力。实际上，配第对英国、法国、荷兰国力的比较

---

[1] ［德］马克思：《政治经济学批判》，人民出版社 1976 年版，第 37 页。

分析，运用的是数量分析中的总量分析方法，虽然这一分析方法受限于算术方法，却是数量分析的最初数量范例。

### 2. 政治算术中的经济统计预测

政治算术的分析论证方法，使用了数字、重量和尺度等现实的统计数据，相较于以往只使用比较级或最高级的词汇及简单思维论证而言，更具现实性和说服力。马克思曾赞誉配第在某种程度上是统计学的创始人以及政治经济学之父。配第在研究英国、法国、荷兰三国的国力时，首先依据现实的数字作比较，然后，运用推算法，得出另外一种数字。根据年数与年租额得出地价，从房租推测出房屋价值，依据工资推算人口价值，按照人口数与盈余收益算出国家财富。比如，在价值论中，配第通过"假如一个人在能够生产一蒲式耳谷物的时间内，将一盎司白银从秘鲁的银矿中运来伦敦，那么，后者便是前者的自然价格"[①]的分析，得出一切价值相等和权衡比较的基础来自劳动。正如马克思说："他不是把一连串比较级和最高级词汇和空论拼凑在一起，而是立志要用 termsof number，weight or measure（数字、重量和尺度）来说话，只利用从感官的经验中得出的论据，只研究 as have visible foundations in nature（在自然界中具有可见的根据的原因）。"[②] 因而，配第也意识到自己的政治算术中的统计方法正在开辟一片新天地，较早地运用统计方法来度量经济社会现象和问题，甚至是设法度量一国的资本、人口数、国民生产总值、国民收入、出口、进口、产业等。配第的政治算术中的经济统计数据具有以下特点：

其一，经济数据注重推算数量方法。由已知的量作为基础，按照一定的数量关系进行推算；以平均数作为基础进行数量推算。因此，在对经济数据进行推算时，配第极具创造性。其二，经济数据来自对经济社会现象

---

① ［英］威廉·配第：《货币略论》，商务印书馆 1978 年版，第 48 页。

② ［德］马克思：《政治经济学批判》，人民出版社 1976 年版，第 37 页。

的实际观测。这些数据主要分为通过实际调查的统计数据和通过经验得出的数据。其中，由于历史条件的限制，通过实际调查的统计数据在政治算术中比较少，主要是通过经验得出的数据。比如，配第证明了领土小、人口少的小国，因为具有地理位置、政策等的优越性，可与领土辽阔、人口多的国家在经济财富上相抗衡。其三，经济推理注重使用假设数据。主要是为了更深入的研究经济问题的本质和规律，而且这些假设数据运用得巧妙而灵活，尤其是在配第的《赋税论》中，他假定一蒲式耳小麦等同于一盎司白银，进而推理出小麦和白银相同的地方，得出权衡比较的基础和所有价值相等的结论。

从配第经济统计数据的特点来看，政治算术的统计艺术与科学已崭露头角，经济理论分析和数量分析方法浑然一体。虽然配第对统计学的初期运用显得比较原始，但他开创性的方法论立场却是经济学现代思想的基石，对计量经济学和数理经济的现代应用起到了推动作用。

### 3. 政治算术向经济学的渗透

配第在经济学研究中最先使用数量方法，主张经验数量方法，把算术方法作为创造财富的重要工具，这成为数量分析方法向经济学渗透的算术阶段。从算术到数学的发展，是人们对数和运算在认识上的质的飞跃，突破了只局限于具体数字的运算范围，扩大了数量分析方法的范围。配第较早把算术方法渗透到经济学中，他的经济思想可以说是经济学历史上极其深刻的"童年记忆"。主要体现在：

第一，配第《政治算术》的写作时期，主要是重商主义盛行的时代，即人们将主要的焦点集中在商业贸易和流通过程中。然而，配第在他的经济分析中，将其研究重心从流通领域转向创造社会财富的生产过程中，甚至渗透到社会财富的再分配以及经济政策范围的研究上。这种对物质财富的孜孜追求，区别于重商主义对金银财富等贵金属的向往，而且对后世的经济学研究影响甚大。

第二，配第认为创造社会财富的主体是农民、海员、士兵、工匠和商人。这些从事社会生产活动的主要成员创造财富的能力不尽相同，但却是创造国家财富的主要支柱。而且这一经济财富主体范围大过后来的重农主义与斯密物质生产的主体范围。实际上，配第的经济核算体系与今天的国民经济核算体系是一样的，都从数量上反映了经济运行状况以及经济活动的各个环节。

第三，配第在《政治算术》中对英国、法国、荷兰三个国家的国力进行对比分析，最终通过数量比较分析证明英国是有实力超过法国和荷兰成为欧洲强国的。虽然在《政治算术》中没有呈现出一个比较完善的经济现象的数量比例函数表达关系，也就是并未给出数学方程式，但其数量比较分析对后来经济学家分析经济问题起到催化作用。

## 二、斯密国民财富经济范畴数量分析的形成

斯密（1723—1790）是英国古典政治经济学家，经济学的主要创立者。由于斯密本身是大学教师，其在一定程度上具有独立性和客观性，这在以商人身份自居的重商主义经济学家是没有的。斯密不仅是精细的专业经济理论家，还是细致的学者。他的著作是经济思想发展的重要分水岭，把古典政治经济学发展成为某种统一整体，这集中体现在他的《国富论》中。因而，倘若把《国富论》当作一种体系来研究，我们可以发现，它的基本框架是围绕着提高工人的劳动生产率和增加生产工人数而展开的。显然，对于斯密经济体系而言，推动资本主义财富的增长的动力，主要在于劳动和资本。所以，这就决定了经济数量分析对于斯密经济体系的国民财富目标是起重要作用的。

斯密经济体系中的国民财富数量分析，主要表现在：

### 1. 价值论的数量分析

配第认为劳动是价值的源泉，较早提出劳动价值论思想，但是他认为商品价值和商品价格是相同的，并没有深入了解商品的劳动二重性以及劳动二重性和商品二因素之间的关系。然而，劳动价值论思想却在斯密这里得到较为完善的发展，主要体现在他的著作《国富论》中，斯密认为："价值一词有两个不同的意义。它有时表示特定物品的效用，有时又表示由于占有某物而取得的对他种货物的购买力。前者可叫做使用价值，后者可叫做交换价值。"① 可见，斯密明确区分了商品的二因素及简单劳动与复杂劳动，认为价值的源泉是劳动。一方面，对于价值的表现形式，即价值的真实尺度，斯密认为："一个人占有某货物，但不愿自己消费，而愿用以交换他物，对他说来，这货物的价值，等于使他能购买或能支配的劳动量。因此，劳动是衡量一切商品交换价值的真实尺度。"② 斯密是用购买的劳动量来衡量商品价值，这是他的数量表述。另一方面，斯密发展了配第的劳动价值论，正如马克思所指出：对于斯密而言，创造价值的源泉是一般社会劳动，而且是必要劳动的量。同时，斯密认为："获取各种物品所需要的劳动量之间的比例，似乎是各种物品相互交换的唯一标准。……一般地说，二日劳动的生产物的价值二倍于一日劳动的生产物。"③ 也就是说，商品的价值量和生产商品耗费的劳动量之间成正比例关系，这是他的数量表述。

另外，斯密研究了自然价格和市场价格之间的关系，为其劳动价值论奠定了更广阔的基础。然而，斯密并没有真正将劳动价值论贯穿始终，主要在于其研究方法的二重性，甚至是无法理解生产商品的劳动属性，认为

---

① ［英］亚当·斯密：《国民财富的性质和原因的研究》（上卷），商务印书馆2011年版，第24页。

② ［英］亚当·斯密：《国民财富的性质和原因的研究》（上卷），商务印书馆2011年版，第25页。

③ ［英］亚当·斯密：《国民财富的性质和原因的研究》（上卷），商务印书馆2011年版，第41页。

价值又是地租、工资、利润之和,使得其同时具有两种价值论,即收入价值论和劳动价值论。但是,斯密作为经济自由主义的倡导者,提倡自由放任,这并不意味着斯密认为市场是完美的,而是因为他联系当时所处的历史与制度结构,用其"看不见的手"来说明自由放任的市场对资本主义经济发展的作用。

### 2. 分配论的数量分析

分配问题是经济史上一直备受关注的中心问题,从古典政治经济学发展来看,分配的不同构成部分形式一直是经济学家重点关注的。分配问题的构成成分则是以价值论为基础,分配问题的组成部分先后被分为三个、四个,甚至更多。在斯密提出分配的组成部分之前,首先分为工人、资本家和地主,相应获得的部分是工资、利润和地租。此种分配理论来自现实的观察,因为那时的确只有工人、资本家和地主三个阶层参与分配。其次,试图运用观察和逻辑推理的观念,详细来讲,则是价格由三个部分组成,至于哪三个部分组成没有作进一步的分析。

因此,斯密用商品价格的组成部分来研究分配问题。或者说斯密用分配问题来研究商品价格的组成部分。斯密的分配问题是由工资、利润和地租组成,基本的逻辑就是资本家和地主参加生产,先后得到了利润和地租部分,剩下的属于工人。正如斯密在《国富论》中指出:"每一件商品的价格或交换价值,都由那三个部分全数或其中之一构成;合起来说,构成一国全部劳动年产物的一切商品价格,必然由那三个部分构成,而且作为劳动工资、土地地租或资本利润,在国内不同居民间分配。"[①] 这也可以看出斯密商品价格组成部分是遵循一定的数量分配比例关系的。实际上,斯密对于分配理论中,商品价格组成部分的问题和分配问题的性质是一致

---

① [英]亚当·斯密:《国民财富的性质和原因的研究》(上卷),商务印书馆 2011 年版,第 46 页。

的，对商品价格组成部分的分类就是按照社会产品分配时的不同分配主体而划分的。因而，斯密的商品价值就是工资、利润和地租。马克思称斯密的这一理论为斯密教条。马克思说："亚当·斯密的教条是：每一个单个商品——从而合起来构成社会年产品的一切商品（他到处都正确地以资本主义生产为前提）——的价格或交换价值，都是由三个组成部分构成，或者说分解为：工资、利润和地租。"① 后来，马克思对斯密教条是给予深刻批判的。为什么呢？因为斯密在研究商品价值的组成部分时，并没有看到不变资本价值这一部分，不变资本作为生产要素是不会为资本带来任何利润和利息的，更谈不上资本的再生产了。更重要的是，斯密"使收入由'组成部分'变为'一切交换价值的原始源泉'"②，在这里，斯密把商品价值看作是构成交换价值的因素，而不是对交换价值进行分解，这样一来，就为庸俗经济学的发展打开了便利之门。但是，斯密对分配问题的数量比例关系对后来的经济数量分析发展具有一定的启示作用。

### 3. 市场均衡数量分析

市场均衡学说是近代西方经济学的重要内容，斯密用数量分析对市场均衡作了最初的探讨。斯密主张自由竞争，认为竞争性市场具有优越性。首先，竞争能够调动人的主观能动性，推动国民财富的增长。在市场经济中，生产者依靠经营自主权，在竞争中获取最大的经济利益；产权所有者为避免被市场淘汰，唯有尽最大努力投身于市场竞争，不断增加其资本。其次，竞争能够合理配置资源。斯密认为竞争可以合理配置生产要素，比如，竞争激发了劳动要素的潜能，劳动主体的技能不断提高。同时，劳动主体对生产的贡献程度直接影响劳动主体工资的高低，工资收入的大小推动劳动在各个部门之间的合理配置。最后，竞争能够调节社会供给和需求达到均衡的状态。

---

① ［德］马克思：《资本论》（第2卷），人民出版社2004年版，第41页。

② ［德］马克思：《资本论》（第2卷），人民出版社2004年版，第413页。

斯密认为："……许多竞争者，这样就不但需要时刻留心注意需求情况的偶然变动，而且需要时刻留心注意竞争情况或需求所从满足的供给情况的大得多、频繁得多的变动。运用巧妙的手腕和正确的判断力，使各色货物的数量，都能适应需求、供给和竞争各方面的变动情况。"[1]

竞争之所以能在市场条件下实现，主要是借助市场中供给和需求、价格等因素的力量，这正是市场机制发挥的作用。市场机制就是指市场中的供给、价格、风险等因素相互作用的机理。所以，斯密比以往的经济学家更能说明竞争价格为何长期等同于生产成本。在对价格形成和资源配置分析中，他把短期价格称为市场价格，长期价格称为自然价格。对于斯密而言，自然价格即中心价格，所有的商品都会受到中心价格的影响，当然，也会因为其他因素或意外使得商品价格高于中心价格或低于中心价格，难以恒固于中心价格，但是，商品价格却始围绕着中心价格上下浮动。斯密在解释市场供给和价格如何调节才能适应社会需求时指出："每种商品的上市量自然会使自己适合于有效需求。因为，商品量不超过有效需求，对所有使用土地、劳动或资本而以商品供应市场者有利；商品量不少于有效需求对其他人有利。"[2]因此，斯密进一步指出："市场上商品量一旦超过它的有效需求，那么它的价格的某些组成部分必然会降到自然率以下。……于是，市场上商品量不久就会恰好足够供应它的有效需求，价格中一切组成部分不久就升到它们的自然水平，而全部价格又与自然价格一致。"[3]相反，则亦然。在这里，斯密论述的市场均衡学说正是近代经济学中探讨的递减的动荡，即市场中蛛网行为的其中一种。斯密指出短期市场价格和长期均衡价格的差异不断缩减，直

---

① ［英］亚当·斯密：《国民财富的性质和原因的研究》（下卷），商务印书馆 2011 年版，第 324 页。

② ［英］亚当·斯密：《国民财富的性质和原因的研究》（上卷），商务印书馆 2011 年版，第 51 页。

③ ［英］亚当·斯密：《国民财富的性质和原因的研究》（上卷），商务印书馆 2011 年版，第 51—52 页。

达均衡点，这一均衡点是质的数量界限，也即度。在此，斯密对商品量的有效需求分析经历了两个周期：第一个周期运动是市场上商品量大过有效需求；第二个周期运动是市场上商品量小于有效需求。尽管斯密没有提及蛛网行为的另外两种形式，即递增动荡和类似规模的继续动荡，但实际上，斯密用数量分析探究了市场均衡学说的理论。

简而言之，斯密国民财富的直接决定因素是劳动生产力与生产性劳动比例。其中，劳动生产力取决于分工，劳动分工又依赖于市场的范围和资本的积累；同时，生产性比例也取决于资本的积累。总而言之，影响国民财富的原因主要是劳动和资本积累。而且斯密国民财富的分析在很大程度上离不开数量分析的运用，以数量分析方法促进财富的不断增长。

从斯密国民财富数量分析我们可以看出，他的经济数量分析具有以下特点：其一，斯密的经济数量分析的体系愈来愈完善，具有明显的系统性，国民财富问题的各个环节都和数量分析相互融合，不仅有宏观经济学中的总量分析，而且还有微观分析中市场均衡理论。其二，经济范畴与数量分析的紧密结合促使量的分析和特定的质相互作用。不管是价值论的数量分析还是分配论的数量分析以及市场均衡数量分析，始终围绕着一定的经济范畴展开。其三，经济数量分析不断发展，范围不断扩宽，摆脱了重商主义以白银、黄金等贵金属分析的狭隘性，进一步发展了劳动价值论思想，逐步延伸到商品价值量的分析。

## 三、李嘉图经济学数量分析的发展

李嘉图（1772—1823）是英国古典政治经济学的完成者，其深受斯密《国富论》的影响，继承和发展了斯密的劳动价值论，更深刻地探讨了资本主义生产关系的内在联系，对经济领域的诸多领域作出了重要贡献，包括价值论、国际贸易、税收、利润、工资、地租、成本等。他的主要经济学著作有《政治经济学及赋税原理》《谷物法》《金块的高价》。李嘉图生活在 18 世纪末和 19 世纪初，该时期英国在政治和经济上出现了农业萧条、工业革命和拿破仑战争导致的通货膨胀这三重主要情况。李嘉图作为资产阶级的坚强斗士，致力于维护资产阶级利益，产生许多政治经济学重要理论成果，使古典政治经济学发展到了新的阶段。尤其是从政治经济学数量分析的角度来考察，古典政治经济学之所以获得重大发展，主要在于抓住数量分析研究经济学。主要表现有以下几个方面：

### 1. 比较优势理论的数量分析

在贸易理论方面，李嘉图主张自由贸易，认为在自由贸易下低廉物品可以进口，提高利润，降低工资，减少地租上涨，对资本积累和经济发展起到促进作用。因而，李嘉图为了论证自由贸易的优越性，继承和发展了斯密的国际分工学说。斯密认为各个国家要从事生产本国具有绝对优势成本的物品，也就是说这种物品的成本要绝对的小于别国，对此，可以进行互换，彼此都可以获得最大利益。然而，假如 A 国生产的甲和乙两种物品，成本都低于 B 国，那么，A 国和 B 国能否实现国际分工和国际贸易呢？斯密难以回答这一问题，于是，李嘉图举了酒和毛呢的例子作了进一步的探讨和回答。李嘉图说，如果葡萄牙生产一定数量的葡萄酒劳动 1 年需要 80 个工人，生产一定数量的毛呢劳动 1 年需要 90 个工人。对于英国而言，生产相同数量的葡萄酒和毛呢劳动 1 年分别需要 120 个和 100 个工人。这样一来，葡萄牙在葡萄酒和毛呢的生产上都比英国占据绝对的优势，那该怎么办呢？李嘉图认为葡萄牙应生产葡萄酒，英国应生产毛呢，两国彼此交换，这主要的原因在于：对于葡萄酒的生产，葡萄牙和英国的劳动比率为 80 ∶ 120 = 1 ∶ 1.5，对于毛呢的生产，葡萄牙和英国的劳动比率为 90 ∶ 100 = 1 ∶ 1.111。这就是说，对于葡萄酒和毛呢的生产，葡萄牙生产葡萄酒占据绝对优势，英国生产毛呢则占据相对优势。马艳认为："如果英国的劳动力都用来生产毛呢，葡萄牙的劳动力都用来生产葡萄酒，不但各种产品的产量可以增加，而且通过贸易，双方都可以得到利益。"① 这是关于李嘉图的比较成本说。实际上，李嘉图的比较成本说运用了数量分析方法，葡萄牙和英国之间的物品通过比较成本，可以判断出哪一个国家哪种物品具备比较优势，进而按照自由贸易的基本走势以及比较成本定义，得出物品是否具备比较优势的数量分析如下：

假设一国 X 物品和 Y 物品的比较成本 $C(X/Y) < 1$，则 X 物品占据优势，Y 物品处于劣势。反之，则亦然。

比较优势是具有相对性的，这种相对性包含两个方面的意思：一方面，相对于本国另外一种物品来说，倘若一国 X 物品占据比较优势，那么，该国 Y 物品处于比较劣势，这是因为 $C(X/Y) < 1$，则有 $C(Y/X) = 1/C(X/Y) > 1$。另一方面，相较于和另外一国相似的物品来说，倘若 S 国 X 物品占据优势，那么，T 国 X 物品处于劣势。因为 $C_s(X/Y) < 1$，而 $C_s(X/Y) = C_T(Y/X)$，故 $C_T(Y/X) < 1$。因而，这一分析对我们在运用比较成本说判断一国物品的优势与劣势时相当便捷，在这里，数字 1 是其数量界限。如果我们将 $C(X/Y)$ 改为如下形式，则更易操作：$C(X/Y) = R_s(X)/R_s(Y) = (a_s/a_T)/(b_s/b_T) = a_s b_T/a_T b_s$，其中，$R_s(X)$ 指 S 国 X 物品的相对成本，$a_s$ 和 $b_s$ 分别指 S 国生产一单位 X 或 Y 物品需要 $a_s$ 或 $b_s$ 人劳动 1 年，T 国生产一单位 X 或 Y 物品需要 $a_T$ 或 $b_T$ 人劳动 1 年。因此，李嘉图葡萄酒和毛呢的例子：

表 1-1　李嘉图葡萄酒和毛呢成本比较

| 国家 | 成本（人） | |
|---|---|---|
| | 葡萄酒（X） | 毛呢（Y） |
| 葡萄牙（S） | 80 | 90 |
| 英国（T） | 120 | 100 |

① 马艳：《现代政治经济学数理分析》，上海财经大学出版社 2011 年版，第 25 页。

尽管英国葡萄酒和毛呢都处于相对劣势，但是 $C_r$（X/Y）= $80 \times 100/120 \times 90 < 1$，相较而言，英国毛呢具备比较优势。同样，尽管葡萄牙葡萄酒和毛呢都处于相对优势，但 $C_s$（X/Y）=$120 \times 90/80 \times 100 > 1$，葡萄牙毛呢相对而言处于比较劣势。也即，葡萄牙以其生产葡萄酒的优势出口，换取英国毛呢的进口；英国以其生产毛呢的相对优势出口，换取葡萄牙葡萄酒的进口。

### 2. 劳动价值量的数量分析

李嘉图坚持了斯密劳动价值论积极合理成分，在一定程度上，李嘉图从生产所耗费的劳动量决定商品价值量之间的数量分析来考察，意识到斯密用购买的劳动量来衡量商品价值量这一观点是错误的。尤其是随着资本主义生产方式的变革，生产力的快速发展，劳动生产率逐渐提高，商品的价值却下降了，但是，用相同数量的货币能够购买到的劳动量并未降低。因而，李嘉图提出：倘若购买的劳动量决定商品价值，那么，劳动者的工资也必定会随劳动生产率的变化而变化。但实际情况却是相反的。李嘉图认为："如果生产劳动者的鞋和衣服所需的劳动量由于机器改良仅等于现在的四分之一，那么这些东西的价格也许会跌落百分之七十五；但如果说劳动者因此就能总是消费四件衣服而不只消费一件，总是消费四双鞋而不只消费一双，那就远非事实了。"[①] 因此，李嘉图则认为："如果体现在商品中的劳动量规定商品的交换价值，那么，劳动量每有增加，就一定会使在其上施加劳动的商品的价值增加，劳动量每有减少，也一定会使之减少。"[②] 也就是说，商品价值不是通过购买的劳动量来决定，而是由所耗费的劳动量来决定，商品价值与耗费掉的劳动量成正比例关系。从数量分析上看，斯密认为购买的劳动量决定商品价值，主要是劳动生产率作为不变

---

① ［英］彼罗·斯拉法：《李嘉图著作和通信集》（第1卷），商务印书馆2011年版，第9页。

② ［英］彼罗·斯拉法：《李嘉图著作和通信集》（第1卷），商务印书馆2011年版，第7页。

的常量，反之，李嘉图恰恰是通过数量分析认识到了劳动生产率的量的变化，继承和发展了劳动价值论。

### 3. 分配论的数量分析

李嘉图的分配论以劳动价值论为基础，他继承和发展了斯密分配论思想，斯密认为商品价格是由地租、工资和利润三部分组成，而且这三部分也成了三个阶级的收入。与此同时，李嘉图政治经济学的理论中心也是分配论，他强调社会产品主要是分配在工人、地主、资本家之间，对分配法则的支配是政治经济学的重要问题。收入的分配方式随着资本主义机器大工业的发展对资本积累和利润有着直接的影响，尤其是对财富的增长和生产力的发展影响很大。李嘉图的分配论问题是和生产相互结合与同时进行的，试图以阶级之间的分配问题进行研究，并确立适合资本主义发展的条件，但不足的是没考虑到经济范畴反映出来的生产关系。相较于斯密而言，李嘉图更注重的是经济范畴之间的数量分析，进一步地完善了古典政治经济学的分配论。因而，分配论作为李嘉图经济学的中心，更为重要的是要解决好两个量的问题：各种收入的大小取决于什么呢？各种收入的数量比例关系是什么呢？

第一，工资数量分析。李嘉图与斯密相同的是认为劳动的报酬和价格是工资，劳动价格可分为市场价格和自然价格。在这里，自然价格是指"让劳动者大体上能够生活下去并不增不减地延续其后裔所必须的价格"[①]。市场价格是企业按照市场的供给和需求的变化实际付给劳动者的货币工资。当劳动供不应求的时候，市场价格会高于自然价格，劳动者生活条件会变好，于是，会使得人口不断增加，劳动人数增长，劳动工资也会下降；反之，则亦然。因而，货币工资的变动促使劳动人数的供给不断变化，以此不断适应劳动的需求，促使市场价格逐渐趋向自然价格，使劳动者能

---

① ［英］大卫·李嘉图：《政治经济学及赋税原理》，商务印书馆1976年版，第77页。

够获取其生活资料的供给量，并不增不减地繁衍后代。实际上，李嘉图的这一观点和马尔萨斯的人口论是一样的。李嘉图对工资的数量分析是，他把劳动价值等同于能够维持劳动者及其家属生活资料的价值，把劳动看作商品，从劳动商品的价值量来分析工资问题。与此同时，劳动工资受到供给和需求关系的影响，呈现下降的趋势，主要是因为对于劳动者的需求而言，劳动者的供给增长速度要快得多，劳动者生活资料价格的上升趋势要比货币工资的增长速度快。可见，李嘉图对工资的分析，从经济学数量分析的角度来看，就是其劳动价值量的规定性问题。

第二，利润数量分析。李嘉图认为劳动创造价值的部分是利润，资本所有者的收入来源是利润。相较于斯密，李嘉图更确切地把剩余价值的最初形式看作产业利润，利息和地租只是产业利润的分支流。但是在分析利润时，并没有将不变资本考虑在内，而是将所有的预付资本等同于工资资本，使得利润和剩余价值是一样的。正因为如此，李嘉图关于利润的分析，事实上则是关于剩余价值的分析。在他的利润理论分析中，进一步揭示了利润和工资对立的原因，主要在于资产阶级和工人阶级之间的利益冲突，但是李嘉图所要探讨的对立关系是以劳动日长度不变作为常量，仅仅限于劳动生产率的变动。也就是说，李嘉图的利润数量分析的表述是：以工作日不变作为常量前提，利润＝商品价值－劳动价值。在这里，利润和工资呈反比例关系，当劳动生产率提高时，工人所需要的生活资料价值就会降低，工资降低，利润就会上涨；当劳动生产率下降时，工人所需要的生活资料价值就会上涨，工资提高，利润就会降低。因而，李嘉图的利润学说因为以工作日不变为常量，这就决定了其经济分析是静态的，而且李嘉图认为自然原因是利润量学说的对立矛盾原因，这就意味着李嘉图难以认识到利润背后的本质是什么。但由于他运用数量分析，论述了利润和工资之间的对立。比如，农业生产经历优等土地、中等土地、劣等土地这几个阶段，农业劳动生产率也会呈下降的趋势，农业产品的价格也将不断提高，工人所需要的生活资料价值就会上涨，利润则降低，在此，地租也将不断提高，这是什么原因呢？

第三，地租数量分析。李嘉图认为，地租是"为使用土地的原有和不可摧毁的生产力而付给地主的那一部分土地产品"[①]。李嘉图和斯密都认为地租是地主因为占据土地而获得的不劳而获的收入。地租之所以产生，主要是因为土地肥沃程度不同和土地有限或者土地地理位置的差异。尤其是随着工商业的快速发展，城市人口剧增，只是依靠在优等、中等土地耕种的农作物已不能满足生活需要，不得不在劣等土地耕种。因而，相同数量的资本与劳动投资在优等土地比在中等土地上，投资在中等土地比在劣等土地上，相同面积土地上产出的农作物要多。所以，优等土地、中等土地、劣等土地的单位农作物所消耗的劳动依次增加。然而，农作物的价值取决于劣等土地上产出的每单位作物在市场上却只能按照同一价格售卖。因此，李嘉图的地租数量分析可表述为：地租＝商品价值－劳动价值－利润。李嘉图认为"使用土地支付地租，只是因为土地数量并非无限，质量也是不相同的……在社会发展过程中，当次等肥力的土地投入耕种时，头等的土地马上就开始有了地租，而地租额取决于这两份土地在质量上的差别"[②]。可见，李嘉图的地租理论分析是建立在差额数量比较分析之上的。

## 四、萨伊数量比例方法与逻辑推理在政治经济学中的演变

萨伊（1767—1832）是法国庸俗资产阶级经济学的创始人，由于历史和时代的局限，他的理论与劳动价值论、剩余价值论背道而驰，存在一些

① ［英］大卫·李嘉图：《政治经济学及赋税原理》，商务印书馆1976年版，第55页。
② ［英］大卫·李嘉图：《政治经济学及赋税原理》，商务印书馆1976年版，第57页。

庸俗成分，但是客观地讲，萨伊从市场经济视角出发研究经济学理论还是颇有建树的，产生许多有价值的见解，对后来的经济学发展产生重大影响。比如，"萨伊定律""三位一体公式"等都与萨伊密切联系，成为西方经济学的重要名词，为西方经济学家所接受，并且用来建构宏观经济学与微观经济学的生产函数，他主要的经济著作是《政治经济学概论》。

### 1. 分配论的数量比例分析

萨伊的分配理论继承了斯密分配论中的庸俗成分而不是科学因素，萨伊的分配论主要是以他的生产三要素论作为基础。按照萨伊的观点，生产的三要素，即人的劳力、自然的劳力和机器的劳力共同协力与相互作用，主要体现在生产的性能上。萨伊认为："所生产出来的价值，都是归因于劳动、资本和自然力这三者的作用和协力，其中以能耕种的土地为最重要因素但不是唯一因素。除这些外，没有其他因素能生产价值或扩大人类财富。"① 在这里，劳动并不是价值的唯一源泉，生产三要素对价值的创造在生产中起到了协同作用的效果。因而，这三个生产要素因为它们的服务使得其所有者获得了相应的报酬：工资、利息和地租。即由劳动所有者产生工资、资本所有者产生利息、土地所有者产生地租。马克思曾在《资本论》中对萨伊的"三位一体"公式予以批判，揭露了萨伊为资产阶级利益维护的实质，指出："资本——利息，土地——地租，劳动——工资；在这个形式中，利润，这个体现资本主义生产方式的独特特征的剩余价值形式，就幸运地被排出了。"② 斯密早已明确地指出，利润是劳动所生产的价值或者产品，因而斯密"已经把剩余价值的真正起源认识了"③。这样一来，萨伊就拒绝了斯密经济理论中的合理成分，为资产阶级庸俗经济学的"利益调和"

---

① ［法］萨伊：《政治经济学概论》，商务印书馆 2010 年版，第 78 页。

② ［德］马克思：《资本论》（第 3 卷），人民出版社 2004 年版，第 921 页。

③ ［德］马克思：《剩余价值学说史》（第 1 卷），生活·读书·新知三联书店 1957 年版，第 141 页。

打开了方便之门。主要表现在以下几个方面：

第一，劳动的收入。萨伊劳动的收入实际上指的就是工资，按照劳动主体的性质、特点的不同，将工资分为科学家、企业家、工人的工资。萨伊认为工人的工资由维持工人本身的生活费和维持其子女的生活费组成。假如工人最低标准的劳动工资不足以维持其自身和子女的生活，那么，萨伊认为："这种劳动的供给势必减少，它的需要将超过流通中的供给量，而它的工资将增加，一直到这个劳工阶级又能教养子女来补充不足的数额为止。"① 在此，工人工资的降低是由于竞争的作用引起消费价格的下降导致的，同时，萨伊得出工人工资降低只是取决于劳动供给一方面的原因，完全和社会制度没有关系的一种纯粹的自然规律。

第二，资本的收入。萨伊认为资本家在资本的生产过程中，按照资本服务获取的报酬是应该的。不管资本家是其本身使用资本，还是借给其他人使用，都能够获取资本的收入，即利润。但是这种利润却和劳动的利润是不一样的。就前者而言，所获得的利润是附加在资本家身上和劳动的收入之上，往往资本的收入和劳动的收入混淆在一起。不管是补偿资本家承担风险的费用还是其他，都与创造资本、收入的劳动没有直接的关系。萨伊说："资本的这个利润也不代表原始用以创造资本的劳动的任何部分。"② 实际上，在创造财富的过程中却是劳动的生产性服务起到重要的作用，而不是资本的利润，它只是对生产性服务的等值报酬。

第三，土地的收入。萨伊认为土地对货物的生产和创造也具有生产性服务，地主能够获得利润，主要也是因为土地的生产服务功能。土地虽不是唯一的具有生产性能的自然力，但它是"唯一的或几乎唯一的能由人占为己有以取得特殊或独占利益的自然力"③。然而，土地的供给量却不会因为需求的

---

① ［法］萨伊：《政治经济学概论》，商务印书馆 2010 年版，第 412 页。

② ［法］萨伊：《政治经济学概论》，商务印书馆 2010 年版，第 441 页。

③ ［法］萨伊：《政治经济学概论》，商务印书馆 2010 年版，第 445 页。

增加而增加，显然，对于土地占有者是有益的。因而，萨伊却认为土地利润是因为这样的需求使得价值逐渐增加，这有违斯密地租是从劳动生产价值中扣除的部分的观点；另外，萨伊认为地租是地主勤俭节约的结果。

从对萨伊分配问题的分析来看，萨伊关于生产三要素体现在生产价值和财富的扩大积累上明显运用的是数量比例方法和数理推理。但萨伊的这一理论在于调和资产阶级的利益关系，却掩盖了质的关系，即资产阶级之间的矛盾。

### 2. 效用论的数量分析

萨伊的分配论除了以生产三要素作为基础，还以效用论为基础，提出了生产是创造效用的命题。萨伊认为，所谓的生产是创造效用，而不是创造物质。效用是物品能够满足人类需要的一种内在力量，萨伊认为："创造具有任何效用的物品，就等于创造财富。这是因为物品的效用就是物品价值的基础，而物品的价值就是财富所由构成的。"[①] 如此一来，萨伊把商品的价值取决于效用，在这里，萨伊的效用是指物品的用途，也就是客观效用或客观使用价值。诚然，萨伊把价值等同于使用价值，从这可以看出，他对生产和财富的研究只是从人和物的关系来考察，并没有从社会经济形态以及人和人的关系来探讨。因而，萨伊认为对财富的数量的创造和积累，只是出于对物品量的一种追求，忽视了人和人之间以及生产关系的本质所在，还没有真正上升到一种量和质的经济数量分析。

古典政治经济学家运用数量分析对资本主义的经济范畴作了比较详细的探讨。同时，对资本主义生产方式的地租、利润和工资，甚至是资本主义商品价值等经济范畴都作了数量关系的研究。特别是从斯密到李嘉图的对于工资、利润和地租的在收入中占据的数量比例关系的变化，究其原

---

① ［法］萨伊：《政治经济学概论》，商务印书馆 2010 年版，第 59 页。

因，主要是随着生产力的快速发展，生产方式也会不断变革。由此，可以进一步揭示出地租、利润和工资之间存在的矛盾关系。虽然李嘉图初步意识到资本主义生产方式是一般的资本主义生产关系，然而，并没有深入追溯工资、利润、地租和价值等经济范畴的源头问题，因此，也就难以对这些经济范畴进行质的研究。

从古典政治经济学的发展来看，经济数量分析愈来愈普遍，基本上融入于古典政治经济学家的文献中。若要说他们之间的差异，主要反映在经济数量分析的侧重点、水平、程度等的差别。因为经济数量分析是随着古典政治经济学的发展而不断演进和发展的。在以配第为主要代表的古典政治经济学产生初期，经济数量分析主要呈现的是算术阶段，以量的比较分析或等量关系形式出现。在以斯密为代表的古典政治经济学发展时期，已经克服了重商主义数量分析的狭隘界限，经济数量分析的研究对象已从流通领域转向生产领域，主要是围绕着财富增长而展开，经济数量分析逐步渗透到分配、价值、社会生产等经济范畴中。另外，从数量分析本身来看，微观经济数量分析中的市场均衡数量分析，到宏观经济数量分析的总量分析，在古典政治经济学数量分析中都获得了有益的初步研究。在以李嘉图为代表的古典政治经济学完成时期，对经济数量分析的各个经济范畴有了较为系统的分析，运用数量分析揭示经济范畴之间的对立关系。总体而言，古典政治经济学从创立、发展到完成，经济数量分析始终是其重要的分析方法和内容。而且，马克思对古典政治经济学的定量分析进行了合理的批判，但是并没有否认定量分析。

第二章

# 马克思政治经济学数量分析的基本内容

　　数量分析本身是一种数量的分析方法和工具。马克思对经济范畴的分析是建立在经济数量分析基础上，其经济数量分析是量的分析和质的分析的融合。马克思政治经济学数量分析的基本内容包括主体、议题、主张，目标、逻辑过程、归宿及其辩证方法。

## 第一节  马克思政治经济学数量分析方法的主题

从政治经济学数量分析的研究对象来看，不管是社会主义政治经济学还是资本主义政治经济学，在其政治经济学特殊性范围内，都是由主体、议题、主张构建的。对于这一问题，无论是从政治经济学还是数量分析方法上而言，并没有很好地明确这一点，但是，政治经济学和数量分析的研究却又主导着政治经济学数量分析的理论研究。因而，在对马克思经济学数量分析进行研究时，需要从数量分析方法上明确马克思政治经济学的主体、议题、主张及其相互关系，进而从逻辑上来建构理论研究。

### 一、基于主体对马克思政治经济学和西方经济学的区分

从哲学范畴上看，主体是指对客体具有一定实践能力的人。马克思在阐述唯物史观时，认为从事实践活动的主体是现实的人。政治经济学作为马克思主义的重要组成部分，主体性是其逻辑起点。刘永佶在其《政治经济学方法论教程》①中认为主体性不仅是政治经济学的首要属性，而且是政治经济学方法论的特点。主体是政治经济学数量分析逻辑建构的基础和起点，是以社会存在为前提条件的，是意识的根据。也即，社会存在要体现主体的意识。这是为什么呢？因为政治经济学代表着一定阶级的利益，具

---

① 刘永佶：《政治经济学方法论教程》，中国社会科学出版社 2012 年版。

有阶级性，尤其是作为代表特定阶级利益的主体要对阶级矛盾进行研究。刘永佶认为："政治经济学并不是外星人对地球人经济生活写的考察报告，而是现实中活着的人从自己社会存在的矛盾中形成的经济意识的集中体现，其中首要的是对研究者及其所代表阶级利益的概括，进而是从主体利益出发的对经济矛盾的规定。"[①] 任何理论体系的建构都有逻辑起点，"经济人"和"资源稀缺"假设，是西方经济学的逻辑起点。马克思政治经济学也是从现实的人出发，然而，这两大经济理论体系的逻辑起点却是截然不同。因而，马克思政治经济学和西方经济学作为两大经济理论体系，其主体利益存在差异，所代表的阶级利益不同。

### 1. 西方经济学的主体性

西方经济学的主体是"经济人"。西方经济学认为，经济学的核心思想是物品和资源的稀缺性要注重有效利用，正是由于资源的稀缺和对效率的渴望，才使得经济学成为一门重要学科。《国际社会科学百科全书》（1968 年）指出："经济学是研究稀缺资源在无限而又有竞争性的用途中间配置的问题。它是一门研究人与社会寻求满足他们的物质需求和欲望的方法社会科学，这是因为他们所支配的东西不允许他们去满足一切愿望。"[②] 对人的需求而言，人们可以使用稀缺的物品和资源，但是，人们的欲望是无限的。因而，在有限资源条件下，人们需要将资源和物品有效运用于重要的目标上。换而言之，如果人们亟须的物品和资源能够无限地获取，就像可以无限获取阳光、空气那样，那么，人们就无需付出任何代价获取物质生产资料了。从这种意义上来讲，经济人和资源稀缺性作为西方经济学的逻辑起点，已经成为实现资源有效配置和合理利用的重要任务。这样一来，西方经济学有着一定的合理性，但西方经济学是否代表着广大人民群

---

① 刘永佶：《中国政治经济学方法论》，中国社会科学出版社 2015 年版，第 45 页。

② A.Rees:"Economics", in *International Encyclopedia of Social Sciences*( *Vol.4* ), edited by D.L.Sills, The Macmillan Company & The Tree Press，1968，p.472.

众的利益呢？

一方面，西方资本主义国家经济发展的基础离不开市场经济的伟大创造，市场经济是西方经济学的根本。西方经济学的理论正是植根于市场经济的土壤上形成和发展，在一定程度上来说，对资本主义市场经济运行所进行的分析构成了西方经济学的基本理论框架。首先，以斯密为代表的英国资产阶级古典政治经济学，关于市场经济的观点，成为西方古典政治经济学理论的典范，斯密的《国富论》是市场经济发展的必然产物。正是由于斯密所处的时代是工场手工业快速发展时期，国内市场的扩张力非常强，商品生产进入市场经济阶段获得了巨大的发展。斯密的价值论数量分析、分配论数量分析和市场均衡数量分析理论，不仅是市场经济的理论，而且是《国富论》的重点。关于市场经济问题的分析，充分表达了斯密市场经济理论的内在张力。其次，从 18 世纪末开始，西方经济学关于市场经济的研究主要是转向资源配置问题。相较于英国古典政治经济学，这一时期的西方政治经济学似乎是忽略了经济关系的本质，反而是对市场经济的现实问题分析得更加广泛。尤其是对市场经济资源配置问题，产生巨大影响的要数边际分析为代表的经济学派。这一学派最大的特点在于运用数学方法和数理分析方法研究市场及其价格决定问题。最后，自 19 世纪 30 年代以来，新古典经济学的出现，这一时期的经济学最主要的特点就在于运用数量分析或边际分析方法研究经济学问题。特别是随着资本主义市场经济的发展，经济理论的重心逐渐转移到市场、利率、价格、市场运行机制上来，经济数量分析显得非常重要。

另一方面，西方经济学具有特定的阶级属性，本质上是为资本主义利益服务的经济学说，代表了资产阶级的利益诉求。正是由于配第、斯密、李嘉图等政治经济学创始人使得西方经济学确立了其主体性。如果说配第、李嘉图是资本主义利益的直接统一，明确了西方经济学的主体性，那么，斯密作为政治经济学之父，是以一个纯粹经济理论学者被记录于西方经济学的史册。然而，西方经济学反映的是资产阶级的意识形态，往往对其阶级性避而不谈，只不过是把西方经济学当作一种超阶级的经济理论。但也有一些西方经济学家直言不讳地承认具有阶级性。比如，凯恩斯说："如果我当真要追求阶级利益，那我就得追求属于我自己那个阶级的利益。……在阶级斗争中会发现，我是站在有教养的资产阶级一边的。"①

西方经济学的主体还表现在其阶级内部的基层或集团中。西方经济学从形成开始，就出现许多学派，主要是因为各阶级、阶层、集团的主体不同，而且相应的主体在经济学上也有相应的代表，还有历史阶段的逐渐演变。正是因为主体之间存在差异，才使得不同的经济理论体系和经济理念出现。

### 2. 马克思政治经济学的主体性

从马克思政治经济学数量分析的研究对象的特殊性来看，马克思政治经济学具有强烈的阶级性，这种阶级性是鲜明的。因为它代表的是广大无产阶级的利益，这也是马克思政治经济学的主体性所在。这里指人，这是对的。恩格斯曾经指出："政治经济学是现代资产阶级社会的理论分析，因此它以发达的资产阶级关系为前提。"② 也就是说，马克思政治经济学数量分析作为一种分析方法，是对资本主义经济社会的分析。但是马克思政治经济学并不是脱离世界文明发展而随意凭空产生的，并非无源之水、无本之木。正如列宁认为马克思主义之所以能赢得世界历史性的意义，是因为它继承和批判了两千多年来人类文化有价值的东西，而不是摒弃资本主义时代的优秀成果。

国家主体性、人民主体性正是政治经济学的主体性体现。其中，国家主体性是一个常常被掩盖或被忽视的政治经济学的主体属性，尤其是有些

---

① ［英］凯恩斯：《劝说集》，商务印书馆 1962 年版，第 244–245 页。

② 《马克思恩格斯选集》（第 2 卷），人民出版社 2012 年版，第 6 页。

西方经济学学者把经济学看成是和物理、数学等自然科学类似的没有国度差别的所谓的科学，甚至是被描述成一种"普世价值"的真理。从政治经济学的思想史来看，国家主体性也随之出现，"政治经济学"一词最早出现在法国重商主义理论家蒙克莱田的《献给国王和王后的政治经济学》中，这本书的名称本身就具有国家主体性的味道。相较于资本主义政治经济学，社会主义政治经济学的国度性问题似乎较少得到关注。苏联社会主义革命为社会主义政治经济学的建构提供了宝贵的经验，斯大林的《苏联社会主义经济问题》[①]一书，是首部社会主义政治经济学著作。此外，《政治经济学教科书》（社会主义部分）[②]是首部国际共运史上关于社会主义政治经济学的著作。虽然这两部著作是基于社会主义国家经济建设来谈起，但社会主义经济制度来自苏联的经济制度，难以对社会主义政治经济学的国家主体性进行总结。对于中国的革命、建设而言，毛泽东特别重视这两部社会主义政治经济学著作，明确提出要结合中国的特殊情况，写出我们自己的政治经济学著作。可见，毛泽东意识到社会主义国家的经济建设作为国际共产主义运动的重要组成部分，是对马克思主义共产主义理想的具体实践，具有普遍的国际性。同时，各个社会主义国家的经济建设又结合自身的国情进行建设，具有自身的特殊性。因而，毛泽东所要写的既是具有国家主体性的社会主义政治经济学，也是具有中国特色的政治经济学。

中国特色社会主义政治经济学作为马克思主义政治经济学的最新成果之一，主体性的问题也应得到重视。就中国特色社会主义政治经济学本身的概念来看，蕴含三个方面的内涵：其一，它源自政治经济学；其二，它最根本的方向是社会主义，属于社会主义政治经济学；其三，它是中国特色的政治经济学，区别于其他社会主义国家的经济学，在这里，中国"特

---

① ［苏］斯大林：《苏联社会主义经济问题》，人民出版社 1964 年版。

② ［苏］Ａ．Ｍ．鲁缅采夫：《政治经济学教科书》（社会主义部分），人民出版社 1977 年版。

色"的，实际上指的就是中国的国家主体性。从它蕴含的这几个方面来看，就普遍性而言，中国特色社会主义政治经济学具有社会主义的大方向，具有社会主义国家的政治经济学的共性。与此同时，又是对中国政治经济学的具体实践的理论解释，植根于中国深厚的文化根基。这就说明了中国特色社会主义政治经济学不仅具有国际性，而且具有中国特殊性，突显了中国政治经济学的国家主体性。王立胜认为："中国特色社会主义政治经济学来源于马克思主义政治经济学，根基于中国特色社会主义的历史实践，借鉴于其他国家的社会主义实践经验和西方经济理论，奠基于中国几千年的历史文化传统。"[①]

## 二、基于核心议题对生产、分配、流通和消费的数量分析

政治经济学核心议题是人类不同社会形态物质资料的生产、分配、流通和消费的问题。从马克思主义诞生以来，经济学就分为西方经济学和马克思政治经济学两个体系。这两个经济理论体系关于生产、分配、流通和消费的研究既有联系又有区别，而且研究这些问题的方法也发生了巨大的变化，即经济学家在表达自己的经济理论时越来越喜欢运用数量分析方法。但是，马克思政治经济学和西方经济学在生产、分配、流通和消费上关于数量分析方法的运用有什么异同呢？

### 1. 马克思的生产理论与西方经济学的生产理论的数量分析比较

马克思的生产理论是以现代资产阶级的生产作为研究对象。然而，研究马克思的生产理论可从生产的一般规定性、资本主义生产过程、规模扩

---

① 王立胜、郭冠清：《论中国特色社会主义政治经济学的理论来源》，《经济学动态》2016年第5期，第5页。

大的资本主义生产过程这三个方面来分析。其一，要研究现代资产阶级的生产这一特殊性，离不开生产的一般规定性研究。生产的一般规定性是人类社会发展各个阶段的生产要遵循的共同客观规律，即生产和劳动过程具备的生产要素。其二，马克思的生产过程主要是围绕着资本主义的生产过程展开，从创造劳动价值论开始，进一步研究资本主义的生产过程，揭示资本主义生产过程的实质。资本主义的生产过程目的是剩余价值的生产，结果是要把商品生产出来。其三，马克思对资本主义生产过程的考察，是从资本主义简单再生产开始，但是，资本家为获取更多的剩余价值，于是，就产生规模扩大的社会再生产。马克思认为积累实际上就是资本规模不断扩大的再生产。

西方经济学的生产理论较为丰富，不仅包括微观经济生产行为，而且包括宏观经济生产理论。根据 1970 年诺贝尔经济学奖获得者萨缪尔森的《经济学》著作和其他西方经济学著作，争取反映西方经济学的生产理论。萨缪尔森认为："人类社会，无论它是一个发达的工业化国家，也无论它是一个中央计划型的经济体，或者只是一个孤立的部落社会，都必须面对和解决三个最基本的经济问题，生产什么，如何生产和为谁生产。（1）生产什么和生产多少？这就是说，在诸多可能的物品和劳务中，生产什么和生产多少以及何时生产……（2）如何生产？这就是说，由谁来生产，使用何种资源，采用何种技术……（3）为谁生产？这就是说，谁来享用经济活动的成果……"[1] 为了解决这三个问题，西方经济学生产理论逐渐形成

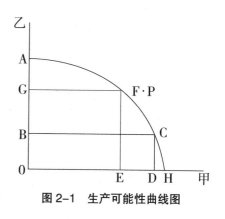

图 2-1　生产可能性曲线图

---

① ［美］保罗·萨缪尔森：《经济学》（第 18 版），人民邮电出版社 2016 年版，第 6 页。

比较完善的理论体系。

第一，生产可能性界限。生产可能性界限说明了在一定技术和资源前提条件下，能够达到最大限度的产量。生产可能性界限表达的是经济社会在一定技术和资源条件下所能达到的商品之间最大数量的组合。这主要是由于资源的稀缺性使得在一定条件下，可利用的资源是有限，造成生产产品的数量也是有限。

假设一国有一定条件的资源用来生产甲（消费品）和乙（资本品）两种产品。如果全部用来生产甲产品，可生产出 OH 单位。如果全部用来生产乙产品，可生产出 OA 单位；如果同时用来生产甲产品和乙产品，则有可能有各种不同的甲和乙的产量组合。图 2-1 中的 AH 线即生产可能性曲线，F 点与 C 点相比，少生产 GB 数量的乙产品，就可多生产 ED 数量的甲产品，因而，生产 ED 单位甲产品的机会成本就是 GB 单位的乙产品。一个国家要生产消费品和资本品这两类产品，究竟是选择哪一点，已成为生产理论要面对的一个选择问题。

第二，生产函数：投入与产出的生产要素之间的规律。西方经济学的生产是对生产要素进行组合生产商品的行为。实际上，生产也是投入生产要素产出产品的过程。吴易风认为生产理论的核心要对投入与产出的生产要素比例关系进行研究。西方经济学认为在投入和产出的生产要素之间存在一个规律，即"生产函数"规律。生产函数是一种用来表达各种具体数量的生产要素的组合所能够达到的最大生产产量。

假定 Y 表示任一种产品的产量，$X_1$，$X_2$，$X_3$，…，$X_n$ 表示任意产品生产要素的投入数量，那么生产函数可用方程式表达为：

$Y=f（X_1，X_2，X_3，…，X_n）$

这一方程式意思就是说，在一定技术和资源的条件下，在特定时间内是否可以生产出 Y 数量的产品，主要取决于 $X_1$，$X_2$，$X_3$，…，$X_n$ 等生产要素的投入数量。如果 $X_1$，$X_2$，$X_3$，…，$X_n$ 已知，那么，就能够知道 Y 的结果。

西方经济学一般把生产要素概括为：劳动、资本、自然资源和企业家才能，分别用 L、K、N、E 表示。生产函数式为：Y=（L，K，N，E），因为自然资源和企业家才能难以估量，所以，生产函数方程式可表示为：Y=（L，K）。在这里，作为投入生产要素劳动和资本，主要指的是劳动力和财富。

通过对马克思的生产理论与西方经济学的生产理论的数量分析比较，我们可以看出，马克思的生产理论通过量的分析，注重资本主义生产质的分析，揭示资本主义生产的本质。而西方经济学更多的是偏重量的分析，没有达到量和质的数量分析。

### 2. 马克思的流通理论与西方经济学的流通理论的数量分析比较

流通是连接生产和消费的中介，是社会再生产的重要环节。马克思认为："流通本身只是交换的一定要素，或者也是从交换总体上看的交换。"① 可见，马克思认为流通就是交换，且始于交换，交换成为推动商品流通的动力。从流通的研究内容来看，马克思的流通包括商品、货币、资本流通；从流通的研究角度来看，流通包括流通费用和流通时间。马克思对商品流通的定义是："每个商品的形态变化系列所形成的循环，同其他商品的循环不可分割地交错在一起。这全部过程就表现为商品流通。"② 对于比较详细且微观的购买和销售行为，商品流通是一种较为宏观且抽象的经济过程，由无数微观交换行为组成。同时，又是比较复杂的概念，属于宏观经济范畴，但是也离不开微观经济量的分析。商品流通需要以货币作为运动载体。马克思对货币流通的定义是："货币不断地离开起点，就是货币从一个商品占有者手里转到另一个商品占有者手里，或者说，就是货币流通（currency, cours de la monnaie）。"③ 导致货币流通的原因是建立在对货币流通速度的关注下，货币流通速度（Velocity

---

① 《马克思恩格斯文集》（第8卷），人民出版社2009年版，第22页。

② ［德］马克思：《资本论》（第1卷），人民出版社2004年版，第133–134页。

③ ［德］马克思：《资本论》（第1卷），人民出版社2004年版，第137页。

of Money）是随着近代数量论进入理论研究而兴起的，与货币数量方程密不可分。资本流通是发达商品经济的流通形式，从实质上和形式上来看，都区别于商品流通；从内容上来看，包括对生产资本循环、货币资本循环和商品资本循环以及社会总资本再生产。关于资本流通的内容主要体现在马克思《资本论》第一卷第四章，第二卷，第三卷第三篇中，尤其是在第二卷中。马克思以资本周转作为切入点，从量的方面对资本流通过程进行分析，认为周转时间和周转次数与固定资本和流动资本的比例是影响资本周转速度快慢的主要因素。按照时间顺序来看，资本是通过生产、流通这两个领域来完成运动。马克思说："资本在生产领域停留的时间是它的生产时间，资本在流通领域停留的时间是它的流通时间。"[①]可见，资本实现其运动的时间是生产时间和流通时间的相加。但是，生产时间与流通时间相斥，因为资本在流通时间范围内既不生产商品，也不生产剩余价值，并不执行生产资本的职能。马克思指出："流通时间的延长和缩短，对于生产时间的缩短或延长，或者说，对于一定量资本作为生产资本执行职能的规模的缩小或扩大，起了一种消极限制的作用。"[②]可以看出，资本的流通时间对生产时间具有限制作用，并限制资本的价值增值过程。流通费用包括纯粹的流通、保管、运输费用。马克思认为纯粹的流通费用由买卖时间、簿记、货币费用组成。商品不管是否按照自身的价值出售，买者和卖者进行交易时，价值量并不会发生变化，但是，双方进行交易是要花费时间成本。也即："状态的变化花费时间和劳动力，但不是为了创造价值，而是为了使价值由一种形式转化为另一种形式。"[③]类似于买卖费用的是簿记费用。马克思说："劳动时间除了耗费在实际的买卖上外，还耗费在簿记上；此外，簿记又耗费对象化劳动……

---

① ［德］马克思：《资本论》（第2卷），人民出版社2004年版，第138页。

② ［德］马克思：《资本论》（第2卷），人民出版社2004年版，第142页。

③ ［德］马克思：《资本论》（第2卷），人民出版社2004年版，第147页。

因此，在这种职能上，一方面耗费劳动力，另一方面耗费劳动资料。"① 在这里，簿记职能与买卖职能一样，不具备生产职能。货币费用对于社会来讲，是一种具备生产性质的社会形式产生的流通费用。马克思对保管费用的考察是从商品储备开始，商品储备需要拥有一定的量，才能在既定时期满足需求量。从社会总资本来看，保管费用也属于生产上的非生产费用，指出："资本在商品形式上从而作为商品储备的存在，产生了费用，因为这些费用不属于生产领域，所以算作流通费用。"② 马克思在对流通费用论述时给出了一般规律，认为由商品形式转化产生的流通费用只是实现价值的费用，而且投资在这种费用的资本，属于非生产费用。马克思说："物品的使用价值只是在物品的消费中实现，而物品的消费可以使物品的位置变化成为必要，从而使运输业的追加生产过程成为必要。"③

流通始于交换，交换是商品经济独特的经济范畴，主要体现在古典经济家运用数量分析对交换问题的研究。在古典经济学家看来，交换也受到市场广狭的限制，即交换就是市场，市场的大小、规模在资本主义生产方式产生时起，就对资本主义生产发展发挥着重要的作用。对此，古典政治经济学家特别注重交换规模的数量分析。配第对荷兰与西兰的市场规模进行计算，并产生经济利益。指出在欧洲，由于荷兰和西兰的大规模市场，使得经营范围越来越广。斯密认为西班牙、英国、法国这些国家的经济发展之所以迅速，是因为这些国家市场广阔，实现了剩余生产物的销售，带动了生产，促进国民经济的快速发展。从对古典政治经济学交换的规模、范围与分工的程度以及交通运输来看，存在着一定的函数数量关系。也就是说，交换和分工的条件越好，交换的规模就越大。在此，交通条件的好坏就起着重要的作用。如果把这些思想用数学公式来表达，为

---

① ［德］马克思：《资本论》（第 2 卷），人民出版社 2004 年版，第 150 页。

② ［德］马克思：《资本论》（第 2 卷），人民出版社 2004 年版，第 156 页。

③ ［德］马克思：《资本论》（第 2 卷），人民出版社 2004 年版，第 168 页。

AB·AC=Y（公式中的 AC 表示实际分工水平，AB 表示实际运输水平，Y 表示市场规模）。因而，古典政治经济学家特别重视水运运输业的发展，是因为在那时，水运相较于陆运而言，既经济又便利。根据配第对水运费用的计算，得出水运比陆运要经济划算，更有利于扩大市场规模，促进经济发展。古典政治经济学家还从商品的二因素对商品交换原则作了数量分析。从价值运动分析的角度来看，在市场交换中，相互交换的商品包含的劳动量应相等，故商品的价值量要相等。古典经济学家认为价值运动的数量变化会引起使用价值量的变化，特别是在商品交换中，应当用尽可能少的劳动耗费量获得更大的交换价值。

古典政治经济学家揭示了交换中的经济数量关系，对经济数量关系的正确分析，有利于经济发展。而且对于市场交换中的考察，实际上就是从再生产的层面对社会财富增长寻找最优的经济条件。

### 3. 马克思的分配理论与西方经济学的分配理论的数量分析比较

马克思在《政治经济学批判》导言中，首先明确指出政治经济学的对象规定是"一定社会性质的生产"。从政治经济学的研究对象来看，马克思的分配思想占据重要的地位，因为在马克思看来，生产、分配、流通和消费构成一个统一体。尤其是理解资本主义的分配，更要从生产出发，这样才能从资本主义社会的内在本质中去理解其分配的内在规律。这也是马克思分配理论优越于古典政治经济学分配理论的重要原因。马克思认为分配关系是生产要素的背面，如果工人的劳动体现为以雇佣劳动形式参与生产，那么，劳动参与产品分配的方式，表现为工资。马克思说："分配的结构完全决定于生产的结构。分配本身是生产的产物，不仅就对象说是如此，而且就形式说也是如此。"[1] 在此，马克思明确了生产方式对分配方式的决定性，正因为工人以雇佣劳动的形式参与生产，其生产成果的分配

---

[1]《马克思恩格斯文集》（第 8 卷），人民出版社 2009 年版，第 19 页。

才会以工资的形式参与。因此，工资是资本主义生产关系内在矛盾的重要体现。

马克思的分配理论实现质的飞跃体现在其《货币章》和《资本章》中。因为劳动二重性和剩余价值使马克思不仅能够真正认识和解决资本主义分配的内在本质和矛盾，而且从生产领域中去探寻分配的秘密。对于劳动二重性的问题，虽然古典政治经济学家意识到劳动决定价值的思想，但是并没有认识到这一问题是资本主义历史性的存在，造成劳动二重性质的矛盾性冲突。马克思对资本主义分配的本质有了一定的突破，但资本主义的分配却是以地租、利息、利润的形式体现。因而，对分配形式的转化问题又成为马克思分配理论的重要问题，于是，马克思在《1861—1863年经济学手稿》中首次论证了生产价格理论、平均利润理论、市场价值理论，使得资本主义分配理论获得了从抽象到具体的解释。

马克思分配理论的成熟使其得出生产关系决定分配关系的结论。马克思说："所谓的分配关系，是同生产过程的历史地规定的特殊社会形式，以及人们在他们的人类生活的再生产过程中相互所处的关系相适应的，并且是由这些形式和关系产生的。这些分配关系的历史性质就是生产关系的历史形式，分配关系不过表现生产关系的一个方面。"[①]

马克思分配理论得到进一步的发展是体现在其《哥达纲领批判》中。马克思对拉萨尔派脱离生产关系谈分配的错误观点进行批判，从社会主义社会和共产主义社会的按劳分配与按需分配思想探讨分配模式。也就是说，不同的生产关系其分配原则也是不一样。马克思指出："消费资料的任何一种分配，都不过是生产条件本身分配的结果；而生产条件的分配，则表现生产方式本身的性质。"[②]

---

① 《马克思恩格斯文集》（第7卷），人民出版社2009年版，第999-1000页。

② 《马克思恩格斯文集》（第3卷），人民出版社2009年版，第436页。

　　分配理论一直是西方经济学所关注的核心问题。分配问题在古典政治经济学家，尤其是在李嘉图那里，将分配问题视为经济研究的重要任务，主要是在劳动价值基础上探讨了资本主义国家的收入是如何以地租、利润和工资在相应的阶级之间进行分配。比较全面地介绍了地租、利润和工资的量的规定性的变化，进一步研究了剩余价值理论，揭露了资本主义社会阶级之间为何产生矛盾的解决根源。古典政治经济学家对分配问题的研究，贯穿于经济数量分析。

　　最早对地租和工资进行数量关系的分析是配第和魁奈，他们认为地租＝每年的农业生产物－种子的费用－工人的生活资料费用。在这里，地租实际上是等于工资以后的余额，即剩余价值。可见，他们把地租混淆为剩余价值，没有当作一个经济范畴来研究。按配第的分析，地租的量是随着工资的量而变化，二者成比例关系。配第假定，小麦价格为一蒲式耳等于60便士，土地地租等于小麦收成的三分之一，如此一来，60便士在地主和工人之间的分配比例是 1 ∶ 2。对地租和工资量的对立矛盾，配第首次揭示了资本主义物质资料生产方式下工人和地主之间的经济矛盾。李嘉图对工资和地租的考察则是在一定动态条件下作了数量关系的分析。在他看来，地租和工资在数量上成反比例关系，就算工资上涨，地租上涨比工资上涨得更快。所以，地租在农作物生产中占据的比重很大，工人阶级和地主阶级之间的矛盾日益尖锐。

　　斯密和李嘉图对工资和利润之间的数量关系作了细致的探讨。斯密认为利润下降是由社会财富和国民财富的下降引起的，利润和工资呈反比例关系。李嘉图进一步认为在地租既定的条件下，生产物的余额仅在资本家和工人之间分配。即工人获得的工资越多，资本家获得的利润就越少，反之亦然。因而，李嘉图认为利润的大小取决于工资的高低。李嘉图不仅从数量关系上对工资和利润进行了考察，而且分析了地租和利润之间的数量变化，认为地租和利润之间也是对立的。

从古典政治经济学家对工资、利润和地租的经济范畴分析来看，他们只是从量的变动规律对这些经济范畴进行数量关系的分析，揭露了资本主义生产方式下阶级之间的对立的经济根源。但并没有从数量关系中探讨出这些经济范畴之间所体现出来的生产关系的质的规定性。比如，混淆了利润和剩余价值，利润和平均利润等。

### 4. 马克思的消费理论与西方经济学的消费理论的数量分析比较

19世纪40年代后，随着资产阶级资本积累的不断增加，资本主义的矛盾日益突显，使得资本主义经济危机频繁爆发。对此，马克思在对古典政治经济学消费理论的批判和继承上，对资产阶级和工人阶级以及生产与消费之间的矛盾作了深入分析，揭示资本主义社会消费的内在本质。因而，马克思把消费分为生产消费和生活消费。其中，生产消费包括生产资料和劳动力的消费；生活消费包括资本家和工人的消费。马克思认为资本主义的生产消费不仅体现资本增值过程，而且在消费生产资料的同时，劳动者的脑力和体力也不断在消费。马克思指出，"生产直接也是消费"，"生产行为本身就它的一切要素来说也是消费行为"[①]，然而，这种生产消费只不过是资本的增值过程，马克思认为生产资料把劳动者看作其生活过程的酵母进行消费，而不是劳动者将生产资料当作生产物质要素进行消费。从劳动者的生活消费来看，马克思认为工人创造的价值包括劳动者自身创造的工资 v 和为资本家创造的剩余价值 m。但如果劳动者用于消费的工资太少会使得其劳动力的恢复和再生产出现障碍。因为"消费直接也是生产，正如在自然界中元素和化学物质的消费是植物的生产一样。例如，在吃喝这一种消费形式中，人生产自己的身体，这是明显的事"[②]。因此，马克思从生产消费和个人生活消费上，揭示了资本主义消费的内在本质。

---

① 《马克思恩格斯文集》（第8卷），人民出版社2009年版，第14页。

② 《马克思恩格斯文集》（第8卷），人民出版社2009年版，第14页。

西方经济学中关于消费行为的研究，最早可追溯到英国古典经济学的威廉·配第。但真正对消费做出比较系统的研究是从 20 世纪初，以马歇尔为代表的消费理论开始。这一时期的消费理论注重运用数学分析，尤其是重视数量分析方法的应用。马歇尔的"效率消费论"是其重要的消费理论，从效率产生的结果来看，他的"效率"（efficiency）思想是从"效益"（benefits）演化而来。马歇尔认为效率消费论存在数量界限，能够加以计算，指出："使效率所绝对必需的那种消费，有任何增加，都不是得不偿失的，它对国民收益之所取等于它对国民收益之所增。"[①] 对于生产和消费的关系，马歇尔认为生产和消费是密切联系，而且在数量上，生产和消费具有等同性。比如，国民收益、消费总量等经济范畴的名称是相通共用。可见，马歇尔的消费理论是可以获得补偿的，也就是说可以进行再生产。从微观经济中的个人消费来看，马歇尔认为也存在消费效率问题，尤其是对人类社会有突出贡献的个人具有无比的效率。马歇尔说："一个像牛顿或瓦特这样的人，他的个人费用如果加倍而能增加他的效率的 1% 的话，他的消费的增加就是真正生产的。"[②] 实际上，马歇尔的经济理论关于效率问题就好比数学上排列组合那样，蕴含着资源最优配置思想，为的是实现消费者效用最优化。因此，对于消费而言，只要是有效率的消费都属于生产性的消费。马歇尔指出："达到这种限度的一切消费都是严格地生产的消费，这种消费的任何节省，都是不经济的，而是会造成损失的。"[③] 也就是说，消费和效率之间存在一个边际数量分析界限。

马克思对消费理论的研究更多是贯穿于他的生产理论研究。生产是起点，消费是终点，二者具有直接的同一性，但不是等同。而西方经济学的消费是经济发展的根本动力，认为消费决定生产，而不是生产决定消费。特别

---

① ［英］阿弗里德·马歇尔：《经济学原理》（上卷），商务印书馆 1981 年版，第 89 页。
② ［英］阿弗里德·马歇尔：《经济学原理》（上卷），商务印书馆 1981 年版，第 89 页。
③ ［英］阿弗里德·马歇尔：《经济学原理》（上卷），商务印书馆 1981 年版，第 89 页。

是在面对经济危机时，更是将消费不足作为重要的原因之一。但事实上，这不仅颠倒了生产和消费的关系，而且遮蔽了导致消费不足的阶级因素。

## 三、基于主张对核心议题生发的经济矛盾的解决

根据政治经济学的核心议题，提出由议题生发的经济矛盾思路，是政治经济学为了贯彻主体经济利益的实现而形成的主张。但是政治经济学的主张并非是简单地将政治经济学的主体经济利益表述出来，而是要经过其议题生发的矛盾探讨其实现途径。然而，对议题生发的矛盾的解决并不是意味着矛盾的消除，而是对经济矛盾的辩证否定，上升到一个新的阶段。随着生产力的发展，社会形态的依次更替，由政治经济学的核心议题生发的经济矛盾也在不断变化。

原始社会时，社会成员共同从事生产劳动，形成一定的生产关系，产品平均分配，劳动生产力比较低，满足自身的需求也不是很高。因而，生产、分配、流通和消费的矛盾并不明显。到了奴隶社会和封建社会，生产力得到一定的发展，主体的需要和需要的手段一同发展，但这只不过是奴隶主和封建主的需要和需要手段的同一性发展，而不是劳动主体。因而，奴隶主和封建主与劳动人民这两大阶级之间的矛盾日益激化。到了资本主义社会，生产力和科学技术获得了空前的发展。马克思说："手推磨产生的是封建主的社会，蒸汽磨产生的是工业资本家的社会。"[1]而且劳动者的消费需求只不过是资产阶级扩大再生产的一种工具，与生产力发展的水平是不适应的，造成了多次金融危机的爆发，探究其原因：其一，资本主义机器大工业生产方式呈现出一种跳跃式的张力，造成生产过剩。马克思说："一旦与大工业相适应的一般生产条件形成起来，这种生产方式就

---

① 《马克思恩格斯文集》（第 1 卷），人民出版社 2009 年版，第 602 页。

获得一种弹性，一种突然地跳跃式地扩展的能力，只有原材料和销售市场才是它的限制。"①其二，因为技术进步造成的资本有机构成部分和相对人口的过剩成为经济危机爆发的原因之一，而作为基础消费力的对抗性分配关系使"社会上大多数人的消费缩小到只能在相当狭小的界限以内变动的最低限度"②。其三，信用制度的发展不仅可以使社会生产各个部门相结合，而且也会使生产和消费相互分离，引起危机的发生。社会主义社会的生产是要解决社会主要矛盾，由于社会主义是一种新型的制度形式，所以能在社会范围内合理安排消费需求比例，使得生产发展能够满足广大人民的消费需求。从根本上来讲，生产和消费之间的矛盾非常小。但从现阶段来看，相较于发达国家而言，生产力水平存在一定的局限，为社会提供的生产产品数量与质量是有限的。因此，现有生产能力和人们美好生活需要的满足还有差距。

对于政治经济学中生产、分配、流通和消费的议题所生发的矛盾，主要可从以下几个方面来解决。其一，生产决定产品分配规律的数量分析。生产决定产品分配规律不仅具有量化分析，而且有质性研究。尤其是按照我国现阶段社会主义的特点，如果没有对生产决定产品分配规律的数量界限分析，是难以实现产品分配，更加谈不上分配对生产的促进作用。在对产品进行分配时，要注重确定各种类别的产品分配数量，并根据产品所有者所提供的生产数量比例，分配于生产所有者。其二，提高劳动生产率，实现扩大再生产。人们对美好生活的向往，需要发展生产。因而，首先是要实现简单再生产，马克思在分析简单再生产的实现时，指出不仅要进行三大交换，即第一部类的内部交换、第二部类的内部交换、两大部类之间的交换，而且这三大交换关系具有不同的数量比例关系。也就是说，实

---

① ［德］马克思：《资本论》（第1卷），人民出版社2004年版，第519页。
② ［德］马克思：《资本论》（第3卷），人民出版社2004年版，第273页。

现这三大交换关系，有利于保证简单再生产的实现，但要满足：Ⅰ C供
＝Ⅰ C需（第一部类的内部交换条件）、Ⅰ（v+m）供＝Ⅱ（v+m）需（第
二部类的内部交换条件）、Ⅰ（v+m）＝Ⅰ C（两大部类之间的交换条件）
这三个条件。然后，要考虑规模扩大的再生产。也就是说，在考虑产品能
够维持简单再生产之后，也要考虑可供扩大再生产的生产和消费资料的数
量界限是多少。这也是经济发展要遵循的原则。

## 第二节　马克思政治经济学数量分析方法的目标与归宿

基于主体对马克思政治经济学和西方经济学的区分，从量和质的层面来看，马克思政治经济学数量分析的目标要从政治经济学理论的主体出发，服务于主体。基于核心议题对生产、分配、流通和消费的数量分析，得出马克思政治经济学数量分析的逻辑。基于主张对核心议题生发的经济矛盾的解决，指明马克思政治经济学数量分析方法的归宿。

### 一、政治经济学数量分析的目标

政治经济学数量分析的研究对象是从量和质的分析来研究经济发展关系等问题。从政治经济学数量分析的研究对象来看，我们可以发现政治经济学数量分析的目标有经济利益主体多元化、经济利益主体自利性和政治经济学的包容性发展。

第一，经济利益主体多元化。市场经济的快速发展催生了经济利益主体的多元化，经济利益主体多元化是经济利益多元化最基本的内涵。利益分化不仅促使多元利益主体的出现，而且有助于增强人类的主体意识。尤其是随着经济利益分化的节奏不断加快，使得利益获取的途径越来越多元化，利益之间的差异也逐渐拉大，人类的独立性和选择性与日俱增，主体意识愈来愈突出。恩格斯曾认为每一个社会的经济关系都是通过利益来体现。也就是说，利益成为经济利益主体追寻经济目标和参与经济利益活动的内在动力，利益驱使主体的经济行为，经济行为获取了经济利益。相较于传统的计划经济而言，市场经济具有多样性、灵活性的特征。因而，多样化、多元化的市场经济催生了多元化的经济利益主体。经济利益主体的多元化之所以能够适应多元化、多样化的市场经济，主要是因为经济利益多元化的结构产生了强国富民的积极作用。主要体现在：一是获利的普遍性。随着经济发展进入利益格局的多元化，虽然人们获取的利益大小不同，但总的来说，不管是从所有制结构，还是从收入分配、社会保障体系等来看，人们在市场经济体制结构下是受益的。二是支持与激励。获利的普遍性并不是意味着平等获利，而是要支持和坚持效率优先，即要大力发展生产力，拉开人们获利的差距。因而，这就要正确处理好效率与公平的关系问题，获利的普遍性表现了社会的相对公平，但要坚持和激励效率优先原则。三是调动活力。经济利益格局的不断变化，从单一到多元，均等到扩大的转变，需要调动利益主体的活力和积极性，有利于盘活经济，促进经济发展。从一定意义上来讲，经济利益多元化有利也有弊，更重要的是要在利益格局的不断调整中，规范引导经济利益主体多元化，倘若能正确处理好经济利益主体多元化和道德规范的关系，那么，对市场经济的健康有序发展将起到积极作用。

第二，经济利益主体自利性。经济体制改革的重要目标是要建立市场经济体制，市场经济的主体有着自身独有的经济利益。作为市场经济主体之一的企业，只有基于自身独特利益的驱动下，才会具有追求更大的经济利益的内在动力，进入市场。既可以实现自身的经济利益，又能够促进经济社会的发展。但是，经济利益主体的自利性，如果剑走偏锋，极可能有损全社会的利益，因为经济信息不对称这种客观存在会导致经济利益主体在自利驱动下极可能利用信息不对称，做出利己并有损他人的经济活动，对整体福利的改进造成不利的影响。因而，对于市场经济主体的自利性要辩证地认识，充分调动其积极性，克服限制性作用，为市场经济的发展提供健全的服务。那么，经济利益主体的自利性有何积极意义呢？比如，企业作为最基本的经济利益主体，所具有的自利性是指企业具有独立的经济利益以及经营自主权。一是经济利益主体以追求经济利益最大化作为目标，为经济利益主体能够对市场发射的信号作出回应提供了动力。市场经济主体的利益大小直接关乎其生命力，而市场经济主体利益的实现又源自市场，这就促使市场经济主体更加关注市场，积极接受来自市场的指引，在经营决策中，做出正确选择，降低经济风险。二是经济利益主体自利性有助于增强市场经济主体的活力，调动微观经济主体的积极性。因为经济利益主体的经济利益具有独立性，不需来自各方的拥护。这就使得经济利益主体拥有足够充分的自由从市场中获取各个生产要素，在经营活动中尽可能地降低经济成本，提高生产效率，调动微观经济主体的积极性，增强经济主体活力，实现经济利益主体的自利性。三是经济利益主体的"自利性"使市场经济主体的生存与发展主要决定于市场经济主体的本身情况，这就要求加强经济主体的经营管理，建立自律机制，树立良好的形象。

第三，政治经济学的包容性发展。马克思的政治经济学是一门包容性很强的科学，政治经济学最早是关于家庭财产管理的研究，到国民财富的研究，从财富管理到财富创造的研究。这些研究涉及的是经济关系与制度问题，于是，政治经济学逐渐演化而来，也就是说，政治经济学是谈论国家、制度、经济关系问题的学科。古典政治经济学不仅仅是马克思政治经济学的理论来源，而且是现代西方经济学的思想源头。然而，有的经济学者往往将古典政治经济学和现代西方经济学相互对立，实际上，现代西方经济学和马克思政治经济学都是在对古典政治经济学的批判和继承基础上发展起来，在很多地方是相互包容的，只不过是研究问题的出发点、方法等有差异。马克思政治经济学注重的是量和质的结合，而现代西方经济学更多的是研究量，忽视制度等质的研究。作为政治经济学研究的方法论，也是包容的，研究方法的包容性最重要的是关注该如何进行借鉴和适应的问题。现代西方经济学对经济问题的研究主要是运用数理公式、量化分析，马克思的政治经济学对于量化分析并没有完全否认。反而是肩负起了其价值责任，借鉴现代西方经济学的实证、量化等分析方法对其本身进行创造性的构建。习近平总书记在哲学社会科学工作座谈会上曾强调："对现代社会科学积累的有益知识体系，运用的模型推演、数量分析等有效手段，我们也可以用，而且应该好好用。"[①] 不管是马克思政治经济学，还是现代西方经济学，这两者都要对经济问题进行研究，不能将两者对立起来。对于我国而言，走的是社会主义道路，马克思政治经济学在这一方面更多的是起到确切的指引作用。特别是随着改革开放的不断推进，更重要的是要让市场在资源配置中起到决定性的作用。

## 二、政治经济学数量分析的逻辑过程

从马克思政治经济学和西方经济学关于生产、分配、流通和消费的数量分析比较来看，马克思政治经济学数量分析的逻辑或者说方法论特征，是它较之于西方经济学在考察数理分析上所具有的自身特质。政治经济学数量分析的逻辑包括数量性和质量性的统一，历史性和逻辑性的统一，工具性和价值性的统一，实证性和抽象性的统一。它的逻辑依据或者说方法论依据，是建立在辩证唯物主义和历史唯物主义的世界观和方法论基础之上，包括质量互变方法，微观分析与宏观分析方法以及系统与要素相协同的方法。

### 1. 数量性和质量性的统一

政治经济学的数量与质量就好比一枚硬币的两面，属于同一问题的两

---

① 习近平：《在哲学社会科学工作座谈会上的讲话》，人民出版社 2016 年版，第 18-19 页。

个方面，数量与质量一起构成了政治经济学的逻辑内容。从政治经济学的量的规定性来看，主要体现在数学对政治经济学量的关系的研究。恩格斯认为："数学是数量的学科；它从数量这个概念出发。"[①] 就政治经济学数量分析而言，数学对政治经济学数量分析是一般性，但就政治经济学数量分析与数学的横向比较而言，数学对政治经济学数量分析具有特殊性的意义。政治经济学研究之所以要运用数学，主要是因为政治经济学数量分析的研究对象本身的数量关系，较之于数学研究的一般数量关系是具有特殊性。政治经济学研究运用数学，不仅要结合经济发展的趋势和实际情况的需要，而且要对现有的数量方法进行归纳与总结。人类历史发展的经济活动的数量关系，既普遍又复杂，数学是人类经济活动和政治经济学研究中的不可或缺的重要方法。配第和魁奈作为古典政治经济学的创始人，他们将数学运用于政治经济学中都有自身不一样的方法。配第在政治经济学研究中运用数学的方法，被称为政治算术，是一种数量归纳的重要方法；魁奈的《经济表》是用数学推演出来，对社会生产有了一定的认识；古典政治经济学家运用数学在经济学研究中，特别是在他们的著作中非常明显。但是，从总体上看，相较于之前的政治经济学家，马克思是运用数学方法于政治经济学研究中，最多也是最好的。从 19 世纪末到 20 世纪开始，将数学运用于经济学上升到唯一方法的高度的数理经济学派的代表主要有杰文斯、瓦尔拉斯、帕累托、古诺等。这一时期的主要观点包括：一是数理经济学派认为数学方法是使经济学成为科学的唯一方法；二是数理经济学派认为政治经济学应是纯的经济学，研究对象是人类经济活动的数量关系。20 世纪以来，随着计量经济学的产生，计量经济学派高度重视人类经济活动的数量关系，主要的代表人物有里昂惕夫、克莱因等。而且，自诺贝尔经济学奖设立以来，许多获奖者在经济学研究中运用了数学方法。虽

---

① ［德］恩格斯：《自然辩证法》，人民出版社 1971 年版，第 253 页。

然政治经济学研究运用数学方法所依据的是经济学观点的数量化，但也存在一定的缺陷，主要体现在以下几方面：

一是政治经济学的经济范畴被抽离为可计算、可演化的数量化模型来表达。比如，将财富以商品形式化为数量上的相等性，或者将其潜藏的社会关系化为抽象的数量模型。法国思想家德波说：在消费社会，"整个经济就变成商品向它自身所展示的那样，即处于这样一种征服的进程之中：数量发展的过程"①，是政治经济学的经济范畴被抽离为符号价值。鲍德里亚认为："物远不仅是一种实用的东西，它具有一种符号的社会价值，正是这种符号的交换价值才是更为根本的。"② 然而，政治经济学研究除了要重视数量，还要注重质量分析。

从政治经济学的质的规定性来看，主要体现在其质量分析方面。"质量"在《辞海》里的释义中包含自然属性和社会属性。"质量"从自然属性来看，指的是物体的大小，量的多少；"质量"从社会属性来看，指的是事物的优劣程度。马克思政治经济学的质量研究反映的是其社会属性和自然属性，对经济事物、现象的一种质的社会价值判断。主要体现在如下几个方面：

第一，坚持由质而量的原则。马克思的质量分析方法坚持由质而量的原则，这就是说，从认识的过程来看，马克思对经济现象进行分析之后，采用的逻辑表述是抽象到具体，即由质而量的方法。比如，马克思对价值质的分析，认为价值是人类无差别劳动的凝结，并且在这之后马克思对价值量的规定性进行专门的分析，探讨"价值量是如何计算的呢？是用社会必要劳动量，还是社会必要劳动时间呢？"对于劳动二重性的分析，马克思对抽象劳动质的规定性进行了分析，认为抽象劳动是人的脑力和体力的消耗，并且在

---

① ［法］居伊·德波：《景观社会》，南京大学出版社 2007 年版，第 14 页。

② ［法］让·鲍德里亚：《符号政治经济学批判》，南京大学出版社 2009 年版，第 2 页。

这之后马克思对抽象劳动量的规定性作出了分析，也就是简单与复杂劳动之间的量的比例关系。马克思说："比较复杂的劳动只是自乘的或不如说多倍的简单劳动，因此，少量的复杂劳动等于多量的简单劳动。"①

第二，坚持社会质规定性和自然质规定性的对立统一。对于这两重质规定性的分析主要体现在经济范畴之中。马克思说："在塔糖的重量表现中，铁代表两个物体共有的自然属性，即它们的重，而在麻布的价值表现中，上衣代表这两种物的超自然属性，即它们的价值，某种纯粹社会的东西。"② 比如，商品这一经济范畴，也是社会属性和自然属性的统一。马克思说："商品的价值对象性不同于快嘴桂嫂，你不知道对它怎么办。同商品体的可感觉的粗糙的对象性正好相反，在商品体的价值对象性中连一个自然物质原子也没有。"③ 可以看出，商品的社会属性是价值，价值只有在商品的社会关系中体现出来，商品是社会质规定性和自然质规定性的对立统一。

第三，坚持质量和数量的有机结合。马克思经济数量分析的特色是对经济问题研究时，将数量和质量方面有机结合，并且有机结合的关键在于量的分析要有利于质的揭示。马克思在《资本论》中，一开始就对商品二因素、劳动二重性进行了质量和数量的分析。马克思坚持质量和数量的有机结合的依据是政治经济学的研究对象——资本主义的生产关系，其实，社会运动与其他事物一样，属于一种质量互变的过程，只不过，有区别的是社会运动是社会关系的量和质的分析。

### 2. 历史性和逻辑性的统一

人类社会发展过程是一个历史过程，政治经济学的发展也是一个历史过程，这也是马克思主义的历史观。任何的政治经济学的经济范畴都存在历史性，并且产生于一定的历史条件下，因历史条件的变化而变化。恩格

---

① ［德］马克思：《资本论》（第 1 卷），人民出版社 2004 年版，第 58 页。

② ［德］马克思：《资本论》（第 1 卷），人民出版社 2004 年版，第 72 页。

③ ［德］马克思：《资本论》（第 1 卷），人民出版社 2004 年版，第 61 页。

斯指出："每一个时代的理论思维，从而我们时代的理论思维，都是一种历史的产物，它在不同的时代具有完全不同的形式，同时具有完全不同的内容。"① 可见，呈现在我们眼前的是一种"无论何时何地都因历史条件的变化而变化"的历史性架构。因而，理解马克思经济学说的历史性成为马克思主义研究的重要问题。在这里，历史性包括两个方面的内容：一方面，对于马克思经济学本身而言，是一种历史性的产物；另一方面，政治经济学在其不同时代具有一定形式和特点的历史性。伽达默尔说："不管是认识者还是被认识的物，都不是'本体论上的''现成事物'，而是'历史性的'，即它们都具有历史性的存在方式。"② 经济范畴不仅具有历史性，而且有着内在的逻辑性，是历史和逻辑的统一。马克思的辩证法认为历史和逻辑是相一致的，因为"历史从哪里开始，思想进程也应当从哪里开始，而思想进程的进一步发展不过是历史过程在抽象的、理论上前后一贯的形式上的反映"③，也就是说，逻辑以历史为基础，逻辑是历史在思维中的回放与再现。

比如，商品这一经济范畴，由于商品产生于资本主义经济出现之前，并且在资本主义社会发展时，又发展成为社会财富最为简单的要素。因此，对资本的考察，有必要将商品作为研究起点。在这里，对商品价值转化为资本的理论阐述的历史发展顺序和思想逻辑顺序要相一致。但是，在其他特殊情况之下，要实现理论推演既科学又合理，逻辑要在一定程度上脱离历史顺序的束缚。例如，地租这一范畴，也是存在于资本主义之前，但要理解资本主义的地租，就需要从其剩余价值来源作为切入点进行阐述。在这里，历史和逻辑往往不一致，甚至有时候是截然相反。因而，马克思在论及这一问题时，指出："把经济范畴按它们在历史上起决定作用

① 《马克思恩格斯选集》（第 4 卷），人民出版社 1995 年版，第 284 页。
② ［德］伽达默尔：《真理与方法》（上），上海译文出版社 1999 年版，第 336 页。
③ ［德］《马克思恩格斯文集》（第 2 卷），人民出版社 2009 年版，第 603 页。

的先后次序来排列是不行的，错误的。它们的次序倒是由它们在现代资产阶级社会中的相互关系决定的，这种关系同表现出来的它们的自然次序或者符合历史发展的次序恰好相反。"① 可以看出，在进行理论阐述的时候，之所以会出现经济范畴具有顺序，主要是因为这些经济范畴所反映出来的经济现象之间的关系。

### 3. 工具性和价值性的统一

在人类社会发展过程中，存在工具理性和价值理性这两种经济理性。工具理性和价值理性的最重要渊源可追溯到马克斯·韦伯提出的"合理性"（rationality）概念，韦伯将合理性分为工具理性和价值理性。所谓工具理性是指在人的功利的驱使下，通过科技、知识等途径，运用精确、可计算的方法，达到追求经济利益最大化的理性。其核心是追求效率。所谓价值理性指的是一种以主体为中心的理性，区别于工具理性的功利目的，崇尚人文关怀和价值标准，在追求经济利益过程中，注重途径、手段的正当性以及动机的纯正性。

长期以来，许多经济学家试图用经济理性中的工具理性对道德、感情等价值因素进行解释，这一现象较早可追溯到英国的边沁。他提出"效用原则"，认为能将效用最大化的事属于公平的，以及所制定的立法要遵循功利主义原则。从方法上来看，边沁的立法著作《道德与立法之原理》，颇具数学性质。到了新古典政治经济学时期，效用概念逐渐被引入消费研究中，比如，德国经济学家戈森创立了戈森定律。埃克伦德和赫伯特认为："戈森的经济学似乎更植根于使边沁的苦乐计算数学化的努力。戈森把经济学看作是关于快乐与痛苦的理论，或者更明确地说，是作为个体和集体的人如何以最小的带来痛苦的努力来实现快乐的最大化。他坚持数学方法是处理经济关系的唯一正确的方法，并且在其著作中始终应用这一方法来决定最大量和最

① 《马克思恩格斯文集》（第8卷），人民出版社 2009 年版，第 32 页。

小化。"① 对快乐和痛苦的价值因素的计算，在杰文斯看来，"说快乐、痛苦、劳动、效用、价值、财富、货币、资本是量的概念，已经是没有疑问的。实际，我们工商业活动的全部皆系于利害之量的比较。甚至道德家的理论亦承认这个问题的量的性质"②。然而，这些经济学家在不断地追求可计算的理性化过程中，殊不知，已经逐渐形成了超越主体的能动性和自律性，变成了缺乏价值标准的抽象数字和机械的重复。主要的表现形式有：主体的人被整合到由自律的机械化体系所引起的抽象化与数字化中。卢卡奇说："劳动过程被逐步分解为许多抽象的、合理的和专门化的操作，使得工人不同最终的制成品发生接触，并且工人的劳动简化为一套专门化操作的机械性的重复行为。……随着对劳动过程的现代'心理分析'（在泰勒制中），这种合理的机械化一直扩展到工人的'心灵'中……"③ 其实，价值理性在经济理性中起到至关重要的作用。一般来讲，价值理性对工具理性起到导向、规范的作用，或者说，工具理性背后都潜藏着价值理性。

无论是政治经济学的发展，还是个人经济行为，都会受到工具理性和价值理性的影响。因而，政治经济学中的工具理性和价值理性是相互联系的。一方面，从其形成和发展来看，这两种经济理性是相互影响和依存的。另一方面，从各自的具体含义的不同来看，这两种经济理性的各种融合配置对于政治经济学的实际影响是存在差异的。

### 4. 实证性和抽象性的统一

实证性和抽象性属于同一过程的两个方面，是思维对现象和本质的规定。刘永佶认为："实证就是对经验到的现象内在本质联系的抽象。"④ 实证

---

① ［英］埃克伦德、赫伯特：《经济理论和方法史》（第4版），中国人民大学出版社2001年版，第242页。

② ［英］斯坦利·杰文斯：《政治经济学理论》，商务印书馆1984年版，第35页。

③ ［匈牙利］卢卡奇：《历史和阶级意识》，华夏出版社1989年版，第87页。

④ 刘永佶：《中国政治经济学方法论》，中国社会科学出版社2015年版，第202页。

是对抽象的一种规定，抽象是在实证规定中的思维再现。

政治经济学的实证性研究是以经济过程作为研究的出发点。研究在一定条件下的经济是如何运行的，对经济活动产生的问题，以及问题的解决办法等发射出来的问题的回应。这主要是由政治经济学数量分析的研究目的所决定的，尤其是取决于无产阶级的政治经济学在其发展的不同阶段所肩负的任务不同。无论是从革命时期、建设时期，还是到现在的新时期，社会主义政治经济学的目的是要对社会主义经济运行机制和规律进行探究和揭示。并且充分发挥市场在资源配置中的决定性作用，创造愈来愈多的社会财富，提高人民群众的生活质量。然而，对社会主义政治经济学的这一目的的研究，就需要对社会主义政治经济学进行大量的实证性分析，深入到经济运行的层次。而且对政治经济学的实证性分析离不开量的分析，虽然马克思对资本主义的经济量的分析是批判的，但马克思并没有否认经济学研究运用量的分析，而是在重视质性研究的同时，没有忽视量化分析。朱成全认为"经济学的科学性要求其需要借助于实证分析方法，而定量分析又是实证分析的重要手段"①，也就是说，如果离开实证性分析对经济运行的研究，是难以阐释社会主义经济在生产、分配、流通和消费经济活动环节的实现过程，更不可能认识社会主义经济的规律和内在本质，自然也就谈不上政治经济学理论服务于社会主义经济建设目的了。

马克思认为对经济形式的分析，要用抽象力来解释。我们可以发现，不管是人文社会科学的经济学，还是自然科学的物理、化学等的研究，都离不开运用抽象力。比如，牛顿的万有引力定律方程式 $F=(Gm_1m_2)/r^2$，离不开合理的抽象。因而，合理的抽象性并不仅仅是马克思经济学所特有的，而且是人类认识规律的范畴。

---

① 朱成全：《经济学哲学名篇中元经济学问题研究》，东北财经大学出版社 2014 年版，第 66 页。

政治经济学的实证性过程，注重的是经济现象、问题的内在本质联系，"实事求是"就是对实证的最好阐释。因此，这就要对政治经济学的经济现象、问题进行深层次的抽象，探究经济范畴的内在本质元素，并将这些元素整合，展开概念分析，说明经济现象。也就是说，政治经济学的实证的抽象过程，应注重融合与分析，分析可进行量的推演。这实际上也是抽象的其中一环节，通过分析寻找本质因素，从而进入融合，将本质因素有机地融合起来，形成经济现象本质的质的分析。比如，马克思在对资本主义生产关系进行分析时，先从比较复杂经济现象、经济问题抽象出商品、货币、资本等反映经济现象的内在本质的经济范畴，抽象出来的这些经济范畴注重运用实证性分析。然后通过这些抽象出来的经济范畴，进一步说明地租、利息、利润等关于剩余价值的形式。

## 三、政治经济学数量分析的归宿

归宿是指人或事物的着落点，政治经济学指明了我们人类社会发展的归宿。从政治经济学数量分析的研究对象来看，马克思经济学数量分析的落脚点是通过量和质的统一来揭示生产关系，发展以人民为中心的具有科学和人文性质的经济学。

长期以来，许多经济学家认为经济学，尤其是现代经济学是一门"价值无涉"的科学。然而现代经济学不断地强调其实证性、科学性，并且致力于打造成为具有客观性、科学性和实证性的经济学。那么，这是不是意味着经济学能够做到"价值无涉"呢？实际上，经济学作为一门非常强烈的人文社会科学，是很难规避，甚至是无视其价值问题的。罗德·希尔和托尼·迈亚特认为："经济学自身和经济学教材实际上都有价值判断在里面。这些价值判断反映了社会和政治哲学状况，可以说是一种意识形态或世界观。它是教科书编写者暗中试图说服读者接受的东西。"①

　　现代经济学被误认为"价值无涉"的一个主要原因是其运用了数学方法。田国强认为："现代经济学作为市场经济制度的基本理论基础，非常注重引入自然科学的研究方法和分析框架来研究社会经济、行为和现象，强调从假设到推理到结论的内在逻辑，强调用数学和数理模型作为基本逻辑分析工具，强调数理统计和计量经济学为基础的实证研究，具有很强的实用性、实证性和自然科学性。"② 但是，人文社会科学接受着哲学理论和价值的指引，蕴含着一定的价值趋向和意识形态。琼·罗宾逊说："无论是否可以把意识形态从社会科学的思维范畴内消除掉，意识形态在社会生活的行为范畴内确实不可或缺。"③ 因而，这对以经济利益为中心的经济学亦是如此。一方面，从经济思想史来看，经济学理论反映了一定群体的利益。布鲁和格兰特认为："由于社会压力、共同的利益和思想以及天然的群居倾向，他们组成群体，从而就形成宗教学、政治学、美学、社会学和经济学团体，每一个群体在特定的利益层面上都代表着一致的见解和计划安排。"④ 另一方面，价值取向在社会科学研究中是一个难以回避的问题。提倡"价值中立"的马克斯·韦伯认为经济学最直接的目的是对经济政策作出价值判断。在他看来，虽然"国民经济学最初至少就其讨论的重点而言是一种'技术'，也就是说，它是从一种至少在表面上明确的、确定的、实用的价值观出发，即从国民'财富'的增长的价值观点出发，来考察现实的现象的"⑤。

　　经济学除了具有科学性之外，还具有强烈的人文价值取向。现代经济学虽然具有很强的实证性，但是在人文价值取向方面与马克思经济学相比

---

① ［加拿大］罗德·希尔、托尼·迈亚特：《你最应该知道的主流经济学教科书的荒谬》，金城出版社 2011 年版，第 1 页。

② 田国强：《高级微观经济学》，中国人民大学出版社 2016 年版，第 9 页。

③ ［英］琼·罗宾逊：《经济哲学》，商务印书馆 2011 年版，第 4 页。

④ ［美］斯坦利·布鲁、兰迪·格兰特：《经济思想史》，北京大学出版社 2008 年版，第 4 页。

⑤ ［德］马克斯·韦伯：《社会科学方法论》，中国人民大学出版社 1999 年版，第 24 页。

还是弱了点，人文价值取向更是马克思经济学对现代经济学的超越。马克思经济学不仅具有量的分析，而且注重质的分析。马克思对资本主义生产关系进行批判，运用了大量的数学分析方法，揭示了资本主义生产关系的本质。从人的全面发展作为落脚点，发展以人民为中心的具有科学和人文的经济学为归宿。

马克思政治经济学数量分析的辩证方法

基于马克思政治经济学和西方经济学关于数量分析的比较视野中，对主体、议题、主张进行分析，从量和质的层面贯穿于马克思经济学数量分析的目标、逻辑、归宿中，并且得出马克思政治经济学数量分析具有方法论的依据。

## 一、质量互变的方法

从政治经济学数量分析的研究对象来看，质量互变方法是马克思主义政治经济学数量分析的基本方法。一般而言，经济数量分析，就是对经济现象和经济问题的相关分析，不仅要有质的分析，还要有量的测定和推算。纪明山说："一切事物都具有量和质两个方面，都是一定的量和质的统一体。"[1] 经济现象和经济问题亦是如此，是数量和质量关系的紧密结合。因而，对经济现象和经济问题不仅要有量的分析，而且要进行质的研究。相较于传统的经济方法而言，经济数量分析方法具有以下几方面的突出特点：其一，经济数量分析以马克思主义为指导，汲取数学、系统论、统计学、协同论、信息论等学科的优秀文化成果，形成具有自身特色的方法论。其二，经济数量分析能够结合多方面的因素进行全面考察，比较客观地描述了经济现象中繁杂的关系和影响经济变量间的各个机制以及关联

---

[1] 纪明山：《古典经济学数量分析概论》，南开大学出版社 1993 年版，第 4 页。

性。经济数量分析适用于宏观和微观问题的解决，对简单和复杂的经济现象和经济问题进行强有力的分析。其三，经济数量分析对比较繁杂的经济现象的因果关系作出本质性的说明，甚至对其数量特征作出比较准确的测算。因为从量和质方面来分析经济现象和经济问题，能够得出科学而准确的结果。其四，经济数量分析的应用，离不开电子科学技术。尤其是随着经济发展方式的转变，经济增长动力的攻关期，数字经济成为新的增长点。因而，现代化电子科学技术的运用，既可以使过去复杂烦琐且难以解决的经济问题的计算能够获得快速的解决，也可以对较难实现的经济过程进行模拟实践。运用电子科技进行模拟实践，可以对经济决策路径、经济活动的生产要素以及经济政策所产生的作用进行模拟分析，为经济数量分析的科学研究提供了有效的途径。

马克思政治经济学数量分析的质量互变的基本方法主要体现在其《资本论》中。《资本论》是一个具有严密逻辑和科学性的科学体系，正是因为其科学严密的逻辑，揭示了资本主义制度是如何运转的，"揭示了现代资本主义生产方式以及以它为基础的占有方式的机制，揭示了整个现代社会制度得以确立起来的核心"。主要表现在：

第一，《资本论》体系的科学性和严密逻辑性体现在"量变到质变"的政治经济学方法的运用。《资本论》第一卷系统地阐述了资本的生产过程，资本是什么？商品价值是如何通过货币这一中间环节转化为资本的呢？商品是如何通过量的分析实现其惊险的跳跃的？对这些问题的回答是揭示资本主义生产关系的本质和规律的关键。马克思说，"商品流通是资本的起点。商品生产和发达的商品流通，即贸易，是资本产生的历史前提"[1]，与此同时，货币是"资本的最初表现形式"[2]。因而，在资本主义生产

---

① 《马克思恩格斯文集》（第5卷），人民出版社2009年版，第171页。
② 《马克思恩格斯文集》（第5卷），人民出版社2009年版，第171–172页。

条件下，马克思正是通过对最简单、最大量的，同时又从蕴含丰富的内在规定性的商品范畴出发，"滴水见海"，以商品二因素批判地说明了"理解政治经济学的枢纽"①，即商品的劳动二重性。基于此，在对资本主义生产过程进行论证时，马克思从具体劳动生产新的使用价值，转移原有生产资料的价值，抽象劳动创造新价值。而这一创造出来的新价值蕴含着被资本家占有的不劳而获的剩余价值，揭示了剩余价值的来源。在此基础上，创立了资本积累论、平均利润论等。实际上，马克思正是对这些经济范畴的量的分析，才实现了对各个经济范畴本质的质的跳跃。

资本从生产过程进入流通过程，进一步扩大了生产过程。因而，对资本的生产过程有了更深层次的认识，因为从整体上来看，资本主义的生产过程是生产和流通过程的统一。在这里，马克思对资本在其运动的不同阶段的具体形式进行了考察。马克思说："资本在其现实运动中就是以这些具体形式互相对立的，对这些具体形式来说，资本在直接生产过程中采取的形态和在流通过程中采取的形态，只是表现为特殊的要素。因此……资本的各种形态，同资本在社会表面上，在各种资本的相互作用中，在竞争中，以及在生产当事人自己的通常意识中所表现出来的形式，是一步一步地接近了。"②我们可以发现，《资本论》就是从最简单的经济范畴出发。通过量的分析，逐步揭示经济范畴之间的本质关系，展现资本主义社会的经济面貌。马克思所运用的量和质相结合的数量分析方法，正如他自己说的，是应用于政治经济的有益尝试，是"至今还没有人在经济问题上运用过"③的方法。

第二，在《资本论》理论体系中，马克思"量变到质变"的方法，具体化为政治经济学研究中的分析规范，主要表现在社会经济制度上。社会

---

① 《马克思恩格斯文集》（第5卷），人民出版社2009年版，第55页。
② 《马克思恩格斯文集》（第7卷），人民出版社2009年版，第29-30页。
③ 《马克思恩格斯文集》（第5卷），人民出版社2009年版，第24页。

经济制度的性质主要是由生产资料所有制确定的，生产、分配、流通和消费是经济活动的环节。生产是首要的和最基本的环节，这就决定了在社会生产关系中，生产关系占据核心的地位，并派生出分配关系、消费关系、交换关系。而在生产过程中所呈现出来的人和人之间的关系，归根结底属于生产资料所有制的关系。

二战以后，西方资本主义国家的经济进入空前的繁荣阶段，同时，社会主义国家几乎面临经济上的困难。许多经济学家对于这一世界性的难题都有争论，提出不同的观点。根据质量互变的规律，西方资本主义国家的经济繁荣并不是其黄金时代发展的现实写照，也不是其灭亡反射出来的信号，而是其经济、制度发展史上质量互变的特殊过程。资本主义制度是相较于它的前一个社会形态的内部矛盾由量变引起质变的结果。在工业革命时期，资本主义制度的物质生产方式的量和质的统一达到一定成熟的时候，资本主义制度就进入了青壮年时期。随着生产力的快速发展，推动资本主义发展的量变运动并没有随着生产力的发展而停止运动，反而是引起了质变，即资本主义走向灭亡的趋势是不可阻挡的。因此，资本主义社会逐渐开始其量变到质变的过程。实际上，经济危机就是资本主义社会从量变引起质变的表现之一，当资本主义的基本矛盾达到一定尖锐化程度时，引起经济危机的爆发。马克思和恩格斯指出："一方面，资本主义生产方式暴露出它没有能力继续驾驭这种生产力。另一方面，这种生产力本身以日益增长的威力要求消除这种矛盾，要求摆脱它作为资本的那种属性，要求在事实上承认它作为社会生产力的那种性质。"[①]进入20世纪80年代，西方资本主义国家的经济发展速度明显降低，甚至是出现了负增长。

我国在社会主义道路的探索过程中，国民经济出现过严重的困难局

---

① 《马克思恩格斯文集》（第3卷），人民出版社2009年版，第557页。

面。从质量互变方法上看，在社会主义生产方式的初期，由新质产生的量，新事物在艰难曲折中前进、成长，属于一种规律性的现象。虽然在社会主义初级阶段，我国社会各方面遭受挫折，但值得庆幸的是，我们从中汲取了经验教训，摸索到了一条适合我国社会主义发展的道路，努力使社会各个方面都能充分展现社会主义制度的本质要求，实现社会主义量和质的结合。因为没有量的长期积累，难以实现质的飞跃，尤其是在社会主义经济发展上。发展经济是人类历史进程中不可缺少的永恒主题。人类作为具有能动性的主体，在经济发展实践中要不断进行总结和反思，探索经济发展的模式，把握好经济数量分析的数量界限，实现以人民为中心的高质量经济发展。与此同时，建设现代化经济体系也意味着我国经济发展是质量和效益的有机结合。高质量的经济增长，突破了传统经济局限于经济增长的数量，形成了健康、有序、和谐，以及为人民谋利益的经济社会环境。任保平认为："经济增长质量的解读，涵盖了以稳定态势增长的经济数量，以结构优化实现的经济效率提升，以技术高级化形成的生产规模报酬递增，以最少的资源环境代价获取的社会效益最优，以人的发展为核心的社会福利最大化。"[1]

## 二、微观与宏观对立统一方法

经济学有宏观和微观之分，首先是来自现代西方经济学中。实际上，宏观和微观一开始是自然科学中运用的概念。"宏观"一词，表示"宏大"的意思；"微观"一词，表示"微小"的意思。二战以后，"宏观"和"微观"广泛应用于经济学中。根据研究对象和范围的不同进行划分，在经济

---

[1] 任保平、李梦欣：《我国主要城市经济增长质量的状态、特征和比较》，《中共中央党校学报》2017年第6期，第107页。

学中，宏观经济学是从总体出发，对整个国民经济活动的研究，采用的是宏观经济分析法，即总量分析。美国经济学家夏皮罗指出："宏观经济学解决整个经济的功能问题，包括一个经济的商品与劳务总量及其资源的利用如何决定，以及什么引起这些总量的波动。"①微观经济学是从个体出发，对国民经济活动的单个经济单位活动的研究，采用的是微观经济分析法，即个量分析。微观经济就好比国民经济活动的"细胞"，微观经济学围绕着"生产什么，为谁生产，如何生产"这三个要解决的问题展开。梁小民说："生产什么取决于消费者的货币选票，如何生产取决于不同生产者之间的竞争以及成本与收益的比较，为谁生产取决于生产要素的供求关系所确定的要素价格。"②

　　"宏观经济学"这一词，最早是由西方资产阶级经济学家弗瑞希提出。但在西方经济学家中，真正将宏观经济学的国民经济活动作为一个整体来考察的是配第和魁奈。17世纪中叶，配第对财产、人口和收入，与同一国家的财政收入与支出作了理论上的研究。经济学上，被认为是首个从总体上对社会总资本的生产与流通进行考察的经济学家，则是魁奈，魁奈的《经济表》属于总量分析典型的古典范式。18世纪中叶到19世纪初，斯密和李嘉图从更宽泛的领域对"国民财富"问题进行研究。进入19世纪末20世纪初，伴随着西方资本主义从自由竞争向垄断的过渡，同时，为了探究频繁爆发的经济危机根源，林达尔等西方经济学家将宏观经济分析中的总量分析和动态分析相结合，考察了国民经济活动的总体状况。虽然，在凯恩斯之前，西方资产阶级经济学家对宏观经济问题的分析获得了许多成绩，但是，从配第开始，西方资本主义强调微观经济学理论，尤其是对企业经济活动的微观研究。"微观经济学"这一词，可追溯到17世纪中期，

---

　　①［美］夏皮罗：《宏观经济分析》（第4版），麦克米兰出版公司，1978年版，第4页。
　　②梁小民：《西方经济学导论》（第4版），北京大学出版社2014年版，第6页。

从 17 世纪中期直到 19 世纪中期，经济学家在研究国民经济活动的同时，也注重对商品价格、收入问题的研究，提出价值理论等，这些都标志着西方微观经济学的萌芽。19 世纪 70 年代，边际效用论的提出奠定了微观经济理论的基础。19 世纪末期 20 世纪初，马歇尔创立的均衡价格理论确立了微观经济的基本内容。20 世纪 30 年代以后，罗宾逊和张伯伦在经济学上作出了突出贡献，提出厂商均衡理论，微观经济学最终得以形成。

马克思的政治经济学虽然没有非常确切地指出宏观经济学和微观经济学，但是其经济思想却蕴含着极其丰富的宏观和微观经济思想。相较于现代西方经济学，马克思经济学中的宏观和微观经济思想具有自身鲜明的特色和内涵。

**1. 注重宏观分析和微观分析的统一**

历史经验表明，宏观分析和微观分析成为经济社会生活不可或缺的重要分析方法，二者相互补充。宏观经济分析要以微观经济分析作为基础。长期以来，我国宏观经济调控缺乏生机活力的一个最重要原因是忽视微观经济分析。在社会主义市场经济中，市场在资源配置中起决定性的作用，对于经济问题的分析更多的是需要微观经济分析，宏观调控的经济分析对于市场经济而言，所起到的作用并非最大。因而，在宏观经济分析中，要更加注重微观经济分析。从马克思的宏观经济分析的特征来看，也亟须微观经济分析。

第一，制度性。相较于西方宏观经济理论，制度性是马克思宏观经济分析最显著的特征。众所周知，物质生产方式是人类社会赖以生存的基础，是生产力和生产关系的统一。然而，实际生活中的物质生产活动，是与一定的社会生产关系相适应，但西方宏观经济理论的特点却是抽离掉社会生产关系来谈物质生产活动，从而把物质生产活动归为没有制度因素的永恒经济活动过程。恰恰不同的是，马克思的宏观经济分析非常重视质的社会生产关系，始终将它放置在经济理论的中心位置。马克思在《资本论》

第一卷中指出："我要在本书研究的，是资本主义生产方式以及和它相适应的生产关系和交换关系。"① 因此，社会生产关系是现实经济生产活动中最本质的内容。由此可见，马克思的宏观经济分析所要探讨的是基于量的分析中的一定社会生产关系中的质的经济形态。

第二，整体性。微观经济中的许多单个细胞是密切联系的，共同构成了宏观经济的运行。所以，要把握好宏观经济的运行，就需要深入分析微观经济细胞体的研究，这样才能科学把握宏观经济运行的总体情况。马克思在《资本论》第一卷中的首句话是："资本主义生产方式占统治地位的社会的财富，表现为'庞大的商品堆积'，单个的商品表现为这种财富的元素形式。因此，我们的研究就从分析商品开始。"② 能够看出，马克思总的宏观经济分析是从商品这一微观经济元素的分析开始。马克思运用魁奈的《经济表》思想，从产品分析切入，论述了生产两大部类的产品是如何实现的。马克思在分析再生产理论时，运用了数理分析法，把极其复杂的资本主义社会生产关系用数学方法进行解剖，分析社会经济关系的本质。以简单的表达公式 $I(v+m)=II C$，论证了实现简单再生产的前提，并以表达公式 $I(v+m)>II C$ 与表达公式 $I(v+m)=II C+I \triangle C+II \triangle C$ 表达了扩大再生产理论的前提条件和实现条件。

而且，马克思的再生产理论对社会主义市场经济的发展具有方法论指导意义，这体现在微观经济量的分析上。马克思通过量的分析，将社会经济关系的复杂性进行化简，进一步揭示社会经济关系的本质。比如，马克思在论述流动资本和固定资本的划分时，认为非固定资本和劳动力的组成部分对于流动资本和固定资本形成来讲差距很大，其价值周转方式是与固定资本截然相反的，预付资本中固定资本既有量的差别，还有质的差别。

---

① ［德］马克思：《资本论》（第 1 卷），人民出版社 2004 年版，第 8 页。
② ［德］马克思：《资本论》（第 1 卷），人民出版社 2004 年版，第 47 页。

但是，却可以通过"把固定资本不同部分的特殊周转化为周转的同种形式，使它们只有量的差别，即只有周转时间上的差别"[①]。因而，可从经济量的变化去把握微观经济运行的过程。

另外，宏观经济分析和微观经济分析相互补充。西方经济学注重微观经济数量的分析，忽视质的宏观经济分析，忽视揭示社会经济关系的本质。社会主义宏观经济分析注重质的宏观经济分析，但也关注量的研究。特别是我国社会主义市场经济的快速发展，不仅要注重量的微观经济分析，而且还要把握好质的宏观经济调控。因为宏观经济分析总是从质性分析开始，缪凤英认为："只有加深对社会主义宏观经济活动的相互关系的质的分析理解，弄清各种经济活动的相互关系及其规律性，才能正确进行社会主义国民经济各总量之间关系的研究。"[②] 这就是说，如果离开质性分析，量化分析便容易出现误差。此外，在社会主义市场经济中，也要特别重视量的分析，对社会主义市场经济进行量的分析，"才有利于掌握合适的数量界限，才有利于掌握适当的宏观调控的'度'，才能对各种宏观调控措施进行具体的比较、验证，从而判断这些措施是有利于国民经济的发展，还是会导致宏观失控"[③]。

## 三、系统与要素相协同方法

世界上的一切事物都可看做是一个系统。系统具有普遍性，无处不在，所有的事物是系统的集合，而且，系统又是由无数个要素构成。但这并不意味着系统是由无数个子系统或者要素的简单相加。正如19世纪在自然科学领域获得的成就，恩格斯曾认为自然界中的每一个领域之间是处

---

① ［德］马克思：《资本论》（第2卷），人民出版社2004年版，第205页。

② 缪凤英、祖强：《社会主义宏观经济学》，南京大学出版社1991年版，第10页。

③ 缪凤英、祖强：《社会主义宏观经济学》，南京大学出版社1991年版，第10页。

在相互联系中。他说："关于自然界所有过程都处在一种系统联系中的认识，推动科学到处从个别部分和整体上去证明这种系统联系。"① 也就是说，系统和要素之间是处在一定的相互联系中，而不是简单地相加。比如，习近平总书记在党的十八届三中全会上对"四个全面"的阐述，体现着系统思维的方法："全面深化改革是一个复杂的系统工程，随着改革不断深入，各个领域、各个环节改革的关联性、互动性明显增强，每一项改革都会对其他改革产生重要影响，每一项改革又都需要其他改革协同配合。我们要统筹谋划深化改革各个方面、各个层次、各个要素……发生化学反应，产生共振效果，形成改革合力。"②

从哲学范畴来看，系统是由一定相互联系的要素构成的统一体。系统具有以下几方面的特点：

第一，整体性。整体性是系统最为重要的特点之一，是物质世界统一性的直接表现，但并不代表整体性是各个子系统或要素的简单相加。比如，房子并不是水泥、钢筋的简单相加。亚里士多德曾在其著作《形而上学》中指出，整体不等同于部分之和。马克思在《资本论》第一卷第十一章论述协作时，形象地说："一个骑兵连的进攻力量或一个步兵团的抵抗力量，与每个骑兵分散展开的进攻力量的总和或每个步兵分散展开的抵抗力量的总和有本质的差别。"③ 因而，从量上来看，整体不仅大于各个要素之和；从质上来看，整体要具有和各个要素与众不同的新质。

第二，层次性。系统是由各个要素所构成，系统的各个要素又是由其下一级要素构成，因而，这种层级关系体现出了系统的层次性特点。比如，对生物系统层次性的划分，生物系统按照其从低到高的等级可划分为生物大分子、细胞、个体、群体、生态等层次，每一层次作为自身的一级

---

① 《马克思恩格斯文集》（第9卷），人民出版社2009年版，第40页。

② 施芝鸿：《"四个全面"战略布局是怎样形成的》，《北京日报》2015年3月5日。

③ ［德］马克思：《资本论》（第1卷），人民出版社2004年版，第378页。

系统，又有着自身的内部层次，如生物的个体又可分为组织、器官、个体等不同的层次。同时，对系统层次性的划分，不仅要遵从系统内在的规定性，也要注意对研究对象在量上的考量。这就是说，对系统层次性的划分，是对系统量与质相结合的考察结果。

第三，目的性。系统的目的性是追求有序稳定的结构。因为系统要在保持其自身的稳定有序的状态，才不会受到内外部压力之下分解。哈肯在其《协同学》中也确切指出系统是一种有序稳定的结构。

马克思的政治经济学也呈现出一定的社会经济系统。所谓社会经济系统是指运用系统分析法，从经济的整体性和结构性对经济进行研究。马克思在《政治经济学批判》序言中说："人们在自己生活的社会生产中发生一定的、必然的、不以他们的意志为转移的关系，即同他们的物质生产力的一定发展阶段相适合的生产关系。这些生产关系的总和构成社会的经济结构，即有法律的和政治的上层建筑竖立其上并有一定的社会意识形式与之相适应的现实基础。"① 在这里，社会经济系统的构成包括生产力、生产关系和上层建筑。正是社会基本矛盾运动，共同推动了经济社会的发展。生产力、生产关系和上层建筑这三个部分，不仅是社会经济系统中密不可分的有机整体的构成部分，而且是相互独立的要素。从社会经济系统的总体来看，生产关系是这整个经济系统的重要部分，从这三个经济要素来看，生产关系是经济学的关键要素。

生产力、生产关系和上层建筑作为三个要素或子系统，它们各自有着自身的构成部分以及各自的功能与作用。在此，特别是以生产关系的生产、分配、流通和消费的各个经济活动环节构成的生产关系系统，也属于系统的整体性。比如，经济活动的生产环节、物质生产资料的所有制关系、物质资料的分配比例关系成为社会经济发展的决定性特征。政治经济

---

① 《马克思恩格斯文集》（第 2 卷），人民出版社 2009 年版，第 591 页。

学以经济活动环节作为内容，以生产关系作为研究对象，以量和质相结合的数量分析作为研究方法，以物质生产资料的占有关系和分配比例关系作为特征，促使社会经济模式建立。然而，在整个社会经济系统中，各个经济要素或子系统是极其复杂，呈现出一定的规律性。经济学按照各个经济要素的规律性、功能等，制订出经济运行的措施。有的学者就提出在社会经济系统运行中能否建立数理模型来研究经济问题呢？不同的学者有不同的观点，其实，对于这一问题，关键是不能离开社会经济系统来研究经济要素。马宾认为："经济系统学，是建立国民经济数学模型的经济理论根据。"① 尤其是随着电子通信技术的发展，数量经济的发展成为社会经济发展的重要领域。因此，在社会经济系统思想的指导下，既要重视生产关系方面的质的宏观经济调控，也要重视量的生产力微观经济调节。

系统与要素相协同的方法对于丰富和发展马克思经济学数量分析，具有极其普遍的意义，尤其是将它运用到量变与质变中，更具现实意义。随着系统和要素相协同方法的日益深入，其整体性、层次性、目的性的特征也逐渐达成共识，对于经济数量分析的研究会更加深刻，且便于表达。马克思经济数量分析的显著特点是将量和质相结合，进而揭示出资本主义经济关系的内在本质，这也体现出马克思经济分析方法的特色。

---

① 马宾：《论经济系统学》，中国展望出版社 1987 年版，第 18 页。

第三章

# 马克思政治经济学数量分析的发展

基于马克思政治经济学数量分析的主体、议题、主张，目标、逻辑、归宿以及辩证方法等结构要素，马克思政治经济学数量分析对苏联、欧洲和我国政治经济学数量分析的研究产生一定的影响，并获得了发展。

苏联马克思政治经济学数量分析的发展
及评述

苏联政治经济学数量分析内生于苏联政治经济学的研究，苏联政治
经济学的主体性制约着苏联政治经济学数量分析方法。主体性是苏联政
治经济学数量分析最显著的特性。因而从主体性出发，对苏联政治经济
学数量分析进行研究，在研究的过程中，对产生的数量经济派别进行总
结与归纳，才能有针对性地对苏联政治经济学数量分析的议题所生发出
的矛盾予以解决。

过去，苏联经济学界主张斯大林的经济理论，将马克思政治经济学理论
当成了斯大林范式的所谓苏联版本的政治经济学。对政治经济学数量分析的
研究，更是遭到了长期的排斥，认为政治经济学数量分析是西方资产阶级的
科学而不是无产阶级的科学。但是，仍然有许多苏联经济学家，按照经济理
论发展的脉络去寻找数量经济对社会主义市场经济的作用。

## 一、苏联数量经济学的早期探索

经济数学方法是数量经济学的旧称，数量经济学是指："在马克思主
义经济理论的指导下，在质的分析基础上，利用数学方法和计算技术，研
究社会主义经济数量表现、数量关系、数量变化及其规律性。"[①] 苏联政治

---

① 朱玉春、刘天军：《数量经济学》，中国农业出版社 2006 年版，第 8 页。

经济学早期研究引入数学方法的主要代表人物是列宁，主要表现在他的生产资料优先增长理论中。他把技术进步因素纳入马克思的再生产理论中，得出在扩大再生产过程中，生产资料的生产增长比消费资料的生产增长得快。马克思曾在《资本论》中论述生产资料的生产这一观点时，指出："资本主义社会把它所支配的年劳动的较大部分用来生产生产资料（即不变资本）。"① 在经济学界，列宁生产资料的生产观点被称为生产资料优先增长理论。那么，列宁是如何得出这一理论的呢？于是，列宁举了一个剩余价值率固定为 100% 的数值的例子来说明。

第一年，生产资料的生产第 I 部类和消费资料的生产第 II 部类，c 是不变资本，v 是可变资本，m 是产品价值，数值如下 ②：

I　4000c+1000v+1000m=6000

II　1500c+750v+750m=3000

第一年产出的资源配置如下：

I　4450c+1050v+500m=6000

II　1550c+760v+690m=3000

第二年产出情况如下：

I　4450c+1050v+1050m=6550

II　1550c+760v+760m=3070

第二年产出的资源配置如下：

I　4950c+1075v+525m=6550

II　1602c+766v+702m=3070

…………

第四年：

---

① ［德］马克思：《资本论》（第 2 卷），人民出版社 2004 年版，第 489 页。

② 《列宁全集》（第 1 卷），人民出版社 2013 年版，第 65 页。

I 5467.5c+1095v+1095m=7657.5

II 1634.5c+769v+769m=3172.5

以此类推。

现在我们把这个公式中关于社会产品各部分增长情形的结论比较一下[①]。

表 3-1　制造生产资料和消费资料关于生产资料增长的比较

| | 制造生产资料的生产资料 | | 制造消费资料的生产资料 | | 消费资料 | | 社会总产品 | |
|---|---|---|---|---|---|---|---|---|
| | | 百分比 | | 百分比 | | 百分比 | | 百分比 |
| 第一年 | 4000 | 100 | 2000 | 100 | 3000 | 100 | 9000 | 100 |
| 第二年 | 4450 | 111.25 | 2100 | 105 | 3070 | 102 | 9620 | 107 |
| 第三年 | 4950 | 123.75 | 2150 | 107.5 | 3134 | 104 | 10234 | 114 |
| 第四年 | 5467.5 | 136.69 | 2190 | 109.5 | 3172 | 106 | 10828.5 | 120 |

从上面的例子可以看出，四年来，制造生产资料的生产资料要比制造消费资料的生产资料增长得快。列宁在对西斯蒙第消费不足危机理论评价时指出，为了实现扩大生产，主要是先生产生产资料，将劳动力分配到扩大制造生产资料的部门中去，使得劳动者对消费品提出需求。显然，消费是随着生产发展的。

同样，苏联政治经济学数量分析的早期研究还包括国民经济和计划工作的研究、宏观经济调控的研究、消费需求理论的研究。

第一，国民经济和计划工作。列宁曾多次在经济工作会议上指出数量经济学对经济研究的重要性，强调计算对社会主义经济建设的必要性。要求在制定国民经济计划时，重视统计核算和建立统计报表，使得制定的国民经济计划体系能够运用数量分析方法对各个部门进行管理、作出决策。从 1918 年 7 月苏联成立中央统计局以来，就肩负着国民经济和计划工作

---

① 《列宁全集》（第 1 卷），人民出版社 2013 年版，第 66 页。

的重任。同年 9 月，中央统计局组织地方统计局在较短时间内对各个地方的经济数据进行统计分析。苏联编制的 1923—1924 年国民经济平衡报表，即棋盘式平衡表，为各个国家提供了典型的最初经济报表范例，为投入产出分析奠定了基础。列宁指出："用科学的方法制定国家整个国民经济计划。"① 这对当时只能进行经济孤立计算的发达资本主义国家产生了直接和间接的影响。

第二，宏观经济调控。1921 年实施新经济政策以来，苏联社会主义经济建设根据苏联的实际情况，获得一定发展。列宁指出"根据经验来谈论社会主义"②，因而，市场和社会主义相融合已成为可能。但是，1923 年爆发的经济危机使得苏共对新经济政策实施的认识产生了变化，主要是因为经济上出现了通货膨胀，甚至是未能实施有效的宏观经济调控，市场上的产品价格出现混乱。

第三，消费需求理论的研究。主要数理经济学代表是斯卢茨基，提出斯卢茨基方程，也被称为"价值理论的基本方程式"，即价格效应等于收入效应加上替代效应。斯卢茨基的消费者行为理论可与帕累托理论相媲美，只是他的《关于消费者预算的理论》这篇论文发表之后并没有引起人们的高度关注。

苏联政治经济学数量分析的早期研究，针对生产、分配、流通和消费的数量分析议题的研究并不是特别显著。特别是在 20 世纪 30、40 年代，苏联政治经济学数量分析的发展较为缓慢。主要原因有以下几个方面：其一，由于苏联模式，苏联政治经济学无产阶级的主体性被直接说成是无产阶级的代表，而不是广大劳动人民群众。经济活动的核心议题就是为了维护所谓的无产阶级代表。其二，虽然在马克思政治经济学理论指导下，苏联政治经济

---

① 《列宁选集》（第 4 卷），人民出版社 1975 年版，第 469 页。

② 《列宁专题文集：论社会主义》，人民出版社 2009 年版，第 399 页。

学数量分析是为了苏联国民经济计划能够实现经济平衡稳定发展，列宁新经济政策的实施使得社会主义和市场相结合。但却与 20 世纪 30 年代斯大林优先发展重工业为主要宗旨的高度指令性计划背道而驰。其三，当时苏联学术界否认用数量经济学来解决国民经济问题，认为政治经济学数量分析是资产阶级统治下的产物，并不能充分体现马克思主义经济学的理论。因此，苏联数量经济学的早期研究出现退步的情况。

## 二、苏联数量经济学的发展与成就

苏联数量经济学的快速发展是在斯大林之后，20 世纪 60 年代以来，从事数量经济学研究的部门越来越多。比如苏联科学院西伯利亚分院、中央经济数学研究所、技术史研究所等，苏联各个高校开始培养数量经济研究者，展开数量经济工作的研究，包括如何优化国民经济，系统要素分析等问题。重视经济最优化问题，投入产出法等数量分析方法在经济研究工作中的现实应用，并且和现代信息技术相融合。

### 1. 投入产出分析法

投入产出分析是数量分析的重要经济分析方法，由俄裔美国经济学家里昂惕夫提出，对国民经济活动环节进行经济数量分析研究。因为国民经济活动的各个部门在从事生产活动时，需要购买生产资料，如原材料、机器设备等，这些被称为对经济活动的投入。而经济活动的各个部门的生产和劳务，分别被其他部门所使用和消费。在经济活动中，各部门不仅是生产部门，而且是消费部门。投入产出分析"运用各经济部间相互关联、相互依存的理论原理和线性代数的计算方法，来描述和计量某一经济结构中各部门的投入量与产出量及其相互依存的数量关系"①。主

---

① 于洪波：《经济表与投入产出表》，《山东社会科学》2006 年第 9 期，第 99 页。

要是由投入产出表和线性方程组组成。于 1968 年，被联合国认定为会计账户系统的构成部分，以棋盘式平衡表表示经济各部门原材料耗损和产品产出的数量关系，用线性方程式表示投入与产出的经济数量关系。

　　为便于分析，以下运用封闭式静态投入产出分析图表进行线性方程式的分析。

**表 3-2　封闭式静态投入产出分析表**

| 产出投入 | 中间产品 | | 最终产品 | 总产品 |
|---|---|---|---|---|
| | 运输业（1） | 工业（2） | | |
| 运输业（1） | $x_{11}$ | $x_{12}$ | $T_1$ | $X_1$ |
| 工业（2） | $x_{21}$ | $x_{22}$ | $T_2$ | $X_2$ |
| 劳动（A） | $xa_1$ | $xa_2$ | | |
| 资本（B） | $xb_1$ | $xb_2$ | | |
| 总产值 | $X_1$ | $X_2$ | | |

　　从表 3-2 来看，投入产出表由四个数学象限组成。象限 1 是最终产品需求，象限 2 是经济各部门间交换，象限 3 是各部门主体的价值增值创造，象限 4 是产品购买。图表 1 中所设定的经济部门有第一部门运输业和第二部门工业，劳动 A 和资本 B 是生产要素。象限 1 中两个部门的最终产品收入是 $T_1+T_2$；象限 3 中两个部门的经济主体创造的总收入为 $xa_1+xa_2+xb_1+xb_2$；象限 2 反映的是经济生产部门间的购买数量关系，$x_{11}$ 和 $x_{21}$ 是运输业生产过程中所投入各部门的产品数量，$x_{12}$ 和 $x_{22}$ 是工业生产过程中所投入各部门的产品数量。运输业和工业部门的总投入和总产出呈一定的线性代数对等。因此，

$$x_{11}+x_{21}+xa_1+xb_1=x_{11}+x_{12}+T_1=X_1$$

$$x_{12}+x_{22}+xa_2+xb_2=x_{21}+x_{22}+T_2=X_2$$

为计算实物或货币的数量关系，图表和线性方程中的字母可用实际数字代入。同时，进行经济数量关系表达时，要计算出经济技术系数，经济技术系数是部门之间生产单位产品耗费的产品数量比。假定以 z 表示经济技术系数，那么，

$$z_{11}=x_{11}/X_1 \qquad z_{21}=x_{21}/X_2 \qquad z_{a1}=x_{a1}/X_1 \qquad z_{b1}=x_{b1}/X_1$$
$$z_{12}=x_{12}/X_2 \qquad z_{22}=x_{22}/X_2 \qquad z_{a2}=x_{a2}/X_2 \qquad z_{b2}=x_{b2}/X_2$$

因此，依据有关计算数据，可将全部数据计算出来。可见，投入产出分析表用线性方程表示为：

$$X_1—x_{11}—x_{12}=T_1 \qquad （1）$$
$$X_2—x_{21}—x_{22}=T_2 \qquad （2）$$

同样，要维持生产和交换达到平衡状态，可由里昂惕夫的投入产出线性方程式计算出未来年份的总产品需求量。将得出的技术系数代入方程（1）和（2）中。

投入产出分析作为政治经济学数量分析的重要方法，有以下几个优点：其一，有利于经济主体经营和管理经济活动。其二，有针对性地根据核心议题生发的矛盾通过数学函数予以解决，具有数量经济分析方法的明确性、系统性、实用性的特点，适应经济学数量分析量和质相融合的发展趋势。其三，为现代计算机和数学引入政治经济学领域提供了便利。

### 2. 经济最优化

苏联传统经济体制下，对经济价格等的计算往往比资本主义制度下对经济价格的计算还要困难得多。比尔曼指出，苏联的"许多价格是没有经济根据的"[①]。为此，安东诺夫以一本著作的形式对苏联传统计划体制进行指正。西方数理经济学派试图以"效用"这一词来为经济制度和统

---

[①] 孙尚清、刘翰辰、章良猷：《苏联报刊关于利别尔曼建议讨论文集》，生活·读书·新知三联书店 1965 年版，第 171 页。

治阶级服务。因而，康托罗维奇的"客观制约价格"理论受到了广泛的关注。这就是说，在国民经济发展中，要想使资源获得最优的配置，离不开线性规划。苏联许多数量经济学家认为国民经济现行的计划体制之所以会出现弊端，一个重要的原因是稀缺资源价格过低，造成稀缺资源浪费。

事实上，经济学研究的前提，正是数量分析，经济学是一门精确的学科。尤其是在国民经济和计划工作中不能忽视数字的作用，以及数理统计技术，可以为经济学家和数学家在协同创新研究中寻求均衡点。列宁指出："统计工作不是把数字随便填到几个格格里去，而应当是用数字来说明所研究的现象在实际生活中已经充分呈现或正在呈现的各种社会类型。"[①]苏联经济学家车尔尼雪夫在对德·斯·米里关于政治经济学在实现自身任务所运用方法的评述时指出："因为科学的对象是需要计算和计量的数量，这种数量只是通过计算和计量才能被人们所了解。"[②]列宁曾对车尔尼雪夫的创新思维方法给予极高的赞誉，因为任何一个领域只有获得了规范的标准和有规律可循以及能用数量比例关系表述才称得上是科学的，经济学也不例外。1873年，马克思在给恩格斯写信时指出："……你知道那些表格，内中表现价格、贴现等等在它们长年的运动中上下升降的曲线。我为着分析危机，已屡次试图把这些升降算作不规则的曲线……由此用算式确定危机的主要规律。"[③]可见，数学对经济学研究的价值意义是不言而喻的。费多连科认为："价格的比例愈接近最优估价的比例，就可以愈加精确地确定任何经济资源的节约和超支的国民经济意义，愈加有根据

---

① 《列宁全集》（第20卷），人民出版社1990年版，第33—34页。

② ［苏］车尔尼雪夫：《车尔尼雪夫斯基论文选集》（第3卷第1册），苏联国家政治书籍出版社1948年版，第81页。

③ 《马克思恩格斯通信集》（第4卷），生活·读书·新知三联书店1958年版，第459页。

地选择各种经济决策的方案。"① 因而，最优计划估价成为确定经济选择的出发点。

### 3. 数量经济与现代电子计算机结合

20 世纪 70—80 年代，苏联数量经济学发展的一个重要特征是运用了现代电子计算机技术，为了提高对数量经济的认识和促进数量经济的发展，苏共中央在党代会上也多次强调运用现代信息技术来促进数量经济的发展，实现自动化经济管理。

尽管苏联数量经济关于核心议题的研究获得了不少的成绩，但也存在一些问题。一方面，苏联宏观经济质性分析的能力很高，但是，微观经济量的分析较为欠缺。实际上，这和苏联高度重视经济管控，忽视市场的功能息息相关。将社会主义经济视为受限于计划支配下的自然经济。另一方面，数量经济的发展和电子计算机技术的快速发展不相适应，导致很多研究成果较难运用于实践中。比如，1977 年，苏联在建立经济核算自动化系统时，由于数量经济模型和现代化技术的融合出现问题，直接影响了经济核算系统自动化的效果。主要的原因在于对数量经济和电子计算机的融合不够重视，缺乏技术人才，不善于汲取现代科技革命带来的优势和经验，造成数量经济难以解决由核心议题生发的矛盾。因而，苏联对国民经济的发展除了以质性分析为基础，还需要从经济数量分析层面去探索经济发展的数量依据。

## 三、苏联数量经济学派的经济改革思想

苏联的传统经济体制虽然在一定程度上符合了苏联历史背景下经济发展的需求。但是，高度集中的计划经济体制，忽视了市场和经济杠杆的作

---

① 中国苏联经济研究会：《苏联经济（1983）》，人民出版社 1985 年版，第 39 页。

用，造成苏联经济发展效率和质量比较低。苏联经济学派在经济改革中主要围绕着生产、分配等经济环节进行分析。

### 1. 生产成本费用

苏联对生产成本核心议题的研究主要体现在高台阶开采技术工艺中，旨在降低爆破作业成本费用，获取经济效益。"高台阶开采"这一技术思想是由诺沃日洛夫提出。20 世纪 60 年代初，由于当时露天工艺技术水平较低，穿孔爆破成为阻碍露天矿产开发的重要原因。诺沃日洛夫主要依据数量分析方法测算台阶爆破的炮孔崩岩量，提出高台阶爆破理论用来解决这一矛盾。"高台阶开采"的最根本的准则是运用数量分析方法测算最优的开采费用。

据诺沃日洛夫的测算，台阶高度介于 15 米到 45 米之间，穿孔爆破所耗费的费用是最低的；台阶高度大于 45 米时，穿孔爆破所耗费的费用将加速上升，而且台阶高度每增加 15 米，开采费用以 0.4 个点逐渐提高。可以发现，对台阶高度的精准测算，事关国民经济效益的高低。同时，苏联在露天开采中运用喷火式钻机来钻凿炮孔，诺沃日洛夫指出：用喷火式钻机"在 1961 年钻凿的炮孔超过了 12000 米，穿孔速度 15.2 米 / 小时"[1]。露天开采自实现自动化技术后，露天矿山机械自动化控制成为可能。苏联根据自身的经验证明，露天矿山开采自动化，所投入成本的返本时间仅仅是 1 到 2 年。不仅可以避免工人在恶劣的采矿环境下遭受不必要的创伤，改善开采卫生环境，而且有助于在未来的时间里寻找到更加科学、可靠的测算方法，促进苏联经济效益和质量的提高。

### 2. 资源分配

苏联对分配核心议题的研究主要体现在国民经济计划的资源分配中。阿贝尔·阿甘别吉扬指出："国营商店里一公斤肉食大约收款 1.8 卢布，而国家对一公斤的补贴多达 3.5 卢布。食品行业中仅此一项，每年的国家补

---

[1]　［苏］诺沃日洛夫：《深露天矿》，中国工业出版社 1965 年版，第 35 页。

贴总额就在 600 亿卢布以上，而整个国家预算也不过是 4800 亿卢布。"① 可见，苏联各经济部门对资源的需求远远超出既有的资源供给，而各部门做出的决策却是忽视资源的稀缺性，认为不必过于担忧现有的资源数量，导致资源配置的数量比例严重失调。诺沃日洛夫认为，经济计划数据指标不规范科学是传统经济计划制度下的一个最大的缺陷，使经济社会财富极度浪费。他指出："必须考虑如何在全社会内合理分配稀缺资源，使耗费最小而获益最大。"② 因而，诺沃日洛夫集中精力将数量经济的研究放在非常重要的位置，认为费用成本最低值是制定最优国民经济计划时的根本标准。这就是说，要选择耗费最低成本费用的经济计划方案作为国民经济计划的最优策划方案来促进经济发展。

苏联政治经济学数量分析的早期研究、发展与成就及经济改革思想，取得了一定的成绩。但在传统苏联经济制度下，严重挫伤了人民群众的创新精神和积极性。生产、分配、流通和消费等经济活动环节更多的是为现存经济制度辩护的工具，难以经受实践的检验。一个最重要的原因是缺乏马克思政治经济学数量分析的指导，使得苏联政治经济学缺乏科学性和价值吸引力。马克思指出："这些分配关系被认为是自然的关系，是从一切社会生产的性质，从人类生产本身的各种规律中产生出来的关系。"③ 而苏联政治经济学缺乏对经济社会规律和经济活动的数量关系分析来解释社会经济关系的本质。

---

① ［苏］阿贝尔·阿甘别吉扬：《苏联改革内幕》，中国对外经济贸易出版社 1990 年版，第 26 页。

② ［苏］诺沃日洛夫：《最优计划条件下耗费与成果的计算问题》，科学出版社 1972 年版，第 121 页。

③ ［德］马克思：《资本论》（第 3 卷），人民出版社 2004 年版，第 993 页。

## 第二节　国外马克思主义政治经济学数量分析的发展及评述

《新帕格雷夫经济学辞典》认为国外马克思主义政治经济学是建立在马克思经济学基础上的关于方法论等的研究。包含这几个方面的主旨：其一，国外马克思主义经济学家承认资本主义经济制度的本质矛盾，即由资本主义经济制度所引发的一系列失灵。其二，承认资本主义经济制度的劳动和资本实际上是一种剥削关系。其三，承认资本主义经济在追求量的财富积累时，忽视质的分析。其四，承认资本主义在以技术进步、国家政策等特点的不同阶段所体现出来的根本逻辑没有变。在这里，所要评述的国外马克思主义政治经济学，主要是针对国外经济学派对经济数量分析的发展。

### 一、修正主义的数量分析

德国修正主义者爱德华·伯恩斯坦对马克思的经济观点作了修正和否定，认为劳动价值论和边际效用论都是"科学公式"，马克思的劳动价值观和资本主义的边际效用论属于同一性质。伯恩斯坦指出："当劳动价值还只能作为思维的公式或科学的假说而要求得到承认的时候，剩余价值更加不过成了单纯的公式，成了一个以假说为根据的公式。"[①] 这就是说，伯恩斯坦认为马克思的劳动价值论不能立足于现实社会，只不过是抽象的理

① ［德］爱德华·伯恩斯坦：《伯恩斯坦文选》，人民出版社 2008 年版，第 176 页。

论假说和钥匙。实际上，伯恩斯坦并没有理清所谓的"思维公式"背后所揭示的本质，那么，这也就在无形之中否定了无产阶级革命的合理性。

马克思对劳动价值论的理论推理运用的是演绎推理，而不是因果解释。在国外学者看来，这种演绎推理模式已成为定量分析研究马克思劳动价值论的障碍。英国学者弗利特伍德则是提出，将马克思对劳动价值论的演绎推理思维模式转换成因果解释模式来容纳定量分析。弗利特伍德将劳动价值论的定量分析和质性分析与演绎推理和因果解释之间是否相符合的关系，用表 3-3 的矩阵表格来表达。

表 3-3　定性与定量分析的劳动价值论同它们理论基础
推理模式之间的相容性 [①]

| 推理模式 | 建立在一定的推理模式基础上的劳动价值论 | |
|---|---|---|
| | 质性分析 | 定量分析 |
| 演绎推理 | 相容 | 不相容 |
| 因果解释 | 不相容 | 相容 |

弗利特伍德认为，如果劳动价值论是基于不相容的演绎推理模式上，会造成数量化的劳动价值论在解决现实问题前缺乏解释力；如果劳动价值论基于相容的因果解释推理模式上，会促使劳动价值论数量化对现实问题的解决。这就是说，弗利特伍德以因果解释推理模式来容纳定量分析的劳动价值论，试图根据新西兰学者米克的思想。用商品的物化劳动和价格间的函数关系，来体现二者之间的因果解释关系，商品价格的公式 $=C+V+(C+V)/\sum(C+V)\times\sum(s)$。米克指出："既然公式右边的所有项目都可以用物化劳动量来表述，那么它就可以被认为是有一个因果的联系，不

① Fleetwood, Steve. *What Kind of Theory is Marx's Labour Theory of Value？ A Critical Realist Inquiry.* Capital&Class，Spring，2001，73，p.42.

管……'价值'和……'生产价格'之间是间接的还是迂回的。"① 因而，弗利特伍德的劳动价值论数量化，存在着劳动数量和价格间的因果关系。朱钟棣指出："他大胆提出用这种因果联系推理模式来取代或者更换马克思劳动价值论的基础演绎推理模式。"②

但是，如果说将马克思的《资本论》质性分析部分用因果解释来容纳定量分析方法，可以想象，《资本论》中全部都是数学公式，会是一番什么情况呢？尽管从形式上来看非常完美，但是缺乏演绎推理，即质性分析，只是在因果解释中对资本主义经济关系的表象进行描绘，难以揭示经济关系的本质和规律。探究其原因，是弗利特伍德在对劳动价值论数量分析的评述时，没有将马克思的《资本论》建立在工具性和价值性相一致原则之上进行辩证分析。张忠胜指出："数学化在经济学发展中具有积极意义。就马克思的劳动价值论来说，弗利特伍德没有认识到马克思在《资本论》中所运用的辩证逻辑演绎，而这也是很多西方学者在价值转型问题研究中存在的一重大缺陷。"③ 马克思对价值形式的发展，揭示了商品交换的规律和货币的本质。因为随着生产力和商品交换的不断发展，交换价值即商品价值形式也会不断变化发展。马克思将价值形式的发展过程概括为：简单价值形式、扩大价值形式、一般价值形式和货币价值形式。其中，简单价值形式是价值形式的胚胎，马克思指出："一切价值形式的秘密都隐藏在这个简单的价值形式中。"④ 比如，1只绵羊=2把斧子的简单价值交换关系中，1只绵羊起主动作用，2把斧子起被动作用，绵羊处于相对价值形式，斧子起等价物的作用。同时，对于绵羊这一相对价值形式既要体现物

---

① Ronald L, Meek. *Essays on Ideology and Other Essays*, Chapman Hall，1967, p. 104.

② 朱钟棣：《国外马克思主义经济学新探》，上海人民出版社 2007 年版，第 3 页。

③ 张忠胜：《评弗利特伍德对马克思劳动价值论数学化的批评》，《当代经济研究》2015年第 6 期，第 52 页。

④ 《马克思恩格斯文集》（第 5 卷），人民出版社 2009 年版，第 62 页。

的价值，也要体现一定量的价值。具体而言，1只绵羊的价值量既要体现斧子这一物，也要体现2把斧子这一量；在扩大价值形式中，1只绵羊的价值体现在斧子、茶叶、咖啡等商品上，而不是只体现在斧子上，这就使得价值逐渐由商品的价值量来调节。然而，在商品的交换过程中，商品价值的表现很难统一，于是，价值形式很快就发展为一般价值形式，属于价值形式质的飞跃。一般价值形式从形式上来看，是扩大价值形式的颠倒。正如马克思所说的一般价值形式的出现是商品共同作用的结果。因而，正因为处于一般价值形式中，所有的商品都和绵羊处在等同形式上，既在质上相同，也在量上反映出能够比较的价值量。在这里，绵羊就固定的充当一般等价物，也就是说，当某种商品分离出来固定的充当一般等价物时，那么，这一商品就成为"货币商品"，具有货币职能。因此，价值形式的完成形态是货币形式。马克思指出："金能够作为货币与其他商品相对立，只是因为它早就作为商品与它们相对立。"①

修正主义对劳动价值论的研究，没有从数量性和质量性，历史性和逻辑性，工具性和价值性的政治经济学数量分析逻辑去探究劳动价值论。因而就不能对商品的生产、交换等核心议题的一般规律进行揭示。主要是因为修正主义者没有运用马克思政治经济学数量分析的质量互变等方法进行研究。

## 二、分析马克思主义的数量分析

分析马克思主义是由英国分析学家G. A. 科亨开启，理论的微观基础是分析马克思主义追求的目的，主要代表人物有约翰·罗默。分析马克思主义的工具性方法包括数理分析方法、逻辑形式分析方法。科亨的分析马克思主义主题是辩护历史唯物主义，可分为两个方面：其一，为理清历史

---

① 《马克思恩格斯文集》（第5卷），人民出版社2009年版，第87页。

唯物主义的基本概念，遵循马克思的思想，明确区分了社会现象中的物质和社会属性；其二，运用分析马克思主义的分析方法工具，明确历史唯物主义的基本范畴和概念，使得主体看清历史唯物主义主题的严密逻辑结构。其中，科亨认为历史唯物主义最基本的思想方法是对社会现象中的社会属性的区分，正如马克思指出："黑人就是黑人。只有在一定的关系下，他才成为奴隶。纺纱机是纺棉花的机器。只有在一定的关系下，它才成为资本。脱离了这种关系，它也就不是资本了，就像黄金本身并不是货币，砂糖并不是砂糖的价格一样。"① 其实，科亨在一定程度上明确了历史唯物主义主题最基本的思想方法是量和质的有机统一。科亨对历史唯物主义基本范畴的澄清是运用其分析方法工具，对马克思的概念有所修正。

分析马克思主义的主要代表约翰·罗默研究的核心是重构和分析剥削理论。罗默避开马克思的劳动价值论、剩余价值论，运用数量分析方法中的合作博弈方法重构和分析剥削理论，指出："剥削应直接以财产关系来定义，而不应通过剩余价值这一迂回的而且最终并不成功的路线来定义。"② 罗默通过经济模型证明劳动市场不是剥削的充分必要条件，因为剥削在没有劳动市场的生计体系中，仍然存在。比如，在一个岛屿上，若干生存者最初掌握的生产资料和劳动力基本上相同，这些经济主体的目标是生产一定量的交换价值产品，在扣除生产中消耗掉的成本之外能满足其自身的生活需要品。为了维持生计，经济主体在生产过程中将劳动力损耗降到最低。因而，经济主体具有相同的生活必需品，即生产技术。然而，差别就在于经济主体所拥有的最初生产基金不同。这就是说，经济主体的资本大小决定了其生产规模的大小。由此，罗默认为尽管在没有劳动交换制度的前提下，剥削依然存在。这就是说，只要经济主体占有的生产资料不等，就会产生不需要劳动力买卖的

---

① 《马克思恩格斯选集》（第 1 卷），人民出版社 2012 年版，第 340 页。

② ［美］约翰·E. 罗默：《在自由中丧失——马克思主义经济哲学导论》，经济科学出版社 2003 年版，第 145 页。

剥削。罗默剥削理论的分析虽否认劳动市场是剥削的必要条件，但并未否认剥削是对他人劳动的占有。而且这种占有并非通过劳动力买卖来实现，而是通过生产物质的交换来实现。这就是说，罗默的批评只是对那些认为剥削源自劳动力的流通而忽视生产领域的主体才适合。可见，罗默虽然运用了数量分析方法研究经济活动，但却脱离马克思经济数量分析的指导来理解经济活动的核心议题要义，片面地将经济活动环节脱离开来研究。马克思的剥削理论认为，资产阶级在劳动力市场中不仅能购买到特殊的商品，而且这种特殊商品的使用能够创造出超过劳动力的价值。

分析马克思主义建立的微观基础是理性选择和方法论的个人主义。方法论的个人主义注重从方法上把握一种理论在单个主体水平上发挥作用的机制，与道德上的个人主义无关联，强调的是方法论。理性选择是建立在主体行为规范上对行为进行解释的理论，基于这种规范解释，理性选择也是一种关于主体该如何做才能实现其目标的理论。方法论个人主义相较于理性选择，突显的是方法论原则，认为单个主体行为是社会生活的基本组成部分。理性选择突显的是主体行为背后的动机。方法论个人主义和理性选择的共同之处在于数量分析方法中的博弈论的具体运用。比如罗默的"一般剥削理论"，在罗默看来，剥削应具备以下这些条件，即"当且仅当下面这些条件存在时，一个群体（coalition）S 在一个较大的团体（society）N 中才是受剥削的：第一，假定存在着这样一种选择（an alternative），在这样的选择中，S 总是比现在的状态更好。第二，在这样的选择中，群体 S′作为 N 减去 S 后的剩余物，即作为 S 的补充物，总是比现在的状况更坏。第三，S′在与 S 的关系中占据优势（dominance）"[1]。这就是说，罗默的剥削博弈指的是 S 群体具有的人均社会资产从经济体退出之后，倘若能让群体成员的生活质量提

---

[1] J.Roemer. *A General Theory of Exploitation and Class*. Cambridge, MA:Harvard University Press, 1982, p.195.

升，那么 S 群体在经济体中是被剥削的。反之，与 S 相对应的 S′退出该经济体之后，相较于现状，当前情况会更加恶化，那么，S′ 群体在经济体中则是剥削者。其实，罗默剥削博弈论，既是对为何有剥削的阐述，也是对剥削定义的阐释。罗默剥削定义可用收益矩阵图表达：

S′

|  |  | 退出 | 不退出 |  |
|---|---|---|---|---|
| S | 退出 | a, b | a′, b′ | S |
|  | 不退出 | c′, d′ | c, b |  |

图 3-1　收益矩阵图

从矩阵图中的策略组合看收益变化，一是（退出，退出）。这种情况收益的关系是 $a > c′$，$a > c$，$b > b′$，$d′ > b$。基于该种情况，暂时无法判断哪方是剥削者或被剥削者。二是（退出，不退出）。这种情况收益的关系是 $a′ > c$，$a > c′$，$b′ > b > d′$。基于该种情况，能够判定一方是剥削者，另一方是被剥削者。此种情况正是罗默要揭示的剥削理论。三是（不退出，退出）。这种情况收益的关系是 $c > c′ > a$，$d′ > b$，$b > b′$。此种情况与（退出，不退出）这种情况相同，表示其中的一方有进一步的动机。四是（不退出，不退出）。这种情况收益的关系是 $a < a′ < c$，且 $b < d′ < b$。此种情况按照罗默的一般剥削理论，可以判断出博弈双方所处的社会剥削不存在。

数量分析方法中博弈论的运用对马克思主义理论方法论的创新具有一定的意义。但是，分析马克思主义理论在方法论的指导下偏重于独立的主体而否定集体，突出独立个体的行为，注重微观，忽视宏观，注重分析，忽视综合。探究分析马克思主义理论错误的原因在于脱离马克思主义的辩证观点和方法的要求。比如，尽管罗默试图探讨分析马克思主义的微观基础和开拓马克思主义理论研究的创新路径。但只是注重微观、个体的分析，在一定程度上脱离马克思主义辩证法要求的微观和宏观的统一。

## 三、市场社会主义的数量分析

市场社会主义诞生的标志是"兰格模式"市场社会主义的提出，建立的基础是瓦尔拉的"一般均衡理论"，这一模式为合理配置资源提供了新思路。兰格认为在社会主义前提下，社会资源的合理配置要与竞争市场那样，不仅要考量消费主体和生产主体的主观均衡条件，而且要考量实现主观均衡条件的均衡价格。"兰格模式"市场社会主义最大的特点是市场局限在劳动力和消费品市场，忽视生产资料市场。正是如此，这一模式也被称为"消费和劳动的市场社会主义"（Consumer and Labor Market Socialism）[1]。主要的贡献和成就在于兰格将市场机制融入社会主义经济体制，主张在社会主义模式下用市场竞争来配置资源。然而，"兰格模式"市场社会主义的缺陷在于没有跳出计划经济的窠臼，在一定意义上，这种模式并非真正意义上的市场社会主义模式，而是"中央计划内的分权过程"[2]，经济运行过程的生产资料价格由宏观计划决定。

奥地利经济学家米塞斯提出"米塞斯论据"（Mises's argument），主张经济计算必须在自由市场经济中实现。在自由市场经济中，经济主体的价格由商品和产品服务的交换价值形成，以此盘活经济活动环节。而社会主义缺乏经济活动要素市场，计划体制下的经济活动较难实现有效的经济计算。其实，米塞斯本人要回应的是经济效率、责任心的问题，这些问题正是对市场功能的诠释。然而，奥地利学派对市场功能诠释问题因经济危机尚未得到高度重视。直到 20 世纪 80 年代初，新奥地利学派从效率和公平问题转向企业家和委托—代理问题，国外市场社会主义者力图解决企业家和委托—代理问题，逐渐忽视经济效率计算问题。

---

① Buchana, Allen. *Ethics*，*Efficience and the Market.* the Princeton University Press, 1985, p. 104.

② Nuti，D.M.. *Market Socialism*：*the model that might have been but never was*，*in A*，*Aslund*，*Market Socialism.*Cambridge: Cambridge University Press, 1992, pp. 17–31.

市场社会主义的发展和突破是"市场主导"市场社会主义模式的形成。"市场主导"市场社会主义模式主张以市场来达到社会主义的价值目标，对社会主义本质的认识，只是认为这一模式是对传统社会主义的反思。"市场主导"市场社会主义模式认为市场的优点在于：一是市场本身具有公平特征，不仅能处理市场信息，而且能为市场信息的处理提供激励因素。产品生产可以依据市场商品的供求情况，及时调整。二是市场对商品生产技术的创新起到促进作用。因为在市场竞争中，商品生产主体为获取更多利润，会竭力开发成本低的生产工序。

社会主义市场经济的确立，实现了市场经济和社会主义的有机结合。社会主义市场经济和市场社会主义是不同于计划社会主义与市场资本主义的经济模式，二者的共同目标是获得经济效率和公平的结果。事实上，也正是市场社会主义数量分析的量和质的有机融合。既强调经济效率量的分析，也注重经济社会公平的质的价值目标。正如匈牙利经济学家科尔内指出："那些在西方发达国家造成市场社会主义的人受道德和政治上的两难选择的困扰，他们既希望保留市场经济的效率，也试图得到收入分配方面更大的平等。"①

市场社会主义模式在数量分析方法上能够提供一定的启示，市场能为社会主义实现最优资源效率和社会公平分配起到作用。但在现实生活中，尤其是在社会主义市场经济中，各经济主体本身要发挥出积极的作用，也不能让市场无限制地扩张。

---

① Janos Kornaim. *Market Socialism Revisited*，*in Bardhan&Roemer*（*ed.*），*Market Socialism:The Current Debate*. Oxford Univ.Press, 1993, p. 62.

## 第三节 我国社会主义政治经济学数量分析的发展及评述

改革开放前后，我国社会主义政治经济学数量分析获得了一定的发展。国民经济是一个有机的经济系统，包括生产、分配、流通和消费，这些经济活动要素需要主体来完成。经济活动指标不仅相互联系，而且存在数量比例关系。马克思通过经济数量分析，对经济关系的社会性质有了深刻的认识，揭开了资本主义运行的规律，解决了古典政治经济学数量分析的难题，建立了一个非常完善的经济体系。主要体现在他的《资本论》《政治经济学批判》《1844 年经济学哲学手稿》《1857—1858 年经济学手稿》《1861—1863 年经济学手稿》等著作中。尤其是《资本论》使政治经济学研究实现了革命性的变革，实现经济范畴的量和质的有机融合。

### 一、改革开放前社会主义政治经济学数量分析

改革开放以前，我国实行的是社会主义计划经济制度，对政治经济学的研究主要依靠的是国家宏观调控，忽视微观经济数量分析。社会主义政治经济学的主体性代表的是广大人民群众的利益。国民经济活动中，生产任务的分配，原材料的运输、消费等问题主要是运用最优分析方法。最优分析方法是数理经济的重要方法，是数学规划，运用线性规划来求

解最优问题的方法。由目标函数、约束条件、一组非负条件组成。如下是解最大化问题的线性规划：

$$
\left.
\begin{aligned}
&\text{求} \quad \pi = c' \text{x 最大化,} \\
&\text{受限于 } Zx \leqq r \\
&\text{和} \quad x \geqq 0
\end{aligned}
\right\} \quad (1)
$$

相对应地，解最小化问题的线性规划如下：

$$
\left.
\begin{aligned}
&\text{求} \quad C = c' \text{x 最小化,} \\
&\text{受限于 } Zx \geqq r \\
&\text{和} \quad x \geqq 0
\end{aligned}
\right\} \quad (2)
$$

在以上线性规划问题中，$\pi$ 代表最大化目标函数值，假设（1）反映的是商品的生产问题，那么，$\pi$ 代表的是获得的利润；C 代表最小化目标函数值，假设（2）反映的是商品的消费问题，那么，C 代表的是可支出的费用。c′ 为 $1 \times n$ 的行向量，表示的是各种商品的利润率，在（2）中代表各种商品的单位价格。x 在（1）表示商品产量，在（2）中表示商品数量。Z 为 $m \times n$ 的系数矩阵，在（1）中表示各种商品在不同生产过程所需要的时间，在（2）中表示各种商品所蕴含的各种营养价值。r 是有限资源的列向量，在（1）中表示的最大限度的生产力，在（2）中表示最小限度的营养量。可以看出，线性规划的选择变量有 n 个，约束条件有 m 个，只要 n 中非零变量数既不大于也不等于 m 的数量。那么，问题具有正解。然而，国民经济活动的目标是多目标的，而线性规划是在一个目标函数下去寻找最优经济活动。因此，最优分析对经济活动环节的研究会显得过于片面，对核心议题生发的矛盾的解决具有限度。

改革开放以前，我国社会主义政治经济学数量分析的研究受到苏联经济范式的影响，排斥西方经济学的优秀成分，使得社会主义政治经济学不具备包容性，经济利益主体较为单一。同时，政治经济学数量分析缺乏微观经济数量分析，忽视价值规律的作用。主要表现为："三大改造"时期，脱离生产力发展的实现情况，来研究经济关系。没有处理好生产力和生产关系的矛盾，生产关系要适应生产力的规律。实际上，就是缺乏量和质的有机统一。这与马克思主义经济学方法有关，因为马克思主义告诉我们的是"从生产力和生产关系的矛盾运动中解释社会经济制度的变迁、在历史形成的社会经济结构的整体制约中分析个体经济行为、以生产资料所有制为基础确定整个社会经济制度的性质、依据经济关系来理解和说明政治法律制度和伦理规范、通过社会实践实现社会经济发展合规律与合目的的统一"①。

因此，在很大程度上，造成政治经济学数量性和质量性的脱离。然而，马克思政治经济学从其产生到现在，就具有与时俱进，包容的特征，借鉴别人的优秀成果有利于政治经济学的创新。而且，我国社会主义经济建设过程中离不开系统与要素方法。国民经济结构的调整和经济活动各要素的数量比例关系密切联系，包括整个系统的总目标，经济系统的总目标，还有系统的各要素。经济系统与要素分析是经济分析方法，有助于推动数量分析方法的研究。

## 二、改革开放后社会主义政治经济学数量分析

### 1. 从消费领域看我国社会主义政治经济学数量分析的发展

改革开放以来，我国社会主义政治经济学的一个最主要的成就是社会主义计划经济转向社会主义市场经济。过去，我国商品物资稀缺，人们去消费，要凭票购物。1993 年，随着社会主义市场经济的初步确立，票证购物退出历史舞台，取而代之的是人们去消费可以直接用现金购物，现金购物最大的缺陷在于人们进行大额交易时会带来诸多的不便利。因

---

① 李萍、武建奇、杨慧玲、杜漪：《反思与创新：转型期中国政治经济学发展研究》，经济科学出版社 2006 年版，第 145–146 页。

而，随着商业银行电子化的兴起，人们去消费可以直接用银行卡刷卡支付购物。后来，为了增强网络购物的便捷性，移动支付逐渐普及。购物支付方式的变化，反映了我国消费领域的变化，也反映了改革开放以来我国商品资源从短缺到丰富。这主要归结于社会主义市场经济带来的契机。而社会主义市场经济是在社会主义政治经济学的指导下，对我国经济实践所探索出来的重要理论成果。这就是说，社会主义市场经济对我国资源配置经历了偶然性，到基础性，再到决定性作用的转变，表明市场对资源配置是最有效率的形式。尤其是党的十八届三中全会提出市场对资源配置起决定性作用，意味着市场对资源配置的作用非常重要。数量分析作为一种数量的分析方法和工具，对社会主义政治经济学的发展至关重要。

### 2. 从分配原则看我国社会主义政治经济学数量分析的发展

改革开放以来，随着社会主义市场经济改革目标的确立，分配原则"效率优先，兼顾公平"的提出，对生产力的发展和分配制度产生了促进作用。在一定意上，实现了马克思经济学数量分析量和质的有机融合，克服了拉萨尔主义的平均主义的缺陷，提高了资源配置效率。马克思指出："什么是'公平的'分配呢？难道资产者不是断言今天的分配是'公平的'吗？难道它事实上不是在现今的生产方式基础上唯一'公平的'分配吗？……"① 在马克思看来，分配作为客观存在，突显的是一种经济关系。效率和公平相互关联，不管是资源配置效率的提高，还是经济活动产生的过程、结果的公平，都是经济主体在经济活动中追求的目标。其实，效率和公平归根结底是生产力和生产关系相互作用的问题。这就是说，在经济领域中，当公平体现的是分配关系，符合生产力的发展，效率和公平是和谐的。反之，则亦然。2004 年以来，效率和公平的分配关系有明显的

---

① 《马克思恩格斯选集》（第 3 卷），人民出版社 2012 年版，第 361 页。

变化，从更加"注重公平"，提高"低收入者水平"等，可以看出，对分配原则中"公平"的理解越来越趋向其本质。为建设现代化经济体系，党的十九大指出"坚持质量第一、效益优先"。我国经济发展坚持质量第一和效益优先，表明我国社会主义政治经济学的发展注重经济学量和质的有机融合。

我国社会主义政治经济学数量分析在改革开放前后获得不同的发展。改革开放以前，社会主义计划经济注重宏观经济调控，生产、分配、流通和消费等经济活动对量的分析较为缺乏。经济目标单一，计划经济效率较低，经济主体积极性不高。改革开放以来，市场经济获得快速发展，市场经济主体积极性很高，特别是市场对资源配置的决定性作用，生产、分配、流通和消费等经济活动愈来愈注重数量分析。在马克思经济学数量分析的指导下，我国经济发展注重量的分析和质的方向性的把握。恩格斯曾指出政治经济学是一门历史的科学，改革开放40多年以来，政治经济学的每一个历史发展阶段都紧紧围绕着人民主体的立场，坚守社会主义市场经济的改革方向。当前，我国马克思主义经济学数量分析要汲取经验，结合我国经济学研究出现的问题，我国马克思主义政治经济学数量分析未来发展趋势应汲取这几方面的启示：

第一，马克思主义政治经济学数量分析应坚持实证和规范相融合的方法。经济学作为人文社会科学，以现实的人作为逻辑起点。不仅仅是只有数理逻辑，或者是只有对经济现象的实证分析，还要有经济现象潜藏的更深层次的规范分析。

第二，马克思主义政治经济学数量分析应坚持马克思主义政治经济学的主流地位。一个国家主流经济学的地位取决于能否代表广大人民群众的主体性利益，能否解决现实经济问题，能否促进生产力的发展。马克思主义政治经济学具有与时俱进和阶级性等特征，运用其科学的立场、观点和方法揭示了资本主义经济关系的本质，适应了生产关系的发展。

　　第三，要坚持将数量分析应用于经济学中。数量分析具有精准性和制度性的特点，经济研究需要数量分析方法。数量分析作为经济分析方法，其本身并没有对错区分，最重要的是要将数量分析准确地运用于经济学研究中，回归经济学的本质，致力于解决经济现实问题。

西方资本主义的政治经济学数量分析的
发展及评述

## 一、边际革命时期资产阶级政治经济学数量分析

19 世纪 70 年代是西方资本主义政治经济学演进中非常重要的转折阶段。西方资本主义经济学的"边际革命"兴起于 19 世纪 70 年代初期，是以斯密开始的古典时代的终结而以"边际革命"兴起的新古典时代的开始。"'边际革命'一词通常被认为是指 19 世纪 70 年代初杰文斯、门格尔和瓦尔拉斯差不多同时但却是各人完全独立地发现了边际效用递减原理，作为一种新的静态微观经济学的基石。"①边际革命时期一个最重要的特征就是西方资本主义政治经济学日益朝着"数量化"的方向发展。数学方法和数理分析在西方资本主义政治经济学中越来越被重视。基于这种趋势，杰文斯、门格尔、瓦尔拉斯等经济学家热衷于数学和经济学的研究，遵循经济学"精密化"方向进行研究并构建自己的经济理论体系。

### 1. 基于主体、议题、主张的述评

（1）生产、供给转向效用、需求

经济学家们将注意力从古典经济学派的生产、供给转向效用、需求方面，致使效用和边际分析联系起来。杰文斯的"最后效用程度"正是效用与边际分析相联系的体现。通常来讲，效用与人的需求相关，并随着人对

---

① ［美］R. D. C. 布莱克：《经济学的边际革命》，商务印书馆 1987 年版，第 3 页。

商品数量的增减而效用递减。用数学代数表示为：

假定 A 表示某人所拥有的商品数量，B 表示 A 所提供的效用，因而，B 会随 A 而变化。再设定△A 代表 A 的一个增量，△B 表示这一增量所提供的效用，因而，△B/△A 即是效用程度。如果△A 越来越小，则△A→0，△B/△A 的极限公式为 dB/dA。

（2）效用与分配、交换

杰文斯用上述最后效用程度来说明分配和交换。这就是说，当某一种商品具有多用途时，要获取最大效用，应该使分配在各种用途上的商品数量所获得最后效用程度相等。用数学代数式可表示为：$dB_1/dA_1=dB_2/dA_2$。在这里，$A_1$ 和 $A_2$ 就是商品 A 分配在两种用途上的数量。另外，用最后效用程度来说明商品的交换，即商品交换者在市场中总是比较想交换的商品最大效用量。张凤林指出："经济数量关系的这种变化使得边际分析有了更为重要的意义，并促使经济研究的重心由原来的经济增长转向资源合理配置。"[①]

边际革命时期"经济人"假设的主体性代表西方资产阶级利益，其核心议题是以效用来解释经济活动的生产、分配、流通和消费。由于缺乏从核心议题出发，资本主义经济关系的矛盾并没有因为效用的出现而得到解决，实际上，效用是为资产阶级获得利润最大化的辩护工具。

**2. 基于逻辑、目的、归宿的述评**

边际革命对西方资产阶级政治经济学数量分析的意义重大。不仅从根本上开创了将数学引入经济学研究的新局面，促使经济学研究在分析方法上产生了根本性的变革，而且使数量分析成为经济分析的重要工具。赵凌云指出："边际革命是一场基于数学的革命。"[②] 其目的是为资产阶级利益辩

---

① 张凤林：《浅论西方经济学中的边际分析》，《社会科学辑刊》1988 年第 6 期，第 50 页。
② 赵凌云：《经济学数学化的是与非》，《经济学家》1999 年第 1 期，第 86 页。

护，其主体性代表西方资产阶级利益。逻辑性具有以下两方面的特点：

一方面，边际分析开创了将数学引入经济学研究的全新格局，促使经济学研究朝着精密化、数量化方向发展。英国经济学家罗尔指出："边际效用概念不仅被看作是经济'工具箱'的一种补充，并且还被看作是经济科学研究方法上的一项极其重要的革新。"①事实上，边际分析是数学中的微积分在经济学研究中的具体运用，微积分可以对经济活动的现实问题进行边际分析，为经济学研究提供量化依据。致使经济学家对经济范畴的数量分析研究具有可能性，真正从科学意义上阐释了经济范畴的本质和规律，为资产阶级经济学的数量分析提供了方法。另一方面，边际分析的普遍应用加剧了西方资本主义政治经济学的肤浅和平庸。实际上，这并非偶然的趋势，边际革命时期，许多庸俗经济学家试图以边际分析方法来否认社会经济关系，取而代之的是以纯粹的量化关系来分析经济社会，没有从真正意义上理解数量分析是量和质的融合。"边际效用理论用唯心主义的心理分析解释个人从事一切经济活动的动机，用主观评价来解释价值，否认经济范畴和经济规律的社会性和历史性，从而把资本主义看成是永存与和谐的社会制度。"②

边际革命时期西方资产阶级政治经济学数量分析的逻辑性缺乏建立在数量分析基础上的价值社会关系的分析。边际分析的价值对个别劳动量是有意义，但没有揭示价值的本质，只是青睐使用价值。区别于劳动价值论和剩余价值论，马克思的劳动价值论和剩余价值论正是在数量分析的基础上揭示了资本主义社会关系的本质。主要的线索体现在以下几点：

（1）对劳动价值论的述评

第一，商品的二因素与劳动的二重性。商品的两个因素：使用价值和

① ［英］埃里克·罗尔：《经济思想史》，商务印书馆1981年版，第360页。
②《西方经济学》编写组：《西方经济学》（上册），高等教育出版社、人民出版社2011年版，第9页。

价值之间既有联系又有区别，区别在于二者本身的客观存在属性特别明显。马克思说："作为使用价值，商品首先有质的差别；作为交换价值，商品只能有量的差别，因而不包含任何一个使用价值的原子。"①价值是商品量的劳动时间。比如，对布匹使用价值的考察，前提是要以多少数量布匹的量为规定性。因而，商品的二因素有明显的区别，不能相混淆。与此同时，使用价值和价值又是相互联系的。一方面，价值和交换价值的物质承担者是使用价值，是价值得以存在的重要载体。因为商品作为交换价值和价值具有量的关系或比例。另一方面，商品属于劳动产品，商品的使用价值作为劳动的结果，不能脱离价值、劳动而自动形成。马克思说："没有一个物可以是价值而不是使用物品。如果物没有用，那么其中包含的劳动也就没有用，不能算作劳动，因此不形成价值。"②可见，真正意义上的财富应是以尽可能少的价值创造出尽可能多的使用价值，也即，在较短的劳动时间里创造出更多的物质财富。因而，商品的二因素既有联系又有区别，统一于商品中。

第二，劳动的二重性是抽象劳动和具体劳动。马克思指出："一切劳动，一方面是人类劳动力在生理学意义上的耗费；就相同的或抽象的人类劳动这个属性来说，它形成商品价值。一切劳动，另一方面是人类劳动力在特殊的有一定目的的形式上的耗费；就具体的有用的劳动这个属性来说，它生产使用价值。"③可见，正是马克思对劳动二重性的论证才使得科学劳动价值论得到创立，赋予了"劳动创造价值"这一重要命题崭新的意义，成为马克思揭示资本主义经济关系的重要理论武器之一。

（2）对剩余价值论的述评

马克思在对剩余价值源泉的探索中，总是通过量变揭示质变，对劳动

① ［德］马克思：《资本论》（第1卷），人民出版社2004年版，第50页。

② ［德］马克思：《资本论》（第1卷），人民出版社2004年版，第54页。

③ ［德］马克思：《资本论》（第1卷），人民出版社2004年版，第60页。

力商品理论进行分析，揭示剩余价值的来源。在《1857—1858 年经济学手稿》中，马克思区分了"劳动"和"劳动力"，指出劳动实际上是使劳动力的使用价值得以发挥的过程；劳动力商品的价值取决于工人从事生产所耗费的劳动量。马克思把剩余价值归结为剩余劳动，认为剩余劳动是由劳动力使用价值所创造的价值减去劳动力自身的价值部分。因而，劳动力商品理论成为揭示剩余价值来源的重要内容。

在《1861—1863 年经济学手稿》中，马克思发展了劳动力商品理论，对货币是如何转化为资本的问题进行深入分析。在对资本总公式 G—W—G′ 中的 G 和 G′ 的差额（△G）的分析中，对货币和资本作了质的区别，主要在于两者具有不同的流通形式，使得货币转化为资本。其中，G′=G+△G，也就是原预付货币额加上增值额，这个△G 增值额就叫做剩余价值（surplus value）。马克思指出："原预付价值不仅在流通中保存下来，而且在流通中改变了自己的价值量，加上了一个剩余价值，或者说增值了。正是这种运动使价值转化为资本。"[1] 然而，在生产的过程中，能够带来价值增值的是可变资本，而不是不变资本，即剩余价值是可变资本的产物，因此，可变资本价值的增值比率，可用公式表示为 m′=m/v，v 指的是可变资本，m′ 指的就是剩余价值率，反映资本家对工人剥削的程度。不变资本 v 是实现剥削过程的一种物质条件。

马克思在对预付资本的总周转考察时，认为不仅有量的差别，还有质的差别。同时，预付资本的周转对剩余价值量会产生影响，指出：预付资本的总周转次数 = 年周转价值总额 / 预付资本总量。也就是说，流动资本进入生产过程时，其全部价值转移到产品中去，因而，要使得流动资本的生产过程不中断，那么，就需要出售产品，以实物来补偿。对于固定资本的生产过程而言，其部分价值转移到产品中去，虽然有耗损，但在生产过程中继续行使

---

[1] ［德］马克思：《资本论》（第 1 卷），人民出版社 2004 年版，第 176 页。

其职能，因而，固定资本需要一定的时间才需要用实物来补偿。相较于流动资本，固定资本存在一定量的差别，于是，马克思指出："必须把固定资本不同部分的特殊周转化为周转的同种形式，使它们只有量的差别，即只有周转时间上的差别。"[①] 这样一来，在计算预付生产资本总周转时，预付生产资本的全部要素要归到货币形式上，实际上是周转的终结。

边际分析方法作为一种科学的数量分析工具，有利于提高经济分析的精细化和数学化，代表着人类现代科技的进步。但是，其目的并不是代表广大人民群众的利益，边际革命时期的西方资产阶级政治经济学数量分析缺乏科学性和人文性的统一。其逻辑性并非真正建立在量和质有机融合的数量分析基础上。这就是说，如果西方资产阶级利用经济数量分析方法的科学性，企图以效用替代经济活动的各个环节来掩盖经济数量分析的经济关系本质，那么，必然会阻碍人类经济社会发展的进步以及损害人们的利益。

## 二、二战后资产阶级政治经济学数量分析

二战以后，资产阶级政治经济学成为西方资本主义国家经济的主导思想，与之相伴的是凯恩斯主义宏观经济学逐渐流行起来。凯恩斯主要是运用总量分析研究宏观经济问题，主要的代表著作有《就业、利息和货币通论》（简称《通论》）、《货币论》，标志着西方资本主义宏观经济学的产生。主要目的是加强国家对经济的干预，维护资本主义经济的稳定，促进资本主义经济发展。

### 1. 基于方法的述评

二战后资产阶级政治经济学研究的方法贯穿于《通论》《货币论》中，为凯恩斯革命提供了理论上的有力支撑。

---

① ［德］马克思：《资本论》（第2卷），人民出版社2004年版，第205页。

　　第一，《通论》开拓了现代西方宏观经济分析方法的局面。相较于宏观经济学匮乏的新古典经济学时期，凯恩斯的《通论》更能解释经济大萧条带来的困难。反过来，经济大萧条也加速了《通论》经济思想的形成。因而，在寻找经济理论根据中，凯恩斯放弃了自由主义，取而代之的是开创现代宏观经济调控，正如凯恩斯所说："结果是理论与事实不符，应用起来非常糟糕。"[①]因此，从经济分析方法上来看，凯恩斯则是开创了宏观经济分析法，即总量分析方法。尽管新古典经济学时期，马歇尔曾致力于货币数量论的研究，以此来阐释是何原因决定物价的总水平，但凯恩斯开创的现代西方宏观经济学所要探讨的主要问题并非物价总水平，而是就业量、货币量等取决于什么因素。正如《通论》所要重点研究的是"何种决定力量使得总产量与就业量改变"[②]。这样，就开创了宏观经济总量分析法。

　　第二，《通论》凝练了政府干预的思想精髓。在"凯恩斯革命"产生之前，经济自由主义在西方资本主义经济中占据主导地位。凯恩斯为解决经济危机，潜心钻研，《通论》正是凝练了政府干预的思想精髓，政府干预和经济自由主义就成为对立统一的矛盾。

　　第三，凯恩斯早期货币论的核心是用货币数量来阐释物价变化。随着货币论的发展，将重心集中在解释收入和就业的变化关系，但是从整体上来看，《货币论》是关于物价决定论的著作，致力于改进传统数量方程式，克服价值和价格的分离，将利率等经济范畴和物价决定论相融合。

## 2. 马克思政治经济学数量分析方法的深化和发展

　　然而，伴随着凯恩斯宏观经济学的逐渐流行，西方资本主义政治经济学的内在矛盾日益突显。以微观经济个量分析为主的新古典经济学，认为西方资本主义政治经济学可以根据市场均衡价格理论解决市场运行过程中

---

① ［英］凯恩斯：《就业、利息和货币通论》，商务印书馆1963年版，第7页。
② ［英］凯恩斯：《就业、利息和货币通论》，商务印书馆1963年版，第3页。

的矛盾冲突，强调实行市场经济自由主义，反对国家经济干预。以宏观经济总量分析为主的凯恩斯主义，认为西方资本主义经济只是以有效需求不足的理论是难以解决总的供给和需求之间的内在稳定问题的，更加不能解决充分就业的问题。因而，实行经济干预有利于实现国家经济稳定发展。面对微观经济定量分析和宏观经济质性研究的矛盾问题，西方资本主义政治经济学为了能够解决这两难问题，建立了以萨缪尔森为主的新古典经济综合派体系，把以马歇尔为主的微观经济定量分析和以凯恩斯为主的宏观经济质性研究融合在一起，主要集中反映在萨缪尔森的《经济学》当中。萨缪尔森将经济学定义为："一个社会如何利用稀缺的资源生产有价值的商品，并将它们在不同的人中间进行分配。"①在经济学发展中，这本著作具有"经世济民"的意义。比如，效用价值论，萨缪尔森的效用价值论深受马歇尔微观经济定量分析和凯恩斯宏观经济质性研究的影响，马歇尔作为典型的功利主义代表，萨缪尔森的效用论也正是来自功利主义，认为："理性的消费者如何将其有限的资源分配在能给他们带来最大满足的各种商品上。"②因此，这种效用科学构想正符合"最大多数人的最大利益"的功利主义目标，符合了科学和人文的统一。

这一时期的政治经济学数量分析，进一步深化和发展了马克思政治经济学数量分析，主要体现在以下几个方面：

第一，总量分析与个量分析相结合。马克思的总量分析与个量分析相结合的方法在其社会资本再生产理论中得到了很好的体现。在那里，马克思不仅对单个资本的运动，而且对社会总资本运动进行了考察，认为："各个单个资本的循环是互相交错的，是互为前提、互为条件的，而且正是在这种交错中形成社会总资本的运动。"③也就是说，一方面，社会总资

① ［美］保罗·萨缪尔森、威廉·诺德豪斯：《经济学》，人民邮电出版社2016年版，第4页。
② ［美］保罗·萨缪尔森、威廉·诺德豪斯：《经济学》，人民邮电出版社2016年版，第73页。
③ 《马克思恩格斯文集》（第6卷），人民出版社2009年版，第392页。

本是由所有的单个资本组成的，不管是从社会总资本运动的形式还是目的来看，社会总资本运动和单个资本运动有着相同的特征；另一方面，社会总资本运动又有别于单个资本运动，因为社会总资本运动包含生产消费和交换以及个人消费等。尤其是马克思在劳动价值论和剩余价值论的前提下，运用数量分析方法，对社会资本再生产和流通的矛盾冲突和运动规律作了解释，推动了古典政治经济学总量分析和个量分析方法的深化和发展。

第二，平均数方法的应用。马克思平均数方法主要体现在他的价值决定问题的数量分析方法上，尤其是体现在利润率的数量分析上。古典政治经济学家之所以难以解决利润和平均利润、利润和剩余价值等之间的不同点，主要是因为他们缺乏数量分析的运用以及科学抽象法。

第三，动态数量分析与静态数量分析相结合。主要体现在剩余价值理论中，马克思对剩余价值理论等经济范畴的分析是运用数量分析方法，揭示剩余价值的本质问题，克服了古典政治经济学把剩余价值率和利润率、利润和剩余价值等相等同的缺陷。马克思通过对生产资料价值和劳动生产率的运动，在动态中考察了劳动在同一个过程产生的不同结果，奠定了剩余价值生产的基础。马克思在对剩余价值秘密考察时进一步指出，"因为总资本 C=c+v，其中 c 是常量，v 是变量，所以，c 可以看做是 v 的函数。如果 v 增加一个△v，则 c 就变成 c′"，"因此△C 或资本的不变部分的 change［变化］=O"。[①] 诚然，马克思通过数量分析，把动态和静态相结合，揭示了剩余价值的秘密。

二战以后的资本主义政治经济学的数量分析，主要是从微观经济量化分析转向宏观经济质的分析。主要的标志是从局部均衡、静态均衡、静态分析相对应地转向一般均衡、移动均衡、动态分析。但这一时期的主体性

①［德］马克思：《直接生产过程的结果》，人民出版社 1964 年版，第 39 页。

仍然是为资产阶级获取更多的利润，为统治者服务。从客观上来讲，新古典经济学综合派为后来的宏观经济分析的微观量化争取了有利的条件。1981 年诺贝尔经济学奖获得者托宾也在一定意义上提出了政策上的综合，强调财政政策和货币政策按照一定的数量比例相融合，以求突显宏观经济的效果。托宾指出："远在货币主义兴起之前便认为货币是具有重要作用的。至少从 1951 年签订了财政部—联邦储备系统协议以来，政府就已经根据这种看法制定政策了。"[①] 从这个角度来看，新古典经济学的综合不仅是凯恩斯经济理论和新古典学派在经济理论上的相融，而且是这二者在政策上的融合。在对经济分析方法进行探讨时，何干强指出："经济的性质与数量是不可分割的两个方面。有确定性质的经济对象，总是由一定数量的同质的东西组成的；而经济性质确定的量，才是现实的经济数量。"[②]

## 三、当代西方主流经济学数量分析的发展趋势

20 世纪 70 年代，西方资本主义国家经济相继出现"滞胀"情况，新古典经济综合派受到了各方的抨击。为此，萨缪尔森对其经济学的命名"新古典经济学综合"经过多次的修改，改称为"现代主流经济学的新综合"。最突出的两方面内容是"微观开端"和"市场再发现"。"微观开端"是指将微观经济学放在宏观经济最前面，以微观经济作为经济学的开端；"市场再发现"主要强调的是各个国家正慢慢发现市场已成为资源配置的重要力量。从西方经济学的发展脉络来看，大体经历了斯密时代、凯恩斯革命，到 20 世纪 80 年代新古典宏观经济的兴起。西方经济学在其不同发展阶段的共同核心主体是"经济人"假设不变。西方经济学经历了从

---

① ［美］詹姆斯·托宾：《十年来的新经济学》，商务印书馆 1980 年版，第 55–56 页。

② 何干强：《论唯物史观的经济分析范式》，《中国社会科学》2007 年第 5 期，第 85 页。

原始综合到成熟综合的演化，其中，"混合经济"就是西方经济学关于市场经济理论的观点，萨缪尔森曾特意对"混合经济"进行研究。"混合经济"是指政府和私企机构对经济进行控制。其特征是建立在市场经济的基础上，以价格机制对经济活动的各个环节进行调控。与此同时，政府可以按照实际情况，以财政和货币形式对经济活动进行干预，维持经济的稳定增长。

### 1. 基于核心议题的述评

根据第二章马克思政治经济学和西方经济学关于生产、分配、流通和消费的数量分析阐述。我们可以看到西方经济学数量分析侧重于生产力的发展，主要的目的是注重效率，而不是生产关系。这使得西方经济学的核心议题处于脱节状态。生产关系包括交换关系和分配关系。马克思政治经济学在不忽视提高生产力的同时，注重生产关系的研究。马克思指出："在生产者面前，他们的私人劳动的社会关系就表现为现在这个样子，就是说，不是表现为人们在自己劳动中的直接的社会关系"。[①] 因此，马克思的政治经济学数量分析是以资本主义生产方式作为研究对象，将资本主义生产方式在流通过程中形成一个统一体。

在《资本论》第一卷中，马克思揭示了资本主义生产方式的本质，但是在实际生活中，资本还必须经过流通过程的运动。只有通过流通过程的运动，资本家才能购买更多的生产资料和劳动力，实现利润最大化。简而言之，资本主义生产方式在流通过程中形成一个有机的统一体，单个产业资本是难以实现价值增值的。产业资本在运行的不同阶段主要有货币资本、生产资本和商品资本三种形态，与这三种形态相对应的循环有货币资本的循环、生产资本的循环和商品资本的循环。

第一，货币资本的循环。资本运动的起点是货币，因此，货币资本的

---

① ［德］马克思：《资本论》（第 1 卷），人民出版社 2004 年版，第 90 页。

循环是资本循环分析的开始，货币资本的循环可用公式表示为：G—W…P…W′—G′。在这一公式中，G 和 W 分别表示货币和商品，P 表示生产，W′ 和 G′ 表示包含增大了的剩余价值 W 和 G，虚线表示流通的中断。马克思通过对不同阶段货币资本循环的分析，揭示出一般商品和资本在流通过程中的本质差别，认为资本流通过程是资本形态的变化过程，而不是一般的商品购买和销售的过程。货币资本的循环之所以是资本循环分析的开始，主要在于：不管是从逻辑上，还是从形式上来看，货币资本循环都能很好地表明剩余价值的本质以及有助于人们更好地通过量的分析把握资本在流通过程中的质的规定性。

货币资本循环的第一阶段：G—W。这一阶段主要是从货币资本转化为生产资本，从形式上来看，G—W 属于一般商品的流通；从内容上来看，G—W 这一阶段是特定的阶段，原因在于资本家在 G—W 阶段购买的是生产资料 Pm 和劳动力 A，用公式表达为：

在这里，货币转化为商品，既表示所购买到的商品存在一种量的关系，也表示有质的区别。也就是说，这一公式不仅表示一种质的关系，即一定的货币额转化为彼此适应的生产资料和劳动力；它还表示一种量的关系，即部分货币额分别用在生产资料 Pm 和劳动力 A 上的量的关系。马克思说："这种量的关系一开始就是由一定数量的工人所要耗费的超额即剩余劳动的量决定的。"① 可以看出，这种购买行为会引出生产过程 P，并产出剩余价值。因此，这一阶段的货币资本是资本的预付形式，而不是单纯的一般货币，主要在于资本主义生产资料私有制把生产资料和劳动力作了

---

① ［德］马克思：《资本论》（第 2 卷），人民出版社 2004 年版，第 33 页。

质的分割。同时，这一阶段的商品是创造剩余价值所需要的生产资料和劳动力，而不是普通的商品。

货币资本循环的第二阶段：生产资本的职能。这一阶段主要是资本的生产阶段，该阶段的生产资本具有创造价值和剩余价值的能力，这种形式的资本是生产资本，简称为 P。P 的价值 =Pm+A 的价值 = 转化为 Pm+A 的 G。G 和 P 的共同之处都是属于同一个资本价值，区别在于处于不同的存在方式上，即 G 是货币资本，货币资本表现为资本预付的形式。因此，资本的生产过程是 Pm+A 的结合，生产出来的产品，"不只是商品，而且是包含着剩余价值的商品。它的价值 =P+M，等于生产这种商品所耗费的生产资本的价值 P，加上这个生产资本产生的剩余价值 M。"[①]

货币资本循环的第三阶段：$W'—G'$。这一阶段的商品是一种已经增殖的实物形式，也就是商品资本。从形式上来看，$W'—G'$ 是商品与货币的交换，和普通的商品售卖没有太大的差别，但是在交换过程中，商品价值的形式发生了变化，没有变化的是商品的价值量和使用价值。那么，是什么导致商品在流通中产生资本职能的呢？马克思认为主要的原因在于商品在流通之前，就已经从生产过程中获取资本性质，即商品在这一阶段所具有的资本性质取决于第二阶段的生产过程，资本的生产结果即是商品 W，也包含 $W'$，$W'$ 包含预付资本的价值和剩余价值。马克思说："$W'$ 表示一种价值关系，表示商品产品的价值和生产它所消耗的资本的价值的关系，就是说，表示它的价值是由资本价值和剩余价值构成的。"[②] 因此，对于 $W'—G'$ 的转化，不仅是商品转化为货币的一般流通过程，从本质上来讲，属于资本从商品形式向货币形式的转化。

总的来说，一方面，货币资本为产业资本的循环获取更多的资本积累

---

① ［德］马克思：《资本论》（第 2 卷），人民出版社 2004 年版，第 45 页。

② 《马克思恩格斯文集》（第 6 卷），人民出版社 2009 年版，第 47 页。

目的起到了非常大的作用；另一方面，虽然货币资本使得货币逐渐增加，但是却遮蔽了剩余价值生产过程。

第二，生产资本的循环。随着资本主义生产规模的不断扩大，要实现扩大再生产，而且是剩余价值的再生产，再生产过程的生产资本的循环可用公式表达为：$P \cdots W' — G' — W \cdots P'$。一方面，在生产资本的循环过程中，如果剩余价值主要用于个人消费，那么只能进行简单再生产；另一方面，如果剩余价值主要用于或者部分用于资本积累，那么就要进行扩大再生产。

首先，简单再生产。在生产流通领域中，对 $W' — G' — W$ 运动的考察，有助于简单再生产和扩大再生产的区别。在这里，流通的起点是 $W' = W + w = P + w$，也就是商品资本中包含资本价值和剩余价值的实现。随着循环的转化，$W + w$ 转化为货币形式 $G + g$。如果 $g$ 主要用于个人消费，那么，下一循环的生产资本 $W$ 主要来源于 $G$，但生产资本的价值是一样的，这是简单再生产。资本简单再生产的公式可表述为：

$$W' \left\{ \begin{array}{c} W \\ + \\ w \end{array} \right. \underline{\quad} G' \left\{ \begin{array}{c} G \\ + \\ g \end{array} \right. \underline{\begin{array}{c} — W < \begin{array}{c} A \\ Pm \end{array} \\ — w \end{array}}$$

在这一公式中，$W — G — W$ 代表的是资本的循环，$w — g — w$ 代表当剩余价值转化为货币之后，主要是用于资本家的个人消费，逐渐退出资本循环，成为一般商品流通。这里的简单再生产过程包含资本流通和商品流通。但在资产阶级经济学中，很容易把资本流通和商品流通相互混淆。$G — W — A$ 代表资本循环过程中，资本家对生产要素劳动力的再购买，与货币资本的循环最大的区别就是资本家用劳动者自身产生的部分价值来支付工人的劳动力价值，而不是资本家本身预付的货币资本。因此，马克思指出"这个货币不仅是工人过去劳动的货币形式，同时还是取得正在实现的同时劳动或将来实现的未来劳动的凭证"[①]。

---

① ［德］马克思：《资本论》（第 2 卷），人民出版社 2004 年版，第 84 页。

其次，资本扩大再生产。随着资本主义生产规模的不断扩大，资本家为实现扩大再生产，剩余价值的部分要进行资本化和资本积累，实现对生产资本循环的追加投资。积累和扩大的生产资本的循环可用公式表示为：

$$P \cdots W' - G' - W \Big< {\begin{matrix} A \\ Pm \end{matrix}} \cdots P'$$

P′ 作为终点，已经实现资本的积累，比 P 要大，进入第二次循环之后，P′ 成为新的起点，但在下一次循环中，P′ 作为新的起点，以 P 的形式出现。所以，规模扩大的生产资本循环形式总是 P′—P。然而，规模扩大的生产只不过是以 W′ 形式表示，而不是 Pm′ 和 A′。主要是因为：一方面，W=A+Pm，W′ 包含的 W 要大于原来的 P；另一方面，马克思在《资本论》第一卷中已经强调过资本积累随着资本有机构成的提高，劳动力 A 有时是逐渐变小，并非一直都是愈来愈大的。

再次，货币积累。作为转化为金的剩余价值 g，在规模扩大再生产的条件下，要达到可以承担生产资本的最低限量时才能实现资本化。反之，g 只是停留在货币状态中被积累。g 之所以出现货币积累，主要是因为：一方面，g 作为货币资本用来建立一家独立的企业，剩余价值量明显低于这个企业所需要的最低量，因而，这一部分的剩余价值量只能是货币积累；另一方面，g 是用来扩大原有的企业，剩余价值量低于用于投资这个企业的各种物质要素的最低量，而且用于这个企业的生产资料存在量的比例关系和质的关系，这部分的剩余价值量也只能是以货币形式积累起来。这是货币积累的原因。那么，在这里，货币积累的实质到底是什么呢？马克思说："货币在这里充当潜在的货币资本。"① 也就是说，货币积累它的本质是剩余价值资本化的预备阶段，是一种价值增值，区别于商品流通中的只是价值储存的贮藏货币。因此，货币积累在资本循环中，主要是以它原来的

---

① ［德］马克思：《资本论》（第 2 卷），人民出版社 2004 年版，第 97 页。

实在形式，即实际的货币贮藏存在和银行存款或各种有价证券的能够生出货币的货币形态而存在。

最后，准备金。货币积累基金是货币积累暂时的货币形式。不过，这种货币积累基金还具有准备金的特殊职能，能进入资本循环过程，但没有扩大资本主义的再生产，只是消除循环中出现的干扰因素，并维持简单再生产。那么，为什么会使得货币积累金转化为准备金呢？一方面，在 W′—G′ 过程超过了正常时间，商品资本停滞在向货币形式的转化中，部分货币积累基金就要充当准备金；另一方面，当在 G′—W′ 过程中，货币资本转化为生产资料价格上涨时，超出了循环开始的水平，货币积累资金就要充当准备金。马克思说："货币积累基金已经是潜在的货币资本的存在；从而，已经是货币到货币资本的转化。"①

第三，商品资本的循环。商品资本循环的公式是 W′—G′—W…P…W′。在规模扩大再生产的过程中，终点 W′ 的价值量大于起点 W′ 的价值量。商品资本循环相较于前两个形式而言，它的特殊性主要体现在起点和终点的 W′ 上，在商品资本循环中，W′ 是出发点，是资本价值的增殖，而生产资本循环的起点是 P 和货币资本循环的起点 G，其价值只是包含预付资本价值，W′ 作为终点，不管是在哪种生产条件下，都是生产流通过程的结果；G′ 和 P′ 作为货币资本循环和生产资本循环的终点，都是资本流通的结果。货币资本的循环和生产资本的循环体现的是单个产业资本循环的特殊性，然而，商品资本的循环既反映了单个产业资本循环的特殊性，同时，反映了社会总资本运动的形式。马克思说："正因为 W′…W′ 循环在进行中要以另一个在 W（=A+Pm）形式上的产业资本为前提（并且 Pm 包括各种其他资本，用我们的例子来说，包括机器、煤炭、润滑油等等），所以，这个循环本身就要求我们不仅把它看作循环的一般形式，即能够用来考察每

---

① ［德］马克思：《资本论》（第 2 卷），人民出版社 2004 年版，第 99 页。

一个单个产业资本（第一次投资的场合除外）的社会形式，因而不仅看作一切单个产业资本共有的运动形式，而且同时看作各单个资本的总和即资本家阶级的总资本的运动形式，在这个运动中，每一个单个产业资本的运动，都只表现为一个部分运动，和其他部分运动交织在一起，并且受它们制约。"① 因而，社会总产品的每一个部分价值数量比例关系影响着商品资本循环中剩余价值和价值的实现。

资本流通过程的货币资本循环、生产资本循环和商品资本的循环是有机统一的。也就是说，资本主义生产方式的运行需要在商品流通中形成一个有机的统一体。

### 2. 基于方法的述评

当代西方主流经济学是以微观经济定量分析为主的新古典经济学和以宏观经济质性研究为主的凯恩斯主义为基础，进一步演化和发展而来的经济理论体系。从分析方法上来看，数量分析方法越来越凸显，尤其是20世纪末以来，西方经济学界愈来愈受到西方主流经济学的支配，垄断性越来越强。在西方发达国家的教育中，西方主流经济学的统治地位非常明显。从教学课程来看，比如，当时美国的大学教育，本科生基本上要接受西方经济学课程的学习，新古典主流经济学的教材最受欢迎，几乎触及本科教育的学前阶段。面对高校学生热衷于学习新古典主流经济学的局面，索多鲍姆指出："经济学家们推崇竞争，但为什么竞争就不能应用于他们自己的学科呢？"② 实际上，许多经济学专业的学生认为所谓的美国主流经济学的学习，更多的是数学意义上的体现，甚至是和西方主流经济学相竞争的制度经济学、马克思主义的经济学很难在学生受教育过程中获得满意的结果。从教学内容来看，在高校许多经济院系的课程教学内容往往是没

① ［德］马克思：《资本论》（第2卷），人民出版社2004年版，第112页。
② ［瑞典］彼得·索多鲍姆：《诺贝尔经济学奖：新思想的绊脚石》，《经济学消息报》2004年11月26日。

有将经济思想史列在教学内容安排上，而是热衷于经济计量模型等内容的学习。富布鲁克指出："在著名的芝加哥大学经济学系的十门核心课程中，三门是纯粹的数学，两门是计量经济学和统计学，四门是分析工具，一门是经济史。"[①]

### 3. 基于目标、逻辑、归宿的述评

从诺贝尔经济学奖看西方主流经济学的发展和演化，数量分析的运用趋势非常显著。虽然诺贝尔经济学奖从 1969 年设立到现在的时间不是特别长，但却能够看出当代西方主流经济学数量分析的目标、逻辑、归宿发展趋势。

第一，经济理论"经世济民"作用愈加突显。诺贝尔经济学奖是对经济理论成果的授予颁发，但这也不是说瑞典皇家科学院急于将奖项颁发给获奖者，往往经济成果的获奖时间要晚于经济成果完成时间，大约是 10 到 15 年，甚至是更长时间。比如，1999 年诺贝尔经济学奖获得者蒙代尔所获得的经济理论成果。早在颁奖之前的 20 世纪 60 年代初期就已经公开发表，后来接受了 1997 年爆发的经济危机和 1999 年初的欧元启用这两件大事的检验。这不仅体现经济学作为人文社会科学的价值要接受实践和时间检验的必要性；而且从获奖者的年龄来看，都比较成熟稳重，也可以看出诺贝尔奖所折射出来的严谨性，更重要的是能够为国为民。

第二，数学化趋势在经济学研究中非常突显。从第一届诺贝尔经济学奖设立开始，诺贝尔经济学奖就和数学结下了不解之缘，简·丁伯根和拉格纳·弗里希因发展了动态模型来促进经济发展而获奖。简·丁伯根作为经济计量学的先驱，一生钻研数学，将数理知识运用于动态经济，为资产阶级经济利益服务，为西方经济学的发展作出了贡献。拉格纳·弗里希作

---

① ［英］爱德华·富布鲁克：《经济学的危机：经济学改革国际运动最初 600 天》，高等教育出版社 2004 年版，第 30 页。

为数理经济学的先驱，长期从事经济政策与计划的研究，尤其注重发展中国家的经济问题，进一步发展了经济决策模型。运用数理知识对西方国家的经济波动和经济周期进行研究，在经济计量的应用等方面也作出了突出贡献。而且诺贝尔经济学奖从设立到现在，经济学研究朝着数量化的趋势发展。据统计，90%以上的获奖者之所以获奖，主要是因为在经济学研究中恰当地使用了数理知识，主流经济学获得了其应有的张力。但这也并非意味着，经济学的研究是对数学的研究，史树中指出："数学仅仅是经济学的工具和语言，即使它有时会起到本质作用。诺贝尔经济学奖的获奖工作是经济学思想的创新，而决不是单纯的数学形式化。"① 由此可见，西方经济学数量分析的逻辑性在一定程度上是缺乏数量性和质量性、科学性和人文性的平衡统一。

第三，主流经济学在发展演化进程中潜藏危机。诺贝尔经济学奖在一定程度上能够证实西方主流经济学的重要性，同时又能够引导经济学按它所期望的方向不断前进和发展。然而，与之相伴的是对经济学数学化的过分推崇，也会引发西方主流经济学潜在一定的危机。主要表现在：其一，经济价值危机。主要是西方主流经济学在不断追求经济财富的增长和最大化时，在经济学的本质和初衷是什么等价值问题上迷失方向。威利斯·哈曼曾指出："我们惟一最严重的危机主要是工业社会意义上的危机。我们在解决'如何'一类的问题方面相当成功，但与此同时，我们对'为什么'这种具有价值含义的问题，越来越变得糊涂起来，越来越多的人意识到谁也不明白什么是值得做的。我们的发展速度越来越快，但我们却迷失了方向。"② 其二，经济学人文性质危机。经济学作为人文社会科学，除了体现经济学的科学理性之外，凸显的是其人文性质。这就

---

① 史树中：《诺贝尔经济学奖与数学》，清华大学出版社 2002 年版，第 14 页。

② ［波］维克多·奥辛廷斯基：《未来启示录》，上海译文出版社 1988 年版，第 193 页。

是说，在追求经济学数学化的同时，倘若忽视经济学的人文性质。那么经济学的研究就会陷入人文性质"贫困化"的倾向和在一定程度上陷入所谓的"黑板经济学"。其三，忽视质性分析。经济学研究在强调量化分析时，忽视了经济学质的研究。因为相较于经济学的量化分析，质性分析在量化分析的基础之上，更能体现国富民强的性质。正如龚长宇和龚浩宇指出："富国裕民：自由资本主义经济秩序的价值目标。"[①] 可见，主流经济学数量分析的归宿离发展以人民为中心的具有科学和人文性质的经济学还是存在差距。

随着世界经济全球化的趋势不断深入发展，西方主流经济学所要面临的问题更加错综复杂。面对金融危机，许多经济学都曾质疑和反对西方主流经济学的解释力和创新政策，纷纷转向马克思主义经济学寻找答案。在经济思想史上，政治经济学是马克思和古典经济学家的普遍用法。19 世纪末，马歇尔首次以"经济学"替代"政治经济学"，主要的目的是将"经济学"视为普遍意义的词。直到 20 世纪初，才广泛运用于西方各个发达国家，并渐渐发展成为一种自然科学意义上的精密经济学。但经济学在忽视政治、文化等价值因素努力朝向精密化发现发展，似乎离开价值因素的经济学已不具备现实解释力。"价值无涉"成为经济学朝向精密化发展的绊脚石，非常有必要向马克思主义经济学靠拢。贾根良指出："'经济学'坚持理性最大化假说、均衡结构和方法论个人主义，使用一种不受时空限制和非历史的方法；而'政治经济学'则反对'经济学'的上述方法，具备了或隐含地赞成笔者对新政治经济学方法的概括：满意假说、演化结构、方法论有机主义和社会历史的方法。"[②]

---

[①] 龚长宇、龚浩宇：《论亚当·斯密伦理思想的逻辑进路》，《伦理学研究》2018 年第 1 期，第 84 页。

[②] 贾根良：《新政治经济学：范式革命与异端的综合》，《天津社会科学》2004 年第 2 期，第 87 页。

# 第四章
# 马克思政治经济学数量分析的意义

数量分析的意义统一于政治经济学的主体、议题、主张。广大无产阶级是统一的根本,议题和主张都是从主体生发。生产、分配、流通和消费是核心,主体的经济利益贯穿于议题、主张中。数量分析的意义就体现在政治经济学主体、议题、主张的内在统一中。

## 第一节 基于政治经济学主题的数量分析的意义

### 一、释放生产力以促进经济发展

马克思高度重视生产力的发展，认为社会存在和发展的前提是要发展生产。生产是促进经济发展的重要驱动力。生产、分配、流通和消费作为经济活动的环节，是建立在生产的基础上，如果没有生产，这些经济活动环节则是无法谈及的。实际上，马克思对政治经济学的批判，其目的是揭示资本主义生产方式下人与人的本质关系，发展以人民为中心的经济学。正如马克思所说："经济学研究的不是物，而是人和人之间的关系，归根到底是阶级和阶级之间的关系。"[①] 因而，马克思重视生产力发展的数量分析意义正是建立在人民主体性基础上。谭培文指出："物是工具性的东西，工具自由只有坚持以人为本的目的价值理念，才符合马克思主义的基本精神。"[②]

社会之所以实施经济改革，主要是因为能够提高生产力，促进经济发展。现阶段，我国进行供给侧结构性改革，是为了能够适应和引领经济新常态，扩大有效供给是其直接的目的。"十三五"规划确切地指出："以供给侧结构性改革为主线，扩大有效供给，满足有效需求，加快形成引领经济发展新常态的体制机制和发展方式。"[③] 供给侧改革是对过去那种仅仅是

---

① 《马克思恩格斯文集》（第2卷），人民出版社2009年版，第604页。
② 谭培文：《社会主义自由的张力与限制》，《中国社会科学》2014年第6期，第44页。
③ 《关于国民经济和社会发展第十三个五年规划纲要的决议》，《光明日报》2016年3月17日。

通过需求刺激经济发展模式的改变。但这并不意味着强调供给侧是对需求侧的直接否定，由于供给侧和需求侧是同一个问题的两个方面，两者并非替代关系。供给端和需求端共同发力，有助于产业升级，化解经济结构矛盾，实现供需关系在更深层次达到质的平衡。而且，供给侧结构性改革理论丰富和发展了马克思社会总资本再生产的总供给和总需求平衡理论。马克思社会总资本简单再生产公式如下所示：

$$Ⅰ（c+v+m）＝Ⅰc+Ⅱc \tag{1}$$

$$Ⅱ（c+v+m）＝Ⅰ（v+m）+Ⅱ（v+m） \tag{2}$$

$$Ⅰ（c+v+m）+Ⅱ（c+v+m）＝Ⅰc+Ⅱc+Ⅰ（v+m）+Ⅱ（v+m） \tag{3}$$

（1）式中，第Ⅰ部类供给的生产资料要和两大部类供给的生产资料总量相等。（2）式中，第Ⅱ部类供给的消费资料要和两大部类供给的消费资料相等。（3）式中，第Ⅰ部类、第Ⅱ部类的生产资料和消费资料之和要相等。社会总资本扩大再生产亦是如此，总供给和总需求要达到质的平衡。

从供给侧结构性改革的本质和内涵来看，这种改革属于一种社会变革。马克思曾在《政治经济学批判》序言中说："不是人们的意识决定人们的存在，相反，是人们的社会存在决定人们的意识。社会的物质生产力发展到一定阶段，便同它们一直在其中运动的现存生产关系或财产关系……发生矛盾。于是这些关系便由生产力的发展形式变成生产力的桎梏。那时社会革命的时代就到来了。"① 因而，供给侧结构性改革，目的是要释放生产力，实现有效生产。那么，强调供给端释放生产力，对促进经济发展，有何数量分析意义呢？

第一，有利于实现有效生产。供给侧结构性改革，归根到底是为了满足人民群众主体需求，改善生产关系，发展生产。"十三五"规划确切地指出："以提高发展质量和效益为中心，以供给侧结构性改革为主线，扩

---

① 《马克思恩格斯文集》（第2卷），人民出版社2009年版，第591–592页。

大有效供给，满足有效需求。"① 以需求为主导的经济结构要转向供给侧。马克思政治经济学是供给侧改革的理论基础。较之于供给学派和凯恩斯主义，马克思政治经济学更注重的是供给和需求之间的综合关系。在马克思看来，有些西方经济学家将生产和资本增殖当成一回事，不太关心需求、流通等方面。只是将注意力集中在生产力和产业人口增长。然而，经济活动环节中，生产是起主要的作用。生产的质分别包括：以什么样的劳动资料进行生产和生产何种产品。其中，劳动资料主要是生产工具的质量和数量，也是区分社会经济时代的客观依据。马克思说："各种经济时代的区别，不在于生产什么，而在于怎样生产，用什么劳动资料生产。劳动资料不仅是人类劳动力发展的测量器，而且是劳动借以进行的社会关系的指示器。"② 因为，从生产工具的发展过程来看，旧石器到铁器、蒸汽机，直到现在的科技，生产工具的发展是一个量变到质变的过程。生产的量，主要是指生产要素的量。因而，要从供给端的生产环节着手，努力化解产能过剩问题，推动产业升级，降低成本，增强供给对需求的适应性，不断提高经济发展的质量和效益。

第二，有利于防止经济危机。马克思指出："一切现实的危机的最后原因，总是群众的贫穷和他们的消费受限制，而与此相对比的是，资本主义生产竭力发展生产力，好像只有社会的绝对的消费能力才是生产力发展的界限。"③ 全球性的经济危机本质上是全球总供给和总需求的不平衡。资本主义经济危机的根源主要在于其制度上的因素，在追求绝对生产力时，不结合主体的实际需求，造成生产过剩，而不是有效生产供给。当经济矛盾不断渐变，积累到一定程度会引起突变。我国经济发展不能完全依赖国际需求来刺激经济的增长，但不意味着封闭，依然需要引进发达国家先进

---

① 《关于国民经济和社会发展第十三个五年规划纲要的决议》，《光明日报》2016年3月17日。
② 《马克思恩格斯文集》（第5卷），人民出版社2009年版，第210页。
③ ［德］马克思：《资本论》（第3卷），人民出版社2004年版，第548页。

的科学技术。因而，这就要从生产领域去探究人与人的关系，而不是从足够的需求来预防危机。另外，要对要素市场和制度进行改革，提高技术对经济发展的效率和供给能力。比如，供给侧改革的五大任务：去产能、去库存、去杠杆、扩大有效供给、降成本和防范金融风险。

经济新常态下，我国经济出现这些问题。比如：经济结构性产能过剩、生产要素利用效率不高、各种潜在经济风险和矛盾凸显等，亟须供给侧改革破解新常态经济发展中呈现的各种问题和矛盾。因此，这就需要供给侧改革为加快经济发展方式的转变和促进经济发展提供主张、思路。

首先，宏观经济政策要稳。所谓宏观经济政策要稳，是指要根据我国国情保证经济政策的制定要科学而合理。从 2010 年之后的 5 年时间，我国经济处于下行回落状态。2012 年 3 月，生产价格指数增幅趋于负数，生产部门处于通货紧缩。2015 年，国内生产总值平减指数处于负区间。这些告诉我们仅仅依靠需求侧是远远不够的。当前，从供给侧结构性改革视域下的宏观经济调控来看，经济调控要从总量转向结构，经济发展从数量转向质量。马克思说："事实上价值规律所影响的不是个别商品或物品，而总是各个特殊的因分工而互相独立的社会生产领域的总产品……社会产品总量的使用价值就取决于这个总量是否适合于社会对每种特殊产品的特定数量的需要，从而劳动是否根据这种特定数量的社会需要按比例地分配在不同的生产领域。"① 实际上，价值实现的关系就是供求关系。而价格是供求关系的中介，价格决定于价值。可见，社会总供求的均衡需要价值规律来实现。这就是说，当供给和需求相等时，宏观经济是达到了一种数量界限的均衡状态。任保平认为："财政、金融、税收都要服务于供给侧的结构性改革，促进落后产能的淘汰和新产业的不断成长，从而加快结构性改

---

① ［德］马克思：《资本论》（第 3 卷），人民出版社 2004 年版，第 716 页。

革的步伐。"① 同时，供给侧结构性改革并不能直接放弃需求管理，要把供给和需求管理相融合，以供给侧为主线，优化结构，提高生产率。

其次，微观经济要搞活。在经济政策不断趋向完善，政府宏观经济政策稳定的基础上，如何研究资源有效配置成为市场经济的核心问题。由于资源稀缺，经济主体面临信息选择，而信息又存在不对称和不完全性。因而，经济主体面临机会成本的选择。机会成本"可以准确地反映出把有限的资源用于某项经济活动所需要付出的代价，从而促使人们比较合理地分配和使用资源"②。在宏观经济政策稳定的前提下，为降低机会成本，合理配置资源，需充分发挥市场在资源配置中的决定性作用。价格机制、竞争机制和供求机制构成了市场机制的运动。市场机制实质上就是运用供求关系对价格进行确定，在竞争中能够寻求最佳的资源配置，因而，数量分析就在微观经济活动中发挥着重要的作用。微观经济的盘活，是经济发展的内生动力，是让市场发挥更大作用，激活市场活力，释放生产力，促进经济发展。

最后，社会政策有保障。市场经济在优化资源配置过程中，会引起经济分化。主要表现为各个行业、地区等之间差距悬殊。尤其是我国经济处在新常态时，这一现象非常明显。因而，经济主体要充分发挥主观能动性进行经济改革，同时，还需要社会政策的保障。所谓社会政策是指通过政府干预，有效解决社会出现的问题，但最核心的问题是要解决好市场经济下，人民群众面临的社会风险。正如习近平总书记指出："以社会政策托底经济政策，防止经济金融风险演化为政治社会问题。"③ 通过有效的社会政策化解经济转型带来的社会风险，把握好社会和经济的韧性。这就是

---

① 任保平：《供给侧改革与需求管理相结合的经济增长路径》，《甘肃社会科学》2016年第4期，第211页。

② 张家良、赵星宇：《经济转型视角下的供给侧结构性改革》，浙江大学出版社2016年版，第177页。

③ 《发挥亚太引领作用，维护和发展开放型世界经济——在亚太经合组织领导人会议第一阶段会议上关于全球经济形势和多边贸易体制的发言》，《人民日报》2013年10月8日。

说，要维持好经济结构与社会秩序的稳定状态和数量界限，也就是度。

## 二、刺激消费力以拉动消费

马克思认为消费的条件是要有消费力，消费的第一手段是消费力。消费力是指消费者由于主体需要对消费资料的一种消费能力。消费力体现的不仅是个人能力的发展，而且是生产力的发展。从消费力的内涵来看，包括消费主体和消费客体要素，消费主体需要一定的消费环境对消费客体进行消费活动。因此，消费力是由消费主体、消费客体和消费环境要素构成。三种要素协调发展，促使消费力达到最优的状态。

消费力作为社会再生产的重要领域，包括社会消费力和绝对消费力。其中，绝对消费力对应生产力；社会消费力在全社会消费中占据主要地位，但社会消费力还会受到"追求积累的欲望，扩大资本和扩大剩余价值生产规模的欲望的限制"①。马克思站在消费力的角度对社会再生产和消费之间的矛盾进行了探析，旨在揭示生产和消费之间的本质关系，其消费理论对于今天社会主义市场经济具有一定的现实意义。

第一，有助于扩大消费需求。马克思消费思想的逻辑起点是主体的需求。然而，有效消费需求不足是当前市场经济出现的问题之一，需求也是一种重要的导向型经济。马歇尔说："一切需要的最终调节者是消费者的需要。"② 消费需求成为影响我国经济增长的重要因素。但有效消费仍然不足，消费和生产的良序稳定关系有待建立。另外，过于依赖国际市场消费拉动经济增长，使得国内市场消费较为滞后。马克思指出："说到供给和需求，那么供给等于某种商品的卖者或生产者的总和，需求等于这同一种商品的买者

---

① ［德］马克思：《资本论》（第3卷），人民出版社2004年版，第273页。

② ［英］马歇尔：《经济学原理》（上册），商务印书馆1981年版，第111页。

或消费者（包括个人消费和生产消费）的总和。而且，这两个总和是作为两个统一体，两个集合力量互相发生作用的。"① 可见，消费需求的有效扩大，还需要有效的供给和生产。

第二，有助于提升消费质量，促进人的发展。消费是人的发展的前提和基础。马克思说："人从出现在地球舞台上的第一天起，每天都要消费，不管在他开始生产以前和在生产期间都是一样。"② 人的本质需求也决定了消费是物质和精神相结合的消费，这种消费是自我需求不断实现的消费。因为人在消费过程中，既满足了自身发展需要，也促进了人的发展。但在追求消费质量时，要避免无限的消费数量，导致出现消费异化。消费异化实际上属于"欲求消费"。丹尼尔·贝尔曾指出："资产阶级社会与众不同的特征是，它所满足的不是需要，而是欲求。欲求超过了生活本能，进入心理层次，它因而是无限的要求。"③ 这就是说，作为主体的人要把握好消费数量界限，坚持适度原则，实现人的主体性发展。

第三，有助于处理好消费和生产的关系。从马克思生产理论来看，生产决定消费的结构、性质、方式、对象等。对于生产和消费关系的研究，开始于生产，如果避开生产来谈消费，消费则失去根基；如果避开消费来谈生产，消费则失去目的和缺乏价值。因而，我国经济增长要按照社会消费性质和结构调整生产结构，一改过去只是依靠消耗自然资源和投资促进经济增长的方式。只有这样，才有助于实现社会生产目的，满足主体消费需求。马克思在谈论"生产生产出消费时"指出："……是由于生产把消费的动力、消费能力本身当做需要创造出来。"④

---

① ［德］马克思：《资本论》（第 3 卷），人民出版社 2004 年版，第 215 页。
② ［德］马克思：《1844 年经济学哲学手稿》，人民出版社 2000 年版，第 92 页。
③ ［美］丹尼尔·贝尔：《资本主义文化矛盾》，生活·读书·新知三联书店 1989 年版，第 68 页。
④ 《马克思恩格斯文集》（第 8 卷），人民出版社 2009 年版，第 17 页。

## 三、优化分配结构以促进经济发展方式的转换

市场经济为分配提供了制度环境。市场经济效率的提高有赖于分配结构的优化，而分配结构的优化依赖于数量分析方法对经济要素的配置。新时代我国经济发展面临经济方式转换、结构调整、提升效益等问题。转换经济发展方式成为我国建设现代化经济体系的战略目标。经济增长和经济发展既有联系又有区别。从现代汉语对增长和发展的解释来看，增长是指事物增加，注重数量方面的变化；发展是指事物从低层次向高层次的变化，注重质量方面的变化。增长和发展，从其语义上看，具有较为明显的区别。经济学中，增长主要是指经济增长，一般用 GDP（国内生产总值）指标来度量，既可以表示 GDP 总量的增长，也可以表示人均 GDP 的增长；发展主要是指经济发展，不仅是经济数量的增长，而且是经济从一种形态向另一种形态质的变化发展。也就是说，经济发展是量和质的有机统一，不仅是经济数量的增长，而且是经济质量的变化发展。经济增长和经济发展的区别在于：这两者从概念上来看是有较为明显的区别，度量的指标也不一样。经济发展意味着 GDP 总量的增长，人均 GDP 的提高，人民群众的生活水平得到改善。

经济发展的目的是使广大人民群众生活水平得到提高。然而，分配关系影响人民生活水平。根据上述经济活动环节分析，分配的妥善处理取决于生产和消费。马克思指出："消费资料的任何一种分配，都不过是生产条件本身分配的结果；而生产条件的分配，则表现生产方式本身的性质。"[①] 优化分配结构是促进经济增长向经济发展方式转换的关键。分配对经济发展方式的调节，可以追溯到分配和生产力、生产关系这一古典经济学命题，通过优化生产关系、生产力来促进经济发展方式的转换。分配是

①《马克思恩格斯文集》（第 3 卷），人民出版社 2009 年版，第 436 页。

包括以生产要素的分配作为基础的产品或者是生产要素收益的分配，而且产品和生产要素收益决定于生产。从本质上来看，分配是生产的分配，马克思曾指出不管是从对象，还是从形式来看，分配结构都取决于生产结构。而且，收入分配结构对我国经济发展方式的转换也是产生很大的影响。据统计数据分析，2003 年以来，我国基尼系数保持在 0.4 ～ 0.5 区间。人民生活水平有很大改善，但地区间差距大。因此，为实现人民主体利益，收入分配制度的变革要努力实现发展成果由人民共享。在原则上，收入分配制度坚持初次分配和再次分配注重公平和效率，再分配更加重视公平问题。习近平总书记指出："收入分配是民生之源，是改善民生、实现发展成果由人民共享最重要最直接的方式。"[1] 那么，优化分配关系，对促进我国经济发展方式有何意义呢？

第一，有利于实现经济发展方式转换与可持续发展的有机融合。长期以来，投资、出口和耗费物资成为我国经济增长的主要方式。实践证明，过于依靠出口、投资，忽视国内需求和第一、第三产业，忽视小企业，忽视自然环境来发展经济，势必会导致经济的可持续发展难以实现。优化分配关系事关国计民生，贯穿于社会、经济等领域，影响国民财富的积累和经济发展。改革开放 40 多年来，随着国民财富数量的迅速增长，分配失衡、分配悬殊等分配问题与日俱增，亟须对分配关系作出适当的调整。实际上，也是对经济基础和上层建筑的调整，尤其是如前面所述的收入分配问题成为改革的重要动力。张守文认为："持续解决分配问题，则是中国未来必须长期着力解决的重大问题，是改革开放的全程使命。"[2] 分配结构的优化和调整，还会受限于分配制度。分配制度影响着分配的公平与效率。我国经济由数量扩张型的经济增长转向数量和质量兼顾的经济发展方

---

[1]《让老百姓过上好日子——关于改善民生和创新社会治理》，《人民日报》2016 年 5 月 6 日。
[2] 张守文：《分配危机与经济法规制》，北京大学出版社 2015 年版，第 92 页。

式的转换，正是经济可持续发展的体现。

第二，有助于实现全面建成小康社会，以人为本的发展。全面建成小康社会迫切需要转换经济发展方式，优化分配结构。同时，实现以人为本的发展，不仅要求始终把人民日益增长的美好生活需要作为经济发展的根本目的，而且经济发展方式的转换符合了新时代人民群众的要求。这就使得分配结构的优化，经济发展方式的转换既要适应全面建成小康社会的迫切要求，体现经济发展内容的整体性和经济发展进程和经济发展成果分配的均衡性与公平性。只有这样，才有利于缩减城乡和地区之间经济发展的悬殊差距及居民收入分配的差距。

## 四、优化流通体系以加快资本流通

马克思对流通的认识始于商品流通，指出："每个商品的形态变化系列所形成的循环，同其他商品的循环不可分割地交错在一起。这全部过程就表现为商品流通。"① 不管是在形式上，还是在本质上，商品流通不是直接的物质交换。这就是说，货币或一般等价物使得商品流通形成一个运动的整体。而优化流通体系是我国现代流通业的基础。流通体系主要是指商品流通体系，从空间上来看，商品流通的本质是资源配置的优化；从时间上来看，商品流通的本质是实现供给和需求获得一致。因而，为实现商品流通的这些作用，商品流通体系会在不同的社会经济下呈现不同的特征。具体而言，商品内部分工要素表现为商流、物流和信息流。外在分工要素表现为农产品、服务品和工业制成品的流通。发展趋势上体现为大数据视域下电商业和新商业模式的发展。特别是随着大数据技术的飞速发展，缩减了生产和消费之间的时空差距，进一步推动了商流和物流的现代化进

① ［德］马克思：《资本论》（第1卷），人民出版社2004年版，第133-134页。

程。大数据技术的广泛应用，促进了现代商品流通的供应链一体化发展趋势，不断适应主体的需求。

商流、物流、信息流的分立与融合，并非只是形式上的转换，更是一种质的飞跃。因为它体现的是商品流通发展到现代流通的崭新阶段。为适应构建现代化经济体系的要求，需要全面优化和升级生产端、消费端和流通活动环节。但仍然面临这些问题：一是流通主体数字化能力欠缺。流通主体缺乏数字化意识，难以将数据资源转化为经济价值。二是商品流通体系的基础设备难以适应新经济技术和新产业的发展。三是商品流通体系面临低品质，法律监管不完善等问题。因此，推动高品质商品流通体系发展，促进经济发展，亟须完善流通体系的法律监管措施，打造现代流通体系数字经济，加大对高品质的流通体系的人力和物力的投入力度。优化流通体系，对促进我国经济发展具有一定的意义。

新时代我国经济发展最基本的特征是经济发展追求质量，不仅仅是数量的增长。产业结构能否向高质量发展，国民经济运行矛盾是否能得到解决，主要在于流通体系的优化。优化流通体系"关键在于要以理念创新引领高质量发展，以技术创新驱动高质量发展，以治理创新支撑高质量发展"[①]。优化流通体系要以新发展理念为指导，在"创新、协调、绿色、开放、共享"理念的指导下，有利于流通体系出现的问题真正得到解决；优化流通体系离不开大数据技术的驱动，大数据是一种崭新的经济资源，对大数据技术的掌握有助于流通体系获得经济价值；相较于传统的流通治理体系，新型流通治理体系有助于解决即时、突发、动态的流通问题。其中，流通是经济环节的血液，所涉及的主体是供应链管理中的供应商、流通者、消费者。供应链管理是在大数据背景下产业结构升级的重要途径，以主体为中心是供应链管理的关键。因此，在大数据技术驱动下，对流通

---

① 《共享经济如何走得更远》，《光明日报》2018 年 5 月 31 日。

环节的优化管理和数据挖掘等具体的途径如下：

数据挖掘→供应链行为分析、需求预测、客户关系→供应链管理模式。

首先，运用大数据技术进行主体精准挖掘；其次，根据不同主体需求，选择不同的运输方式等；再次，通过大数据技术优化仓储管理，作出最优决策；最后，挖掘潜在主体需求数据，实现整个供应链效益最大化和数据化管理。因而，优化流通体系，能提升生产供给端和消费需求端的质量，促进经济发展。

## 第二节 基于政治经济学目标与归宿的数量分析的意义

### 一、微观经济数量分析对市场经济的意义

市场经济最早是出现在 1932 年《美国经济评论》第 22 卷第 4 期的一段书评介绍中:"(这本书)对市场经济(market economy)和公有经济(public economy)的概念特征进行了精练而饶有趣味的讨论,对激荡在 20 年代中期德国关于中央集权集体经济和私人市场经济(private market economy)孰优孰劣的复杂讨论作了有序的梳理和介绍。"[①] 从西方市场经济的历史发展来看,市场经济对西方经济的发展是起到过繁荣富强的作用,但其间也经历过挫折。市场经济对我国,甚至其他社会主义国家经济发展是有益的。中国特色社会主义政治经济学是一种包容性很强的现代经济学,包容性也是经济发展的重要目标之一。因而,对市场经济的科学认识有利于我国经济发展。从 1992 年,我国提出建立社会主义市场经济,到现在经济发展方式的转变,基于政治经济学目标、逻辑、归宿,微观经济数量分析对我国市场经济有何意义呢?

党的十八届三中全会明确指出:"使市场在资源配置中起决定性作用

---

① Nathan Reich. *Review and New books*, *The American economic review*. 1932, 22 (4), pp. 702–703.

和更好发挥政府作用。"①市场资源配置是从西方经济中引进，其微观经济对我国社会主义市场经济具有借鉴作用。即社会主义市场经济首先是通过微观经济来体现。

在微观经济运行中，社会主义市场经济的经济行为主体包括企业和个人。个人在经济行为中，不仅作为生产要素市场的供给者，向企业提供资金、物质生产资料、劳力等各种生产要素，而且当供给要素通过交换，获得货币要素收入，进而以消费者身份，购买自身所需求的各种消费产品，个人在满足自身消费需求的同时，也给企业带来价值。企业在经济行为中，既是需求者，向要素市场获得自身所需的生产需要，又是产品供给者，向社会提供各类消费产品满足个人的消费需求。

在微观经济运行中，经济主体都有自身的经济目的和利益追求。个人在自身既定收入条件下，最大限度地实现效用最大化；企业则是优化资源配置，最大限度地追求利润最大化。不管是企业还是个人，其经济行为目的都是由市场交换活动来实现。市场经济主要是通过市场机制来配置资源。因而，微观经济数量分析主要突显的是微观经济数量分析方法。

第一，价格机制对市场经济的核心作用。价格机制是市场经济的核心，市场供给和需求的变化会引起市场价格的变化。市场价格的变化也会引起市场供给和需求的变化，相互制衡。市场价格和市场供求之间所产生的结果，使得市场价格围绕价值上下浮动。当市场价格不断围绕价值上下浮动，会使得市场供给和需求达到质的平衡，这不仅是价格机制的表现，而且是价值规律的表现形式。对于生产者而言，价格机制是非常重要的竞争途径。一般来说，相同大小、质量的商品，价格愈低，商品市场需求量愈大，因而，生产者会努力提高商品的市场需求，不断扩大商品的供给量。对于各个不同生产

---

① 《关于〈中共中央关于全面深化改革若干重大问题的决定〉的说明》，《人民日报》2013年11月16日。

部门而言，价格机制对生产者的生产规模、方向起到指示作用。因为市场价格受到供求关系的影响，与生产者投资和资源配置的情况关联。对于消费者而言，价格机制对消费者的需求数量、方向会起到引导作用。因为在既定的消费水平下，价格水平的高低会影响着消费者的购买和需求量。

第二，竞争机制是市场经济的推动力。竞争机制能够合理配置社会资源，提升经济社会制度的运行效率。市场经济中的价格机制要靠竞争机制来实现，由于价格机制体现的是供给和需求，以及资源配置的合理程度状况，这种状况是事关生产者、经营者成功或失败的关键。当商品价格上升时，对于生产者而言，必定会增加商品生产，对于消费者而言，必定会降低消费需求。因而，由价格的涨落引起供给和需求的变化，有利于合理配置资源，实现竞争机制的作用。对于企业生产经营而言，如果资源匮乏，货币在社会资源配置中起到重要作用，由于价格形成于市场中，成本较高的企业经营不好，就要面临亏损。反之，如果经营成本比较低，生产效率高，就会盈利，企业才会扩大生产，加大投资。由此可见，这些竞争都是通过价格机制来推动经济发展的。王建辉等认为："竞争是人类社会发展的'助推器'。"[①]

第三，供求机制对市场经济起到调节作用。供给和需求就好比一把剪刀上的两片刀刃，这两片刀刃同时运作。但是，供给和需求往往会出现总量失衡，主要表现在宏观经济领域。更为突出的是以供给和需求的结构性失衡的形式出现在微观经济领域。也就是说，在供求总量既定的条件下，产业部门的中间产品和最终产品的供求在质量和数量上呈现不一致，出现不相适应的状况，这就使得市场上供给和需求出现结构性失衡。一方面，市场上可供消费的商品的质量和消费者的需求数量不相适应；另一方面，可供的生产要素和消费需求存在差距。市场上供给和需求出现结构性失衡，进一步导致资源浪费，加剧供给和需求的总量失衡。因而，供求机制

---

① 王建辉、陈竹：《竞争机制与企业人事管理》，中国经济出版社 1989 年版，第 16 页。

就对市场经济发挥了重要作用。供求机制主要是对供求双方的数量比例变化和经济主体利益之间的制约关系，这也达到了量和质的有机融合。由于供求机制要适应供求规律要求，因此，供求规律需要供求机制对市场经济当事人发挥重要的调节作用。虽然，供求机制往往和市场经济信号相互结合，并且以市场经济发出的信号产生调节作用，但是，从供求机制自身来讲，假如规避了市场经济的信号，供求机制的调节作用依然是会发生的。卫兴华指出："各经济部门和企业有效利用资源的根据，就是反映供求关系和竞争关系的市场价格信号。"①

社会主义市场经济和资本主义市场经济最大的区别在于人文性的差异。也即，社会主义市场经济在宏观经济领域的资源配置上更注重质的分析，而西方市场经济在微观经济领域更多的是重视量的分析，往往忽视质的宏观分析。卫兴华指出："在社会主义市场经济中，市场决定资源配置只限于微观经济领域。在宏观经济领域，社会主义与资本主义相比，增添了新的社会经济内容，不只有经济增长与发展的内容，还有社会主义生产关系即经济制度的内容。"②可见，量和质有机融合的逻辑性对我国社会主义市场经济非常重要。作为新时代的中国特色社会主义经济学，虽不能说完全照搬西方微观经济学的内容，但就其包容性特点和自身经济发展的需要，也要学习微观经济数量分析方法的科学性，发展具有人文性质的社会主义市场经济。在一定意义上体现出人的主体性的充分发挥和遵循客观规律的有机融合。正如马克思指出："整个所谓世界历史不外是人通过人的劳动而诞生的过程，是自然界对人说来的生成过程。"③

---

① 卫兴华：《关于市场配置资源理论与实践值得反思的一些问题》，《经济纵横》2015年第1期，第2页。

② 卫兴华、闫盼：《论宏观资源配置与微观资源配置的不同性质——兼论市场"决定性作用"的含义和范围》，《政治经济学评论》2014年第4期，第5页。

③ ［德］马克思：《1844年经济学哲学手稿》，人民出版社2000年版，第92页。

## 二、微观经济数量分析为马克思主义政治经济学提供分析方法

马克思政治经济学本身就是一门量和质有机结合的学科，而且，马克思本人也是擅长和精通数学的，是将量的分析和质的分析相融合的经济学家。马克思政治经济学最为重要的是，揭示经济学的内在本质和发展规律。数量分析作为一种经济表达方法，对经济学的研究起到了重要的辅助作用。正如吴易风指出："在经济理论中恰当地运用数学方法，可以使正确的理论和科学的研究成果表达得更为准确和精确，可以更好地检验结论和前提是否一致或矛盾，可以更有力地增强研究成果中的结论。"① 微观经济数量分析强调的是微观经济分析方法，也就是数量分析中的个量分析方法。个量分析的特点是精准性，包括数学化和数据化，为马克思政治经济学提供分析方法。从马克思主义政治经济学产生起，最首要的是在其研究对象和方法上实现了根本性的变革，马克思能够解释资本主义的经济本质和规律，得出"两个必然"的科学结论，离不开方法的正确运用，为马克思主义政治经济学的创新道路指明了方向。

第一，微观经济数量分析为正确把握马克思主义政治经济学数量分析的目标提供了指引。个量分析符合马克思主义政治经济学的方法论要求，精准分析是经济学研究非常重要的方法，符合马克思主义具体问题具体分析的原则。一方面，精准分析适应了马克思主义政治经济学与时俱进的理论品质，将经济问题具体分析的思路始终贯穿于马克思主义政治经济学的发展过程中。精准分析正是坚持经济问题具体分析的原则在马克思主义政治经济学发展过程中的应用和表现。习近平总书记曾说："必须在精准施

---

① 吴易风：《当前经济理论界的意见分歧》，中国经济出版社 2000 年版，第 3 页。

策上出实招、在精准推进上下实功、在精准落地上见实效。"① 另一方面，精准分析有效地实现了马克思主义政治经济学坚持以人民为中心的目标。实现马克思主义政治经济学以人民为中心的目标，不能离开政治经济学理论和经济分析方法的科学性。其实，马克思认为在追求生产力时，要注重人的目标。他指出："以每个人的全面而自由的发展为基本原则的社会形式创造现实基础。"② 马克思主义政治经济学的精准分析依靠现代信息技术，非常重视经济分析方法的科学性和专业化，符合新时代发展的诉求。顺应大数据技术发展的需要，让马克思主义政治经济学的分析方法由传统粗放型转向精准分析，更加有效地实现马克思主义政治经济学以人民为中心的目标和发展诉求。

　　第二，微观经济数量分析为马克思主义政治经济学科学解决人文价值问题提供了逻辑依据。随着现代信息技术和生产力的快速发展，马克思主义政治经济学遇到的人文价值问题越来越复杂。精准分析顺应了技术革命的转换，为解决马克思主义政治经济学人文价值问题提供了重要途径。因为对经济问题的精准分析，不仅能获取相应的经济信息数据，而且能分析经济信息背后蕴藏的更深层次的因素。马克思将人文经济的发展问题作为经济社会发展的价值取向，并且是建立在对经济社会问题的理性思考的科学把握之上。但从我国经济发展来看，不平衡、不充分的发展等背离人民美好生活向往的经济问题依然日益突显，经济发展方式并没有完全由粗放型向精细化转换，出现产能过剩，城乡发展差距悬殊等问题。面对复杂的人文经济发展问题，马克思主义政治经济学需要保持自身的精准研判力，充分发挥精准分析的优势对准经济问题，立足于社会主义市场经济的新情况、新特点，将新时代经济学人文关怀问题作为主要分析方向。在马克思

---

① 中共中央宣传部：《习近平总书记系列重要讲话读本》，学习出版社、人民出版社2016年版，第220页。

② 《马克思恩格斯全集》（第23卷），人民出版社2009年版，第649页。

看来，数学是解决经济问题的重要方法，发展生产力是为了满足主体的需要。马克思指出："在社会中进行生产的个人，——因而，这些个人的一定社会性质的生产，当然是出发点。"① 因而，微观经济数量分析为实现马克思主义政治经济学工具性和价值性的逻辑提供科学依据。

第三，微观经济数量分析有助于满足马克思主义政治经济学主体性归宿需要。美国经济学家加里·S.贝克尔说："经济学之所以有别于其他社会科学而成为一门学科，关键所在不是它的研究对象，而是它的分析方法。"② 获得诺贝尔经济学奖的经济学家之所以获得其应有的内在张力，主要是因为将数量分析渗透在经济学的研究中。过去，学界许多学者排斥将数学方法引入马克思主义政治经济学的研究中，认为数学方法晦涩难懂，难以研究经济学，这是错的。相较于西方经济学，马克思主义政治经济学运用数学方法的程度不是特别高。但事实上，数学方法只不过是经济学的研究分析方法，经济学的研究目的是要揭示人类社会经济发展的本质和规律，满足主体性的需要，最终是要回归到人这一落脚点。数学方法融入经济学中，是为了辅助马克思主义政治经济学研究的主体性归宿需要。可见，导致错误认识的原因在于颠倒了数学和经济学的方法与目的的关系。具体来讲，马克思他本人是非常重视微观经济数量分析融入经济学的研究，才使得经济学具有科学性，真正揭示了经济社会发展的本质和规律，满足经济学研究主体性归宿需要。1873年，马克思在给恩格斯的信中论及经济危机的研究时说："为了分析危机，我不止一次地想计算出这些作为不规则曲线的升和降，并曾想用数学方式从中得出危机的主要规律。"③ 实际上，马克思转向政治经济学研究的动机也正是关于市民社会中人的主体性需要。

---

① 《马克思恩格斯选集》（第2卷），人民出版社2012年版，第683页。
② ［美］加里·S.贝克尔：《人类行为的经济分析》（第1版），格致出版社1997年版，第7页。
③ 《马克思恩格斯文集》（第10卷），人民出版社2009年版，第389-390页。

微观经济数量分析有利于马克思主义政治经济学学科的发展。虽然西方经济学在金融危机救市的时候遇到过挫折，但这并不意味着经济学的研究是要与西方经济学对立，尤其是好的经济分析方法，更不应该受到排斥。马克思主义政治经济学的学科建设和发展需要融合。微观经济数量分析对市场决定资源在配置的作用很关键。实际上，马克思本人也注重借鉴和融合，恩格斯说："只要马克思在前人那里看到任何真正的进步和任何正确的新思想，他总是对他们做出善意的评价。"[①] 同时，微观经济数量分析有利于现代化经济体系的建设。随着经济和现代信息的快速发展，数字经济推动了现代化经济体系的发展。谌利民指出："建设现代化经济体系不仅需要量的积累，更要重视质量和效益的提升。"[②]

## 三、微观经济数量分析促进中外政治经济学的交流博弈

交流也是一种博弈。微观经济数量分析方法的运用为中外政治经济学的交流博弈提供了技术支撑和理性视野。改革开放初期，我国非常重视引进国外经济建设先进的理念和技术，渗透于经济管理中。在改革开放前后，我国积极邀请西方著名经济学家来华交流经验、举办数量经济学讲座，逐渐将西方经济学的先进方法、教材等引进中国。尤其是在实际经济工作中，西方经济的先进方法和技术起到了重要作用，对我国市场经济的建设意义重大。譬如，举办计量经济学学习班。1979 年，随着中美建交的正式开始，中美之间的交流日益频繁，美国著名经济学家克莱因带领其经济学团队来华交流。1980 年，美国经济学团队来华讲授计量经济学，为我

---

① 《马克思恩格斯文集》（第 5 卷），人民出版社 2009 年版，第 608 页。

② 谌利民：《新时代经济发展需要把握四个"新"》，《光明日报》2018 年 6 月 5 日。

国数量经济学的发展提供了理念和技术的指导，使得数量经济学在我国不断发展壮大。计量经济学是一门集数学、统计学、计算机技术于一体的数量经济分析学科。不仅得到了西方国家的高度重视，特别是在历届诺贝尔经济学奖获得者中，运用数量经济分析获奖的数量经济学家，所占的比例很大，而且在很大程度上弥补了我国经济学研究偏重质性分析，轻定量分析的不足；重视宏观经济分析，轻微观经济的缺陷。

微观经济数量分析最大的特色就是运用数理知识对经济进行研究。以经济数据作为重要的生产要素，现代信息技术作为转换经济发展方式和提升全要素生产率的核心动力。囊括了统计学、现代信息技术、数学的内容，使中外政治经济学的交流成为可能。从内在本质来看，马克思政治经济学和西方经济学是相互对立的，但是，从技术层面来看，二者是相互融合的。也就是说，两者可以忽略价值因素，对经济社会的运行、操作等，通过技术进行相互交流和融合。不可否认的是，西方微观经济学的数量分析方法具有合理、科学的成分，具有一定的借鉴价值。邓小平指出：我们"必须大胆吸收和借鉴人类社会创造的一切文明成果"[1]。

因而，这在一定意义上承认了中外政治经济学存在的差异，但也可以通过相互交流获得发展。假设前提条件：中外政治经济学的交流合作信息是完全的，可以通过一定途径获得双方经济策略空间，并且博弈双方的经济发展目标是促进本国经济发展，但双方主要的出发点是通过在博弈竞争中占据优势，提升经济实力。假设中西方（中方为 X，西方为 Y）对本国内技术补贴进行竞争，如果中西方之间合作，各可以获得 X1 的利益；如果一方合作，一方不合作，合作的一方可获得 X2 的利益，不合作的一方可获得 X3 的利益；如果中西方互相竞争，各方可获得 X4 的利益，且 X3 > X1 > X4 > X2，如表 4-1 所示：

①《邓小平文选》（第 3 卷），人民出版社 1993 年版，第 373 页。

表 4-1　阶段博弈中的技术交流支付矩阵

| 中方 | 西方 | |
|---|---|---|
| | 合作 | 竞争 |
| 合作 | （X1，X2） | （X2，X3） |
| 竞争 | （X3，X2） | （X4，X4） |

在中西双方博弈中，中西双方的严格优势策略是竞争，（X4，X4）属于纳什均衡。从中西双方经济利益最优来看，（X1，X2）结果对中西双方合作竞争而言是帕累托改善。中西双方在博弈中的机会选择都会使双方陷入"囚徒困境"的经济博弈。通过分析可以看出，中西双方选择交流合作对两者的经济利益无疑是最优解，双方获利的总和达到最优状态。

当中西双方的信息不完全时，中西双方之间技术交流的经济支付能力存在差异。假设西方和中方分别为博弈方 A 和博弈方 B 对本国内技术补贴 X 进行竞争，X 的价值为 Z。在开始博弈时，由西方提出一个方案（C，1—C），然后中方可以选择接受或者拒绝，若这一方案中方接受，博弈终结，各方获利分别为 ZC 和 Z（1—C）；若这一方案中方拒绝，中方则会提出新方案（D，1—D），西方可以选择接受或者拒绝，经济博弈行为就是不断循环，直至双方达成均衡状态。如果双方进行博弈最终没有达成协议，博弈双方收获为 0。如果在某一阶段博弈双方均同意（C，1—C）的提案，那么西方获益 t1ZC，中方获益 t2Z（1—C）。t1 和 t2 表示折扣因子，即经济博弈双方在博弈失败时所付出的成本。

中外政治经济学的交流博弈最终的落脚点是要满足主体性的需要和利益，政治经济学的博弈总是围绕着主体之间的利益博弈进行经济社会现象和规律的研究。马克思指出："人类的全部历史（从土地公有的原始氏族社会解体以来）都是阶级斗争的历史。"[①] 然而，微观经济数量分析促进了

① 《马克思恩格斯选集》（第 1 卷），人民出版社 2012 年版，第 385 页。

中外政治经济学的交流博弈，提供了方法和技术支持。与此同时，微观经济数量分析也离不开专业人才，陈煜波指出："数字人才不仅包括传统意义上的信息技术专业技能人才，还涵盖能够与信息技术专业技能互补协同、具有数字化素养的跨界人才。"[①] 微观经济数量分析专业人才为经济高质量发展注入新活力。微观经济数量分析为中外经济学交流提供了技术方法：一方面，加强了中外政治经济学的沟通。从技术层面上来讲，我国对政治经济学的研究更注重语言文字的表达，西方国家对政治经济学的研究更喜好运用经济数理分析来表达。囿于语言文字的含义容易造成中外政治经济学交流存在语言文字理解能力障碍，而经济数理分析的表达更加简洁易懂，在技术程度上，成为中外政治经济学交流的最佳途径。因为中外政治经济学的共性特点是都运用了微观经济数量分析方法，在对各自的经济理论和经济范畴运用数理公式计算的过程和结果并没有太大差异，主要体现在中外政治经济学交流的方法、符号是一致的，便于交流。另一方面，有利于开辟马克思政治经济学的新境界，为世界经济贡献中国智慧。改革开放以来我国社会主义市场经济取得了一定的成绩，但并不意味着社会主义和市场经济实现了完美相融，不能否认的是，我国社会主义和市场经济的融合，是对世界经济作出中国贡献。正如习近平总书记曾经指出："市场经济是一种与资本主义私有制浑然一体的经济运行方式，要使之能够像发展资本主义生产那样推动社会主义经济的发展，就必须将市场经济与社会主义有机地融为一体。"[②] 因而，微观经济数量分析对我国政治经济学的研究至关重要。微观经济数量分析能够为各个经济环节提供技术支持，提高生产的有效供给，精准分析消费需求，快速提升流通效率以及有效分配，有助于提升马克思政治经济学的新境界，建设现代化经济体系。

---

① 陈煜波：《抓住历史机遇发展数字经济》，《人民日报》2018 年 6 月 4 日。
② 习近平：《对发展社会主义市场经济的再认识》，《东南学术》2001 年第 4 期，第 28 页。

## 第三节　基于政治经济学方法的数量分析的意义

### 一、微观分析为人类社会发展规律提供量的分析

人类社会作为一个整体的运动，有着自己独有的发展规律。最开始，人们对社会发展规律的认识并不是科学的，而是经历了迷信愚昧到科学的过程。随着科技和生产力的发展，人们对社会发展规律的认识和预测应立足于历史和现实。在马克思主义产生之前，人们对社会发展规律的认识主要来自神灵，以神灵性的占卜方法来预测人类社会的发展规律，对未来社会的揣测具有迷信色彩。随着近代自然科学的发展，特别是19世纪40年代马克思主义的产生，人类对社会发展规律的认识越来越具有哲理性。唯物史观和剩余价值学说作为马克思的两个伟大发现，揭示了社会发展规律，标志着社会由空想到科学。人类对社会发展的认识和预测越来越具有哲理性，并且哲理思维广泛运用在人类社会发展中。马克思指出："在思辨终止的地方，在现实生活面前，正是描述人们实践活动和实际发展过程的真正的实证科学开始的地方。"[①]可见，马克思对人类社会发展规律的揭示正反映其原理的实际应用。毛泽东认为马克思主义是人类社会发展规律的正确指导思想，指出："整个人类在马克思主义产生以前对于社会的发展历来没有预见，或者没有很清楚的预见……只有产生了马克思主义，才

①《马克思恩格斯选集》（第1卷），人民出版社2012年版，第153页。

对社会发展有了预见，使人类对社会发展的认识达到了新的阶段。"① 马克思主义的真正产生，才使得人类对社会发展规律有一个科学的认识，对未来社会的预判奠定了基础，为人类社会发展规律的认识提供了最基本的理论依据。与此同时，马克思主义理论在揭示人类社会发展规律时，受到了微观数量分析方法的影响。实际上，微观数量分析是建立在哲理性思维的基础上，结合现代科学技术和经济发展的需要而形成的一种量化分析和质性研究的对人类社会发展规律认识的科学分析方法。微观数量分析是数学、现代信息技术、统计学等相结合的分析方法对人类社会发展规律具有重要的意义，适应了时代发展的诉求。

第一，微观数量分析深化了对人类社会发展规律的认识。人类社会发展最基本的矛盾规律是生产力和生产关系的矛盾规律。其中，生产力起到决定性的作用，是人类社会历史发展的根本动力，决定了经济基础和上层建筑的矛盾变化。人类社会发展规律归根结底是先进的生产方式取代旧的生产方式。微观数量分析和生产方式是密切联系的。生产方式包括生产力和生产关系，科学技术是先进生产力的主要标志，讲求质量和效益，并作用于生产过程，引起生产力要素的变化。微观数量分析强调的是生产力数量和效益的两个方面，对生产力效果的研究是在量和质的紧密联系中进行，不断引起生产方式的变化。旧的生产关系被先进生产方式所取代，推动人类社会发展规律的变化发展。过去，我们对生产力的量的研究较为匮乏，经济研究往往忽视数量界限度的把握，造成生产力和生产关系不相适应，难以获得应有的经济效益，阻碍了先进生产方式，即阻碍了先进经济关系的发展，故而，只有把握好生产力的数量界限，从量和质方面进行研究，才能使生产关系和生产力相适应，进一步深化认识人类社会发展规律的前进方向。

---

① 《毛泽东文集》（第3卷），人民出版社1996年版，第394页。

第二，微观数量分析深化了劳动时间节约规律的认识。劳动时间节约规律作为人类社会发展规律最首要的经济规律，非常重视生产力效率的运用和经济关系的变化发展，以交换价值为基础考察了劳动时间节约规律在数量和质量的规定性。从总体上来看，表现为劳动时间的节约或者浪费的问题，马克思指出："时间的节约，以及劳动时间在不同的生产部门之间有计划的分配，在共同生产的基础上仍然是首要的经济规律。这甚至在更加高得多的程度上成为规律。"[①]这在一定程度上符合了经济社会发展规律和人类发展的相适应。因为时间的节约是人类积极存在的意义。从微观层面来看，表现为单位产品的劳动时间的降低。资本主义社会周期性的经济危机以作为危机表现之一，已成为其经济发展规律出现生产力和生产关系相互对抗的重要表现。马克思劳动时间节约规律对生态危机，建设绿色经济意义重大，成为推动生产力发展的重要驱动力，规范了人类经济社会发展活动，使其朝着正确的方向前进。

第三，微观数量分析促进了人类社会发展由量变引起质变规律的认识。人类社会发展规律呈现阶段性加速度量变的过程，虽然从总体上人类社会发展规律出现周期性的运动变化，但是在各个不同国家社会发展过程中，自始至终都会存在进步或落后的历史选择。李玉山指出："国家不同社会政策方向的选择积累，将决定国家社会演化运动的'翘板'的指向。是'向上'运动，还是'向下'返转，决不是一日之功。"[②]这就是说，各个不同国家社会发展是由量变引起质变的规律性运动，微观分析在人类社会发展的历史性选择问题上起到"翘板"作用，即质量互变所体现的人类社会发展规律呈现的渐变性和周期性的特征。进入 21 世纪以来，不管是国内还是国外，经济发展的形势越来越复杂，但马克思的《资

---

① 《马克思恩格斯全集》（第 46 卷上），人民出版社 1979 年版，第 120 页。

② 李玉山：《人类社会演化发展运动论——人类社会四维空间生命系统》，中国致公出版社 2002 年版，第 502 页。

本论》依然是马克思政治经济学创新和发展的理论依据。马克思在《资本论》中为揭示人类社会发展的规律，运用了微观经济分析方法来研究经济范畴。

## 二、微观经济数量分析为宏观经济分析提供量的分析

虽然说宏观经济学产生于西方，但马克思的经济学手稿却对西方资本主义经济进行了系统的宏观经济分析，宏观经济分析构成了马克思政治经济学非常重要的部分。所谓宏观经济分析是指在制度因素考虑范围内，对国民经济问题进行总量分析的研究。由于社会主义市场经济和信息技术的快速发展，宏观经济分析的难度越来越大。过去，传统的数据统计已经难以适应现代经济分析的发展，这就是说，宏观经济分析的准确性和科学性亟须提高。微观经济数量分析突出的是运用个量分析方法对经济范畴进行研究，主要是数学对经济问题的应用。数学是研究数量关系和空间形式的学科，是从量的分析去认识现实问题，具有高度的精确性和严密的逻辑性特征。政治经济学中的许多经济范畴，比如，价值、价格、工资、利润、地租等，都需要数量来衡量。宏观经济总量分析是由微观经济个量分析构成的，宏观经济分析离不开微观经济数量分析。因而，微观经济数量分析在宏观经济分析中发挥着至关重要的作用，为宏观经济分析提供量的分析方法。

第一，微观经济数量分析促进了宏观经济分析的运用。宏观经济分析是实操性极强的经济应用分支，面对信息网络技术的背景，相较于以往的宏观经济分析，现阶段面临的数据问题更为艰巨。也就是说，建立科学的数据信息体系，对经济数据的收集、分析、处理，成为经济科学管理和决策的主要任务。在市场经济中，对经济数据的掌握将会是经济发展的优势。赵彦云指出："谁能科学运用海量信息数据于认识发展过程与科学

决策和管理之中，谁就掌握了市场竞争、产业竞争、区域竞争和国际竞争的创新驱动的发展优势，从而赢得加速的发展。"① 宏观经济分析亟须微观经济数量分析，信息数据时代成为经济发展的新挑战。数量经济学家加里·金指出："这是一场革命，我们才刚刚开始投入其中，但是这支由大量全新数据资源所造就的量化大军势必席卷学术界、商业界和政界，没有一个领域将不被触及。"② 通过微观经济数量分析对GDP经济指标进行衡量，有利于经济指标在各自的领域实现精准应用。微观经济数量分析有利于宏观经济分析的运用更加真实、精准和客观。

第二，微观经济数量分析提升了宏观经济分析技术支持。过去，宏观经济分析的一个不足之处是其实践效果不明显，原因在于传统经济分析的微观基础不够深厚和扎实，导致在进行宏观经济分析时，脱离微观经济对宏观经济分析的贡献。宏观经济分析在数学发展趋势的驱动下，其总量分析方法显得科学而严谨，但所得出的实践结果缺乏微观分析的因子。宏观经济分析的发展趋势应是立足现实和微观化，最终是要细化经济问题，才会使得研究效果更加精准和有效，揭示经济关系的本质。马克思指出："现在的社会不是坚实的结晶体，而是一个能够变化并且经常处于变化过程的有机体。"③ 因而，微观经济数量分析就为宏观经济分析提升了微观支撑。实际上，微观经济数量分析，是微观经济分析的一种方法。在社会主义市场经济快速发展的今天，微观经济数量分析对市场经济非常重要，有助于国民经济的总体稳定。

第三，微观经济数量分析有助于改变宏观经济预测的范式。预测是对事物不确定因素的一种分析判断，大数据时代本质上是风险社会时代，乌尔里

---

① 赵彦云：《宏观经济统计分析发展的基本问题》，《经济理论与经济管理》2013年第5期，第31页。

② Steve Lohr. The Age of Big Data. *The New York Times*，February 11，2012.

③ ［德］马克思：《资本论》（第1卷），人民出版社2004年版，第10页。

希·贝克说我们"正生活在文明世界的火山上"①。经济预测作为经济学的主要职能，面临的经济风险很大，而经济预测是个人、企业等进行经济决策的重要参考依据。基于经济预测存在的经济风险，微观经济数量分析有助于经济预测的实施。因为微观经济是宏观经济预测能够得到实施的前提条件，为宏观经济预测提供最根本的微观经济数据指标，影响着宏观经济预测的各个环节，包括数据源、预测结果等。在一定程度上，改变着传统意义上的宏观经济预测范式。一方面，宏观经济预测的数据产生巨大变化。宏观经济预测的数据指标并不是单一的，包括建立在微观经济数量分析基础上的经济数据、媒介数据等。另一方面，宏观经济预测的数据更加精准。蔡跃洲指出："在既有的计量经济预测模型中引入大数据及相应的处理办法，能够较为显著地减少误差、提高预测精度。"②

第四，微观经济数量分析支撑宏观经济分析的稳定。数量分析作为一种经济分析方法，有助于盘活微观经济，释放市场活力，缓冲经济下行压力。微观经济就好比经济体系中的血管和细胞，对整个国民经济体系起到全盘皆活的作用。因而，要把搞活微观经济放在国民经济体系中的重要位置，成为驱动经济发展的动力，这就是说政府各级部门要相信市场，放活微观市场经济领域，鼓励市场经济主体积极发挥主观能动性，推动微观市场的深层次发展，助力宏观经济分析稳定发展。李予阳指出："面对新的形势和任务，坚持微观活力支撑宏观稳定的调控思路，必须继续加大简政放权、放管结合的力度。"③因而，激发微观市场的活力，调动市场经济主体的积极性，聚集经济发展的新动能，有助于推动宏观经济分析发展，实现国民经济的平稳运行。

①［德］乌尔里希·贝克：《风险社会》，译林出版社2004年版，第13页。
②蔡跃洲：《大数据改变经济预测范式》，《中国社会科学报》2015年12月9日。
③李予阳：《以微观活力支撑宏观稳定》，《经济日报》2015年3月7日。

## 三、微观经济数量分析为系统与要素提供量的分析

从系统论来看，变化发展的世界是通过事物各个因素之间相互联系、相互影响构成系统。其中经济系统变化发展规律非常明显，定量分析较为突显。由于经济运行系统受到信息不完全对称、系统要素不明确等因素的影响。而经济研究最基本的方法是通过经济数据和现象的分析，综合考量经济运行规律，实现经济资源合理配置等的良性运行。灰色系统理论作为微观经济数量分析的重要内容，有沟通经济科学，量化、模型化抽象的经济系统的功能，是经济、社会等部门进行系统分析、决策、预测的有效方法。

下面以累加生成数据的生成方式进行数据新序列的形成。

设想 $x^{(0)}$ 是原始序列，$x^{(0)} = [(1), (2), \ldots\ldots]$，记生成数是 $x^{(1)}$，$x^{(1)} = [(1), (2), \ldots\ldots]$，如果 $x^{(0)}$ 和 $x^{(1)}$ 之间满足 $x^{(1)}(k) = \sum_{i=1}^{k}(i); k=1, 2, 3, \ldots\ldots$，则称之为一次累加生成。而 n 次累加生成则是如下表达关系：

$$x^{(n)}(k) = \sum_{i=1}^{k} x^{(n-1)}(i)$$

从这一式子，又有 n — 1 次到 n 次的累加为：

$$x^{(n)}(k) \sum_{i=1}^{k} x^{(n-1)}(i) + (k) = (k-1) + (k)$$

$$x^{(n)}(k) = \sum_{i=1}^{k} x^{(n-1)}(i) = \sum_{i=1}^{k} x^{(n-1)}(\sum_{i}^{i} x^{(n-1)})(j)$$

以上是灰色系统理论中累加生成数据的数学模型，旨在将杂乱无章的原始数据用累加生成数据对原始数据进行新的数据生成，对经济系统和要素具有一定的意义。

首先，累加生成使数据在灰色过程中由灰变白，可以看到灰量积累的发展趋势，将杂乱的原始数据蕴含的规律加以显化。将原始数据每一时刻的数据从量的累加，进而生成一种质的新序列。其次，可以弱化原随机序列的随机性。将随机经济变量视为灰色量，根据灰元，使经济随机变量实现白化过程，信息不确定性到确定的过程。最主要的是细微经济的时空随

机变化促使宏观经济与微观经济主体的生产消费等经济活动环节统一起来。最后，按照经济系统的内部结构，通过微观经济数量分析深化经济系统要素的数量特征、关联度及经济系统运行的研究，使经济研究实现量和质的融合，由微观到宏观的递进。

## 第四节　基于发展与影响的数量分析意义

民生问题是主体的人最基本的需求，是主体追求美好生活的前提。马克思经济数量分析的发展与影响打破了时空的限制，渗透于社会生活的各个领域，注重从量和质层面对民生领域的应用。经济数量分析有利于经济研究的精准性，数学方法和大数据数量分析，是经济数量分析发展到一定阶段的条件和标志。张屹山认为："经济数量分析，简单地说，就是对各种经济现象之间的相互关系，在质的分析基础上所进行的量的方面的测定和推算。"[①] 改革开放 40 多年以来，市场经济的活力得到充分释放，民生改善已经进入到以高质量为特征的数字经济时代。"数字经济是指以使用数字化的知识和信息作为关键生产要素、以现代信息网络作为重要载体、以信息通信技术的有效使用作为效率提升和经济结构优化的重要推动力的一系列经济活动。"[②] 大数据经济和数字经济是经济数量分析发展到一定程度的重要表现，改变着民生领域的各个方面，引领人性达到一种质的升华。

## 一、经济数量分析为改善民生教育模式服务

数字经济时代的教育模式运用电子信息技术获得与整个世界的即时联

---

① 张屹山：《经济数量分析》，吉林大学出版社 1987 年版，第 4 页。
② 中共中央网络安全和信息化领导小组办公室：《二十国集团数字经济发展与合作倡议》，http://www.cac.gov.cn/2016-09/29/c-1119648520.htm。

系。数字经济对改善民生教育模式服务的意义重大。

第一，数字经济促进民生学习和工作的有机融合。数字经济作为新型经济活动，不仅体现为数字化知识和信息的生产要素，而且体现着技术进步。在这两种体现的影响下，数字经济促进民生学习和工作的有机融合，数字经济的最早提出者唐·泰普斯科特认为："数字经济是建立在知识型工作和创新基础上的，这就决定了工作和学习之间高度融合。"[1] 也就是说，知识型工作的过程，实际上也是一种学习的过程。因而，要使知识型工作能够有效完成，工作者需要保持良好的学习状态。数字经济时代，劳动工作的最明显特征是脑力耗费很大，需要学习的地方特别多。在一定程度上，学习和工作往往是相互融合的过程。传统经济模式，人的生活主要分为学习阶段和工作阶段。完成了学习某种能力的任务，紧接着是进入到工作状态，在自身精力时间范围内，跟上所从事行业的发展态势即可。然而，数字经济时代则是要用一生的时间去学习新知识，不断储备和更新知识，促进民生教育模式质的改善。

第二，数字经济改善民生实时学习方式。新时代，学习应该成为一种一生持续性的活动，学习地点不仅仅限制于教室或者在学习的哪一个阶段。戴维斯和博特金指出："随着人类从农业时代进入工业时代，乡间校舍被明亮的砖瓦校舍取而代之。……可以大胆预见的是，未来的学校可能既'校'也非'舍'。"[2] 因为数字经济时代本身就具有知识型经济的特点，而且，学习也将逐渐成为经济活动不可或缺的一部分。比如，企业在经营管理的过程中，树立企业精神，培养企业文化理念，这就要求员工具有学习意识，自觉主动地学习，甚至是在一定程度上，企业也成为学校。譬如，全球跨国连锁

---

[1] ［美］唐·泰普斯科特：《数据时代的经济学：对网络智能时代机遇和风险的再思考》，机械工业出版社 2016 年版，第 282 页。

[2] Stan Davis and Jim Botkin. *The Monster Under the Bed:How Business Is Mastering the Opportunity of Knowledge for.* Simon&Schuster, New York, 1994.

餐厅麦当劳，就建立了汉堡大学，麦当劳公司的迪尔说，员工每一年都需要完成一定的学分教育。这就是说，随着网络通信技术的快速发展，数字化技术为民生教育提供了实时的学习方式，打破了传统"填鸭式"的学习方式，是因为人们创造的信息文化实现了网络交融。文化教育愈来愈重视个性化、数量化以及在线化，为改善民生学习教育提供了丰富的资源和平台。

第三，数字经济为改善民生教育模式带来新的视觉。数字化技术为民生教育模式带来繁荣的服务市场，促进了教育者和受教育者之间供给和需求的交流。这些交流可在全球范围内实现互动，数字化技术为广大人民群众搭建了平台，受教育者通过在线平台方式获取丰富的知识资源，因为数字经济为民生教育带来了一种全新的知识可视化视觉。知识可视化是一种新型的民生教育服务领域，它是"利用视觉表征手段促进群体知识的传播和创新"①。知识可视化为民生教育模式服务的核心在于科学量化和数据可视化，以量化分析、图文等形式来体现知识之间的联系，促进民生学习的需求程度，为民生迅速理清知识点的逻辑关系，实现精准学习，立体地实现互动、对话。一方面，对受教育者而言，知识可视化能够精准改变教育认知模式，有利于有价值意义的学习，实现民生教育经济实惠的认知标准；另一方面，对教育者而言，知识可视化呈现出来的精准教育理念，可以促进教育者教学工作的可视化，可视化的教学理念反过来又可以促进教育者进行反思，促进民生教育模式服务的改善。

## 二、经济数量分析为改善民生交通服务

马克思指出："在这些产业部门中，经济上重要的，只有交通工业，

① ［挪］黑格·郝维克：《数字化时代下的教与学——中挪两国对于数字化学习设计的经验方法》，首都师范大学出版社 2016 年版，第 161 页。

它或者是真正的货客运输业，或者只是消息、书信、电报等等的传递。"①民生交通出行是交通运输发展的主要方向，也是数字经济发展不可或缺的重要部分。信息社会和数字经济的形成，为智能交通的打造提供了便捷、高效的交通运输系统，适应了数字经济时代民生交通出行的需求。同时，智能交通对经济发展也会产生巨大的影响。过去，交通条件的落后导致经济社会发展滞后，弱化了宏观经济的发展。而且，市场经济本身是信息交通系统，信息交通系统是数字技术运用于经济活动和社会生产的产物，强大的现代信息交通系统必然会推动经济社会发展，带来经济效益。

第一，数字经济推动智慧交通服务。数字技术应用于经济活动的各个环节，打通了包括信息、交通、安全、节能等智能交通服务业务。智能交通的信息服务业务是通过数字技术对车辆信息、路段信息、定位信息、导航信息等的即时反馈。智能交通的信息服务业务反过来促进数字经济的发展，改善民生信息服务；智能交通的交通服务主要是对车辆运行过程的监控，比如，掌上公交软件能实时探测出车辆运行的地点、时间以及车辆位置等，实际上，这也对市场经济活动的各个环节实现高效率运营；智能交通的安全服务业务是对车辆和路况信息的处理，比如，车辆事故、抛锚等情况，及时通过数字技术对驾驶员发送安全信息，提高交通安全性，保障经济活动安全效率；智能交通的节能服务业务是通过数字技术对交通运输路线、车辆本身状况的节能服务，主要是为了减少燃料的损耗和废气排放量，有利于数量和效益的经济发展，实现环保节能的绿色经济。

第二，数字经济推动智慧交通模式。相较于传统交通模式，智慧交通模式更有利于民生交通出行，是因为智慧交通模式运用数字技术对各个领

---

① ［德］马克思：《资本论》（第2卷），人民出版社2004年版，第64页。

域的有机融合，突破了时间和空间的限制，既经济又精准，在一定程度上，实现了交通模式的创新。主要体现在便捷出行、车辆与网络的融合、智能物流等方面。便捷出行是通过数字技术实现资源的有效利用，符合了民生交通出行的需求，既便捷又有效率，比如网约车，实现了司机和乘客的供给与需求关系的精准有效匹配，促进了共享经济的发展。车辆与网络的融合有利于智能交通系统在车辆监管、安全等方面实现智能数字化的交通管理以及网络一体化。应该说，车联网的最佳优化对经济发展方式的转换是起到重要作用的。董伟指出："实施经济结构战略调整，其着眼点应立足于交通运输业的长远发展。"① 智能物流是运用数字技术对物流过程中的每一个环节进行智能化和数字化的分析，加强了物流过程各个节点的连接。总的来讲，智慧交通作为数字技术下的一种新型经济形态，能够提高资源配置效率，促进经济发展。

第三，数字经济推动民生互联式出行。人类互联式的出行是指通过移动数据代替人类出行。家庭办公是数字经济时代下人类互联式出行的开端，远程工作突破了传统的束缚。虽然远程工作会造成疏离民众带来的社会问题等，但要从民生问题和科学技术出发来解决远程工作带来的问题。另外，数字技术支持人类出行还体现在旅行新未来，旅行是数字经济时代规模较大的经济市场之一。之所以说是旅行新未来，主要是因为通过数字技术对旅行业和旅行者的供给和需求实现精准定制，新科技技术为民生提供替代出行模式，不需亲自参与，取而代之的是网络数字技术，旅行者可直接选择舒适的地方观赏各地美景风光。有的人就会提出，虚拟旅行是否会对现实旅行造成影响呢？在一定程度上，虚拟旅行并不降低旅行现实感，反而会促进民生对旅行的客观需要，拉动经济增长。唐·泰普斯科特认为："虚拟现实旅行并

---

① 谢选娥、董伟：《由加快转变经济发展方式的内在要求看交通运输业的发展取向》，《经济研究导刊》2010 年第 35 期，第 53 页。

不会为旅游业造成打击，反而会增加人们对真实旅游的需求。"①

## 三、经济数量分析为改善民生医疗服务

　　民生健康是一个国家繁荣昌盛的重要标志。改革开放 40 多年来，我国民生医疗取得巨大成绩的同时，也陷入了看病贵、看病难等问题。对这些民生医疗问题产生的根源，学界存在较大的争议：有的学者认为导致民生医疗问题的根源在于民生医疗资源的供给不足；又有的学者认为导致民生医疗问题的根源在于民生医疗系统的需求性不足。实际上，这些根源的本质是从市场经济下供给和需求的关系来分析民生医疗问题。在这里，供给和需求体现的是市场经济层面上的数量表述关系。现在一直在强调市场的决定作用，数字经济对民生医疗服务的重要性是不言而喻的，对实现共建共享经济以及民生健康意义重大。陈胜辉指出："医疗服务共享是社会主义共享经济的重要内容，既是宏观领域内共享，又是微观领域消费层面上生存资料和发展资料的共享。"②

　　第一，数字经济有助于推动以患者为中心的医疗系统。数字经济时代，建立以患者为中心的医疗系统是为了对患者做出全面而精准的诊断，使患者规避不必要的手术风险以及危险药物的使用，提升患者的存活率。这些医疗系统是以数字化医疗的形式来完成，数字化医疗体现的是对未来紧急救护的现实写照。也就是说，将所有的医疗程序融合到数字网络中进行精准医疗和诊断。这种数字化医疗技术不仅能够及时拯救患者的生命，而且能够改善民生医疗服务，降低医疗成本。对患者的现实状况和医疗历

---

①［美］唐·泰普斯科特：《数据时代的经济学：对网络智能时代机遇和风险的再思考》，机械工业出版社 2016 年版，第 256 页。

②陈胜辉、李策划：《马克思主义政治经济学视阈下我国医疗问题研究》，《当代经济研究》2018 年第 4 期，第 37 页。

史进行掌握，医生就能够运用数字化医疗进行精准施救。数字化医疗本质上是精准医疗。因而，数字化医疗不仅对民生健康意义重大，而且成为促进新时代经济发展的主要行业之一。现阶段，医疗行业的市场规模每年都在持续增长，人类对医疗服务的要求越来越高，迫切需要先进的医疗技术获得更好的医疗服务，以此改善民生医疗，保障民生健康生活。

第二，数字经济有助于推动在线医疗服务。数字经济的战略目标之一是数字健康，数字健康的表现形式之一是在线医疗服务。也就是说，将数字技术运用于医疗领域，提升医疗的诊断效率，降低医疗成本，构建数字医疗模式。在线医疗模式得益于信息消费下为人们提供了强大的健康数字平台，主要是通过远程医疗和穿戴健康医疗设备来实现。远程医疗不仅能够提升医疗服务，提高医疗水平，获取社会效益，而且促进经济发展。穿戴健康医疗设备，是健康医疗检测技术、数字医疗诊断技术和网络信息技术等相互结合的运用。其市场目的是引导消费者健康自我管理，量化自我健康，改变不良习惯，实现民生身心健康。这符合了社会经济发展的意义和健康医学的意义以及健康中国战略的要求。

## 四、经济数量分析为改善民生网络信息安全服务

在网络技术产生之前，窥探别人的隐私并非一件轻而易举的事情，随着网络信息社会的到来，隐私问题已逐渐上升到信息安全问题，大数据和网络已成为信息时代的标志。在传统纸媒时代，要想知道某个信息，必须找到纸媒存放的地点，来查阅资料，不仅耗费体力，而且耗费资源，网络的出现，让我们能够通过电子通信即时关注信息。也就是说，以大数据和网络为标志的信息时代，掌握着我们大量的个人数据信息，并毫无保留地呈现在数据信息使用者面前。马克思曾指出："机车、铁路、电报、走锭

精纺机等等。它们是……人类的手创造出来的人类头脑的器官；是物化的知识力量。"① 可见，马克思对媒介技术的认知对现代化进程中的信息安全具有启示意义。而我们在享受网络信息社会丰富资源的同时，网络病毒等也在给我们带来许多困惑。共享社会背景下数字经济是经济新常态下驱动创新发展的动力，运用于经济活动的生产、分配、流通和消费环节，促进各种经济商业模式的产生，改善人们的生活。大数据经济分析作为经济数量分析的重要表现之一，对改善民生网络信息安全服务有什么意义呢？

第一，大数据经济分析为改善民生信息安全提供精准预测分析。网络最初的目的是使信息资源获得共享，造福百姓，但由于各方面的因素，造成网络信息资源在传递、汲取、分布等过程中存在不对称性。网络信息的不对称性源自经济学家阿克勒夫提出的"非对称信息论"，该理论旨在说明网络信息提供者和需求者双方自身掌握信息存在差异，造成信息资源在各个环节中出现不对称，使得网络供需主体之间出现信息博弈现象。在市场经济中，利益双方主体的信息存在差异性，难以达成经济利益主体之间的内在均衡。由此可见，信息对民生价值的重要性是不言而喻的。关于信息的价值，马尔萨克说："拥有信息和没有信息时能达到的最大效用之间的差额。"② 大数据经济分析提供的是一种定性分析和数量分析相结合的功能，为市场经济下民生信息安全提供数量分析预警分析，改善民生信息安全。

第二，大数据经济分析为改善民生信息安全提供数字化治理支持。我国是网民大国，规模宏大的网民和手机用户数量，促使我国数字经济获得了迅速增长，成为驱动经济增长的新动能。同时，面临的数据问题与日俱增，网络空间承受的压力巨大。曼纽尔·卡斯特指出："随着网络社会的崛起，公共管理需要更为开阔的治理体系，而信息时代的到来为开阔的治

---

① 《马克思恩格斯全集》（第 46 卷下），人民出版社 1974 年版，第 219 页。

② 韩建新：《信息经济学》，北京图书馆出版社 2000 年版，第 187 页。

理体系奠定了基础。"① 可见，信息社会的兴起迫切需要数字化治理，数字化治理作为大数据时代先进的治理模式，抢占了网络空间信息安全的制高点，加快推进"数字中国"战略。有利于数字化的网络设施，实现网络安全设施的覆盖，解决民生信息安全问题。这就是说，网络信息安全问题获得了解决，可以更好地助推信息产业，推动网络对经济的运用，提升数字经济的国际影响力。

## 五、经济数量分析为改善民生健康生活质量服务

马克思说，历史的第一个前提是"人们为了能够'创造历史'，必须能够生活。但是为了生活，首先就需要吃喝住穿以及其他一些东西"②。如今，人们的生活进入数字化时代，对健康生活的质量要求越来越高，因而，健康生活，需要数字量化来导航。数字量化健康符合了新时代绿色健康生活方式。杨卫军指出："绿色生活方式就是使绿色出行、绿色生活、绿色居住成为人们的自觉选择，避免盲目从众'跟着感觉走'的非理性行为，真正实现人们按健康、愉快、节俭、自然的方式生活。"③ 在一定程度上新时代绿色健康生活方式具有理性意义，现实的人达到人和自然的和谐。马克思指出："人终于成为自己的社会结合的主人，从而也就成为自然界的主人。"④ 而数字量化健康正因应了这一理性意义。

第一，科学饮食，量化健康。随着人们生活水平的提高，饮食也越来越讲究，而不是过去只讲求填饱肚子，现在注重饮食均衡且营养。比如，进食主食，改革开放以前，由于我国粮食供应短缺，大米和面粉稀缺。在

---

① ［美］曼纽尔·卡斯特：《网络社会的崛起》，社会科学文献出版社 2006 年版，第 153 页。
② 《马克思恩格斯文集》（第 1 卷），人民出版社 2009 年版，第 531 页。
③ 杨卫军：《习近平绿色发展观的价值考量》，《现代经济探讨》2016 年第 8 期，第 17–18 页。
④ 《马克思恩格斯文集》（第 3 卷），人民出版社 2009 年版，第 566 页。

当时，大米和面粉被称为细粮，对细粮的加工程度不高，粗细比例：大米比例是 9∶2，面粉比例是 8∶1。改革开放以来，粮食供应丰富，加工程度特别高，甚至是达到 100%，虽然加工程度极高的面粉、大米满足了民众的需求和喜好，但是营养却受到破坏，粗细搭配不均匀。李兴春指出："不同种类的粮食及其加工品的合理搭配，可以提高其营养价值。具体来说就是粗细粮比例为 6∶4 为宜。"[①] 这就是说，在经济和生活水平提高的同时，与之相伴的是人们健康生活质量的提高。饮食粗细搭配既有利于人们消化系统的正常运转，也有利于改善民生健康。

第二，健康住宅，量化健康。健康住宅指的是人们居住环境的优化，包括低碳、卫生、安全、心理等因素。一般而言，健康住宅不仅能为居住者提供优美、适宜的居住环境，而且能够保证居住者身心健康以及邻里之间和谐相处。人们每天在住宅里活动的时间占据了一天时间的 50%，住宅条件对居住者的健康很重要。为了保证健康住宅的质量，亟须量化健康住宅标准，世界卫生组织对健康住宅的量化标准主要有 15 条。比如，住宅内的二氧化碳浓度要低于 1000ppm。

第三，绿色出行，量化健康。民生健康生活质量的提高一个非常重要的表现就是运动，选择绿色出行的方式，有助于实现身心健康，对民生健康起到关键性的作用。相较而言，汽车产生的废气比其他出行工具产生的废气要多很多。"通常，每使用 100 升汽油，大约就要产生 270 千克的二氧化碳。"[②] 可见，低碳出行可直接降低废气的排放量。同时，人们可结合自身的需要和距离选择出行方式。不仅有利于实现绿色出行理念，而且绿色理念与低碳出行的相结合，能提高出行效率，促进经济社会发展，提高民生健康生活质量。

① 李兴春、王丽茹：《健康生活数字导航》，人民军医出版社 2011 年版，第 10 页。
② 裴志浩：《绿色健康生活新方式》，宁夏人民出版社 2014 年版，第 116 页。

第五章

# 马克思政治经济学数量分析之于新时代中国特色社会主义政治经济学的建构

　　基于政治经济学主体、议题、主张，目标、逻辑、归宿，方法，发展与影响的数量分析意义。新时代中国特色社会主义政治经济学的创新要结合困境与原因的分析，其建构原则要遵循政治经济学数量分析的主体、目标和方法，其创新路径要按照这一脉络和理路来实现。

微信扫码，立即获取

☆ PPT总结分享
☆ 更多延伸阅读资源

第一节 社会主义政治经济学创新的当代困境与
原因分析

## 一、西方经济学对社会主义政治经济学的挑战与冲击

经济理论存在争议本身就是经济学的常态。但社会主义政治经济学从其诞生起就经历着西方经济学的攻击，更是遭受西方现代经济学的兴起冲击。约翰·E. 罗默说道："甚至一些反对资本主义的左翼思想家也反对马克思的劳动价值论。"① 西方经济学对社会主义政治经济学的挑战与冲击主要表现在以下几点：

第一，数理分析庸俗化突显。西方经济学的数理分析已越来越成为区分主流经济学和非主流经济学的根本标志，与之相对应的是数理分析成为评判经济学成果显著与否的标志。霍奇逊指出："自马歇尔的《经济学原理》出版后的一百年间，经济学作为一门学科已呈现出急剧的狭窄化和形式化。20 世纪最后 30 年，专门学科已经遭受数学形式主义者的蹂躏，他们不去把握和解释真实的经济结构和经济过程，而是潜心于建立方程。"② 实际上，我们在研究经济社会结构以及价值因素时，有非常多的经济现象和经济事实是难以用数理分析来考量的，况且任何地点、场所都是难以量

① ［美］约翰·E. 罗默：《在自由中丧失——马克思主义经济哲学导论》，经济科学出版社 2003 年版，第 3 页。
② ［英］霍奇逊：《演化与制度：论演化经济学和经济学的演化》，中国人民大学出版社 2007 年版，第 2 页。

化的。所谓"精确科学"的经济学家，对这些难以量化的经济事实并没有太多的考虑，因为他们只接受所谓的"科学证据"。对此，他们也会生发出各种因素来协助计算的幻觉。因而，这就对具有马克思主义经济学性质的社会主义政治经济学造成诘难，挑战具有实证判断和价值判断的社会主义政治经济学数量分析。马克思曾说，一门科学之所以称得上是科学，就在于成功运用了数学。事实上，全部的科学是建立在价值判断基础上的，而这种价值则称为真理。因为倘若一门科学没有真理作为标准，那么，这门科学毫无意义可言。此外，目的论充斥着西方资产阶级社会，表现为资产阶级社会不断强调效用。这就意味着在资本主义社会制度下，经济价值是可以量化和交换的，边沁的"道德算术"就是经济价值可以交换和量化的最好反映。对社会主义政治经济学而言，效用主义不可能成为主流，勃朗科·霍尔瓦特指出："价值判断是关于做出这些判断的人的意向状态的陈述，它们不能被证伪，因此，应该被排除在科学之外。我们不是用'真实的'这一尺度作为衡量价值判断的标准，而是用'公正的'、或'正义的'、或'对的'这些理由来为我们的价值判断而辩护。"[①]

第二，经济学帝国主义日益扩张。经济学帝国主义最早是由威廉·苏特提出，他指出："在 20 世纪要救助经济科学，在于有一种开明的民主的经济学帝国主义，它侵犯着邻近学科的疆域，不是为了救助或吞并它们，而是为了救助和丰富它们，促进它们自我成长，并在这个过程中救助和丰富经济学本身。"[②] 从苏特对经济学帝国主义的解释来看，经济学帝国主义能够获得普遍认同是一件难事。主要表现在：一方面，经济学帝国主义最大的特征是推崇利益最大化，崇尚效率和物质利益的追求。从某种意义上

---

① ［克］勃朗科·霍尔瓦特：《社会主义政治经济学：一种马克思主义的社会理论》，吉林人民出版社 2001 年版，第 265 页。

② ［美］威廉·苏特：《相对经济学：扩大经济宇宙之机制的初步研究》，哥伦比亚大学出版社 1933 年版，第 3 页。

来说，功利主义是经济学帝国主义的哲学基础。西方现代经济学的"经济人假设实质上源于功利主义"①。而经济学帝国主义是西方现代经济学的具体运用，从诺贝尔经济学奖设立以来，西方经济学家倾向于经济学帝国主义。比如，1986 年获奖者詹姆斯·M. 布坎南从理性经济人假设出发，在恢复古典经济学的过程中，坚持成本收益分析原则对公共选择进行分析，旨在为政府对资源配置做出非市场干预的最佳选择。布坎南说："公共选择理论不仅揭示了政治家或政治决策参与者的经济人本质，而且讨论了这些利益目标各异的不同行为主体是如何将个人选择转化为集体决策的。"②而且，对于西方现代经济学家而言，数理分析是提高经济学研究成果精准性的可靠途径。但是，经济活动却离不开特定的价值因素以及不同经济利益主体，与人文关怀有着紧密的联系。这也正是社会主义政治经济学所主张和倡导的。另一方面，社会主义政治经济学的思想史、社会主义部分的经济内容逐渐被边缘化。西方现代经济学的程式化、数学化的内容却在扩张和渗透，认为西方现代经济学才是国际主流经济学和社会科学之首。因而，经济学帝国主义肆意渗透于各个领域中，以宣扬其主流地位。还有许多西方经济学家将忽视人文性质的数理分析方法用来挤对其他社会科学方法。殊不知，西方现代经济学在主张其经济学帝国主义的同时，也面临依靠社会主义政治经济学才能够解决的经济危机。柯美录、高洁认为："经济学不仅需要关注理论研究的数理化，也需要关注与其他学科之间的兼容并蓄，以恢复和发扬经济学与其他人文科学之间交叉研究的传统。"③

第三，新自由主义日益风靡。从西方经济学的演化和发展进程来看，政府干预主义和经济自由主义的抗衡从未停止过。在 20 世纪，基本上是以凯恩斯为主要代表的政府干预占据主要地位，然而，经济自由主义却

---

① 朱富强：《经济学帝国主义的神话》，《当代经济研究》2003 年第 3 期，第 13 页。

② ［美］詹姆斯·M. 布坎南：《同意的计算》，中国社会科学出版社 2000 年版，第 1—7 页。

③ 柯美录、高洁：《21 世纪经济学的发展趋势》，《江汉论坛》2003 年第 11 期，第 12 页。

不断强调其市场经济自由的观念。20 世纪 70 年代以来，新自由主义在西方现代经济学界风靡盛行。因而，西方现代经济学的主流话语得势和新自由主义的盛行有着密切联系，应该说，从本质上来看，西方现代经济学和新自由主义是一对孪生姐妹。特别是在 20 世纪后期，新自由主义成为支配性的经济学说，逐渐代替了凯恩斯经济主义。西方现代经济学家开始致力于构建其主流经济意识形态，对于个体的西方现代经济学家而言，在研究经济问题时会不由自主地站在特定阶级立场；对于群体的西方现代经济学家而言，实际上就是新自由主义所谓"普世价值"的生产者。那么，西方现代经济学家是以什么形式或手段来构建或者说是维护其新自由主义呢？西方现代经济学在其探索经济规律过程中，是用科学化的形式来研究经济规律和本质。而这种所谓的科学化，其实是运用数理分析法的形式来研究经济学的本质。从经济学的思想史来看，较早对经济学本质的定位是"经世济民"，斯密在《国富论》中就强调经济学是一门探究国强民富的学问。斯密之后，经济学家关注的是如何能够在市场经济中做出利益最大化的选择。西方经济学所要研究的经济对象被刻意化了，以所谓的"合法性"掩盖了其经济本质。这就是说，西方经济学家在运用数理分析探讨经济规律和本质时，利用数理分析工具过滤掉了新自由主义的本质，新自由主义却将其经济利益最大化赋予了完全的"合法性"，违背了马克思关于人的本质初衷。可以看出，新自由主义的立场在一定程度上决定了其必然反对社会主义政治经济学。因此，批判新自由主义已成为维护社会主义政治经济学的重要议题。马克思指出："自由主义的经济学竭力用瓦解各民族的办法使敌对情绪普遍化，使人类变成一群正因为每一个人具有与其他人相同的利益而互相吞噬的凶猛野兽——竞争者不是凶猛野兽又是什么呢？"[1]

---

[1]《马克思恩格斯文集》（第 1 卷），人民出版社 2009 年版，第 62–63 页。

第四，理性经济人假设扭曲。理性经济人假设是西方经济学得以存在的基础，最早可追溯到斯密的《国富论》。继斯密之后，经过约翰·穆勒、西尼尔的分析，凝练出经济人假设的内涵，包括：人是自利的和理性的，并且能够完全掌握经济信息。理性经济人假设从其诞生以来，就为西方现代经济学理论的构筑提供了平台，促进了西方现代经济学的发展，因为理性经济人假设具有积极意义，但不是科学意义。一方面，理性经济人假设作为经济分析的逻辑起点，能够较为精准地统计出个人的经济行为；另一方面，理性经济人假设有助于理解市场经济的作用，认为经济人假设所带来的自利性是市场经济发展的主要动力。为什么说理性经济人假设不具有科学意义呢？理性经济人假设在追逐利益的过程中会出现畸形发展，表现在：其一，损害人的道德。这就是说，理性经济人假设在追求自然人的利己经济行为时，却忽视了自然人所具有的道德性。马克思指出："'思想'一旦离开'利益'，就一定会使自己出丑。"① 因为人不仅具有自然属性，而且具有社会属性。倘若经济人假设忽视了自然人具有的社会性和道德性，就会使得人们在市场经济条件下，无休止地消耗生态资源，造成市场经济陷入不可持续发展，即没有把握好经济利益度的平衡性。其二，虽然理性经济人假设在市场经济中获得一些经验证实，但是却泛滥地扩张和渗透于非经济领域中，企图揭示非经济领域的现象和问题。结果却是理性经济人假设的解释力在逐渐弱化。理性经济人假设之所以会出现扭曲，是因为经济人的动机不是单一的，而是多重的。个体在追求经济效益时，还会受到利他因素等约束，经济人所掌握的信息具有不对称性和不完全性。经济人对经济利益的认识和计算能力会受到有限性的影响。改革开放 40 多年来，我国社会主义市场经济在取得一定成绩时，由于受到西方现代经济学经济人假设的影响，似乎背离了马克思关于人的社会本质，只是将人的本质限

---

① 《马克思恩格斯文集》（第 1 卷），人民出版社 2009 年版，第 286 页。

制于自然属性中。马克思说："人的本质不是单个人所固有的抽象物，在其现实性上，它是一切社会关系的总和。"①

## 二、对社会主义政治经济学的曲解

社会主义政治经济学形成的标志是 1954 年《政治经济学教科书》（社会主义部分）的出版，60 多年来，社会主义政治经济学理论之所以有较大的变化，是因为世界社会主义国家社会主义实践的推动。马克思主义是关于实践的理论，理论源自实践。从国外社会主义国家政治经济学的发展来看，苏联《政治经济学教科书》体系的研究，虽然在研究对象、方法等方面存在较大的缺陷，但苏联对社会主义政治经济学的研究在一定程度上还是起到了启发的作用。改革开放以来，我国对社会主义政治经济学的研究进行了有意义的实践探索，为建设中国特色社会主义政治经济学奠定基础和提供理论与实践依据。然而，社会主义政治经济学的发展是与时俱进的。因而，要根据时代的变化发展，不断认识和总结，实现理论的创新发展。然而，在发展社会主义政治经济学的过程中，依然存在以下几点曲解社会主义政治经济学观点的倾向，造成创新社会主义政治经济学具有一定的难度。

第一，缺乏政治经济学社会主义部分的评析与反思。政治经济学是一门实践性极强的科学。苏联经济学家编写的《政治经济学教科书》包括资本主义、社会主义部分，马克思主义经济学家对政治经济学的批判，主要是对资本主义部分的批判，而较少对社会主义部分的评析与反思。虽然马克思主义对政治经济学的研究是以资本主义生产关系作为研究对象和批判的对象，这也并不意味着《政治经济学教科书》的社会主义部分的个别结

---

① 《马克思恩格斯选集》（第 1 卷），人民出版社 1995 年版，第 13 页。

论都是真理。毛泽东曾说："判定认识或理论之是否真理，不是依主观上觉得如何而定，而是依客观上社会实践的结果如何而定。真理的标准只能是社会的实践。"[1]1959 年 12 月，毛泽东带领全党同志阅读《政治经济学教科书》（社会主义部分），并提出了许多关于社会主义政治经济学的独到见解，发表了许多有建设性的意见。比如说，社会主义政治经济学的研究对象，《政治经济学教科书》的政治经济学研究对象是同志式的互助合作的关系，毛泽东做批注时指出政治经济学的研究对象生产关系，要和生产力紧密联系，要注重从量和质的关系考察经济问题。此外，关于《政治经济学教科书》中"资本"的解释，在资本主义部分中，主要强调的是资本的经济支配权力，对无产阶级劳动的压榨性。但在社会主义部分中，却不是强调资本的剥削性，而是资本对扩大再生产等的作用。事实上，从我国建立社会主义市场经济体系以来，尤其是在初级阶段，就存在资本。经济活动中的物质生产资料、货币等也都会以资本的形式表现出来。简而言之，对经济范畴的考察缺乏量和质的有机融合。

第二，扭曲社会主义政治经济学的个别观点。长期以来，经济学界存在割裂社会主义政治经济学的个别观点，最为典型的例子就是曲解劳动价值论。马克思主义政治经济学下的社会主义政治经济学认为劳动决定价值，而西方现代经济学企图以效用价值论替代劳动价值论，认为劳动不能够单独创造价值，价值的源泉是效用。效用价值论认为商品具有价格或价值，主要是因为对消费者具有效用，效用即消费者能够从所消费的商品中获得最大的满足，蕴含着一种主观上的价值评判。因而，有许多学者则是将价值和使用价值、价格和价值相混淆，之所以会出现相混淆的情况，主要是因为没有理解清楚劳动价值论和效用价值论的联系与区别。实际上，从劳动价值论和效用价值论的历史发展脉络来看，劳动价值论产生于效用

---

① 《毛泽东选集》（第 1 卷），人民出版社 1991 年版，第 284 页。

价值论之前，劳动价值论主要是站在供给方的角度来分析的，属于一种客观劳动价值论；效用价值论的效用更多的是体现出一种主观上的评价，属于主观效用价值论。劳动价值论和效用价值论的共同点都是以商品价值作为研究对象。然而，这两种价值论之所以会存在不同的认识，主要是因为所采用的经济分析方法不同。劳动价值论主要采取质性分析对商品的交换价值抽象出价值进行研究，效用价值论则是运用定量分析对商品的使用价值从效用到边际效用、基数效用到序数效用的研究。这就是说，要解决劳动价值论和效用价值论的对立统一，要以科学的分析方法进行研究。既要有定性分析，也要有定量分析。

第三，片面看待社会主义政治经济学的辩证法。一直以来，社会主义政治经济学比较注重经济质的研究，忽视从经济量的分析角度去研究社会主义政治经济的运行机制。只是把社会主义政治经济学的质性分析用作思想经济教育的工具，这在很大程度上是背离了社会主义政治经济学的辩证法。因为社会主义经济建设离不开量化分析的指导，即使是社会主义政治经济学的质性分析用作思想经济教育的工具，对主体进行教育，也需要借助量化分析对主体进行精准政治经济学教育。这也体现出社会主义政治经济学精准思维的研究，强调的是社会主义经济建设的细化和准确。马克思曾指出："人们奋斗所争取的一切，都同他们的利益有关。"①社会主义经济建设与人们的利益密切联系，同样讲究效率。在调动主体积极性、提高效率时，数量分析的作用至关重要。习近平总书记曾在工作会议上强调精准思维的重要性时指出，要"对准瓶颈和短板，精准对焦、协同发力"②。因而，科学指导社会主义经济运行规律，需要从量和质相统一的层面去研究社会主义经济运行和发展。数学是一门数量的

---

① 《马克思恩格斯全集》（第1卷），人民出版社1956年版，第82页。
② 中共中央宣传部：《习近平总书记系列重要讲话读本》，人民出版社2016年版，第47页。

科学，有助于对社会主义经济运行规律的经济指标进行量化分析。这就是说，要一改过去社会主义政治经济学研究缺乏定量分析。譬如，线性规划在经济学中的作用。线性规划是数学的重要分支，研究的是如何寻找到最优的方案来实现最优化的经济效益。当前，我国经济进入动能转换期，经济"失速"亟须重构微观经济基础。线性规划能够将实际经济问题通过数学分析抽象出数理经济模型，进而转化为线性规划问题，并获得解决。因为线性规划不仅有利于在激烈的市场经济中减少企业在生产、分配、流通和消费等经济活动环节的成本开支，而且可以优化经济计划和生产等环节，提升经济质量。实际上，也适应了新时代构建现代化经济要坚持质量第一、效益优先，实现经济从高速增长转向高质量发展的要求。

第四，对社会主义政治经济学的研究缺乏现实性。社会主义政治经济学作为人文社会科学，其理论研究更要始于问题，终于问题。然而，在社会主义政治经济学的发展过程中，社会主义经济建设的研究缺乏现实性，这就意味着忽视了马克思主义与时俱进的理论品质。主要表现在：一方面，仍未摆脱苏联经济范式的影响。由于在社会主义经济建设中，每一个社会主义国家的国情各异，原有的苏联范式的社会主义政治经济学已破产，但从历史发展进程来看，各国社会主义经济实践尚未完全摆脱苏联经济范式的影响。比如，不切实际地大力发展生产力，忽视了经济活动人和人以及人与物的研究。苏联经济范式对经济学的研究仅是从价值因素考察人的活动，脱离现实经济活动，使得经济活动陷入虚幻的境界，空洞地对人和人之间的经济社会关系进行考察。究其原因，在社会主义既定的条件之下，苏联社会主义政治经济学对人的需求与偏好以及利益都视为一致的，忽视了人的经济心理活动因素等。另一方面，将社会主义政治经济学发展过程中的阶段性成果视为普遍真理。较为典型的例子是列宁的帝国主义论，从国际视野来看，列宁的帝国主义论是社会主义政治经济学逐渐成熟的标志。罗伯特·吉尔平说："列宁其实已从根本上将马克思主义从一种国内经济理论改变为一种阐述资本主义国家之间国际政治关系的理论。"①在一定程度上，背离马克思主义政治经济学的观点，而且也弱化了社会主义政治经济学对现实经济活动的解释力。恩格斯曾说："每一个时代的理论思维，包括我们这个时代的理论思维，都是一种历史的产物，它在不同的时代具有完全不同的形式，同时具有完全不同的内容。"②实际上，社会主义政治经济学研究之所以会出现脱离现实情况，就是因为没有看到数量分析过程中的渐变性和递进性。

## 三、时代主题呼唤对社会主义政治经济学的理解和关注

社会主义政治经济学是一门探索社会主义经济运行规律的科学，赋予了时代特征。新中国成立初期，我国社会主义政治经济学的研究是以马克思主义经济学和中国革命与实践相联系，学习苏联经济建设经验，经济建设在探索中曲折前进。由于对社会主义经济理论的认识存在偏差，没有认识到社会主义经济建设具有阶段性的特征，不切实际地进行社会主义经济实践，致使我国社会主义经济受到巨大的创伤。此后，我国社会主义经济处在探索道路上，亟须适应生产力发展水平，切实展开社会主义政治经济学建设。进入改革开放以来，我国社会主义政治经济学的研究是以马克思主义经济学和中国改革开放相联系，社会主义市场经济迅速发展，经济总量不断增大。

---

① ［美］罗伯特·吉尔平：《国际关系政治经济学》，上海人民出版社 2006 年版，第 35 页。
② 《马克思恩格斯文集》（第 9 卷），人民出版社 2009 年版，第 436 页。

　　然而，"任何事物都是质和量的统一体。时代也是一样，由一定的质和量组成，并通过一定的度表现出来。时代的质就是时代的性质，是关于时代的内在的规定性，是一个时代区分于另一个时代的本质属性。时代的量就是可以用数量关系表现的时代的规定性"①。社会基本矛盾决定了时代的性质，并贯穿于社会形态的演变和社会发展的始终。这就是说，从本质上来看，时代性质取决于生产力发展水平状况，同时受到生产关系、上层建筑等因素的影响。为什么社会主义经济学会受到时代性质的冷落呢？

　　第一，20世纪90年代以来，我国社会主义政治经济学的研究比较平稳，计划与市场的博弈趋于缓和，我国经济改革的核心焦点转向社会主义市场经济建设上来。因而，西方经济学和各种应用经济学中关于资源的最佳配置与经济运行规律等内容受到了热捧和关注。而此时，社会主义市场经济学的研究却与数量经济学、金融学、会计学、货币银行学等理论，不管在方法上还是在内容的衔接上都存在比较大的差异和脱节现象。社会主义经济基础是由社会主义经济制度构成，先进的社会主义经济制度会推动生产力的进步和发展，落后的社会主义经济制度会阻碍生产力的发展。这时，社会主义政治经济学对我国社会主义经济制度的推动作用暂且有待研究，这也是社会主义经济学受到冷落的原因之一。

　　第二，社会主义市场经济在我国的迅速发展影响着青年一代在学习内容上的选择性。从各类财经院校大学生学习的经济类课程来看，明显是西方经济学等应用经济学的课程要多于社会主义政治经济学理论课程。之所以会出现这种情况，主要是经济管理等学科的实用性所导致。实际上，从这些情况也可以看到实用主义和功利主义的流行，致使高校学生忽视了社

---

① 秦宣、郭跃军：《改革开放以来关于时代问题的论争》，《马克思主义研究》2008年第11期，第87页。

会主义政治经济学这门无产阶级和理论性很强的学问。似乎难以看到马克思主义理论下的社会主义政治经济学在解决现实经济问题体现出来的强大力量，而这恰恰是西方经济学所不能及。可见，在多元化的市场经济下，要使得青年一代学习社会主义政治经济学并非一件轻而易举的事，这也是使社会主义政治经济学在市场经济时代备受冷落的原因之一。

## 第二节 新时代中国特色社会主义政治经济学的建构原则

党的十九大报告指出："经过长期努力，中国特色社会主义进入了新时代，这是我国发展新的历史方位。"[①] 新时代中国特色社会主义政治经济学是我国的重要经济理论成果，意味着中国社会主义政治经济学实现从站起来到富起来再到强起来的发展。显而易见，新时代中国特色社会主义政治经济学是强起来的政治经济学，追溯其理论来源——马克思政治经济学，是以"揭示现代社会的经济运动规律"[②] 为主要目的的科学。在马克思主义政治经济学的指导下，新时代中国特色社会主义政治经济学的建构原则也要基于政治经济学数量分析的主体、目标、方法。

### 一、坚持政治经济学的人民性原则

从政治经济学的研究对象生产关系来看，体现的是人与人之间的相互关系以及物质利益关系。由于政治经济学的阶级性特征，这种利益关系反映的是不同阶级的利益。也就是说，当人与人之间的利益关系产生冲突时，政治经济学的研究就要考虑立场问题，即研究究竟是为了谁？代表谁

---

① 习近平：《决胜全面建成小康社会，夺取新时代中国特色社会主义伟大胜利》，人民出版社 2017 年版，第 10 页。

② ［德］马克思：《资本论》（第 1 卷），人民出版社 2004 年版，第 10 页。

的利益？新时代中国特色社会主义政治经济学是马克思政治经济学中国化的成果，"要坚持以人民为中心的发展思想，这是马克思主义政治经济学的根本立场"[①]。"以人民为中心"的立场适应了时代的变化和诉求，如何坚持人民性的原则和体现以人民为中心的立场是新时代中国特色社会主义政治经济学的重要问题和内在逻辑要求。

### 1. 现实的人是新时代中国特色社会主义政治经济学的逻辑起点

政治经济学是一门经世济民的科学，不仅仅是研究国家财富增长的学问，而且是研究人的学问，这也得到了马克思和斯密的证实。新时代中国特色社会主义政治经济学充分考虑了经济发展人的因素。人是经济学的出发点和归宿，政治经济学"经世济民"的理论和实践的出发点是人，因而"什么样的人"也就成为政治经济学的逻辑起点。

西方主流经济学对"什么样的人"的看法一般以抽象人的形式呈现，主要包括经济人、自然人等，因而西方主流经济学的逻辑起点往往是假设的"经济人"。在西方主流经济学看来，人是理性的和利己的，这是人类永恒不变的自然本性。在利己目标的趋势之下，"经济人"的理性计算与任何时代的社会结构、社会关系无关，人的经济行为取决于人性。可以说，西方主流经济学对人的行为选择的最为基本的方法是建立在心理分析基础上，其逻辑起点是"经济人"假设，即人性自私论；其立论逻辑的依据较早可追溯到达尔文的生物进化论，只不过它不是人性自私论，而是生物自私论。达尔文认为自然选择是生物为自己的最大利益而起的作用，并不是生物对其害多利少的任何构造。这就是说，西方主流经济学的"经济人"假设希望每个人都能够以最小的代价获得最大的利益，用财富的多寡来衡量人的满足感。西方主要资本主义国家所具有的质性分析的确是比较欠缺，刘永佶指出："在方法论上，现代资本主义政治经济学已经丧失了

---

① 《习近平主持中共中央政治局第二十八次集体学习并讲话》，《人民日报》2015年11月25日。

理性思维所必须的观念和能力。"① 对于经济分析方法，西方资本主义经济学家更多是贯穿于主体、议题、主张中。"经济人"假设的立论，助推"利润最大化"的更大追求，缺乏理性的社会制度，将资本主义制度视为自然规律，以此掩盖资本主义经济现实矛盾。

这些抽象的"经济人"假设对政治经济学研究的效率是有深远的影响。然而，当"什么样的人"成为政治经济学研究的最基本的前提条件时，其所要建构的理论遇到挫折在所难免，甚至其实践也深受"人"的困境。一方面，"经济人"以财富利益的多寡来衡量经济学，但在实践中却遭遇了"斯密悖论"，即人性的二重性，人不仅具有利己心，而且具有同情心。另一方面，生存是"自然人"的首要要求，但"经济人"却以竞争的成败作为衡量人是否幸福的标准，建立在别人的痛苦之上来获得的幸福，违背了人生存的现实意义。

政治经济学考察的前提是人，"它从现实的前提出发，它一刻也不离开这种前提。它的前提是人，但不是处在某种虚幻的离群索居和固定不变状态中的人，而是处在现实的、可以通过经验观察到的、在一定条件下进行的发展过程中的人"②。可见，现实的人成为政治经济学研究的逻辑起点，正是在这个意义上，马克思将人性视为社会关系的总和，注重经济学质的研究。新时代中国特色社会主义政治经济学的研究汲取了西方主流经济学量化分析的积极成分，但又跳出"经济人"假设的窠臼，秉承了马克思现实的人的逻辑起点，来发展我国经济。与此同时，现实的人为新时代中国特色社会主义政治经济学提供质的分析。马克思在《1844 年经济学手稿》中对资本主义经济制度的人性异化进行了批判，实现了政治经济学的转变，并通过数量分析方法对剩余价值理论进行分析，阐释了资本主义经

---

① 刘永佶：《中国政治经济学方法论》，中国社会科学出版社 2015 年版，第 40 页。
② 《马克思恩格斯文集》（第 1 卷），人民出版社 2009 年版，第 525 页。

济制度人性异化的必然趋势。马克思认为共产主义的本质"是对私有财产即人的自我异化的积极的扬弃，因而是通过人并且为了人而对人的本质的真正占有；因此，它是人向自身、也就是向社会的即合乎人性的人的复归，这种复归是完全的复归，是自觉实现并在以往发展的全部财富的范围内实现的复归"①。也就是说，马克思以人性复归作为现实的人的目标，强调生产力和精神财富的极大发展与丰富，才能实现自由全面发展。

### 2. 美好生活是新时代中国特色社会主义政治经济学的实践追求

新时代中国特色社会主义政治经济学以现实的人作为逻辑起点，致力于追求美好生活，充分体现了人民的主体性原则。习近平总书记强调，国家的经济发展要注重人民群众的现实生活和对美好生活的向往。他指出："期盼有更好的教育、更稳定的工作、更满意的收入、更可靠的社会保障、更高水平的医疗卫生服务、更舒适的居住条件、更优美的环境，期盼孩子们能成长得更好、工作得更好、生活得更好。"②实际上，美好生活正是人民主体建立在基本物质生活的基础上追求充实而有意义的实践生活，马克思曾指出，人应该按照美的规律来塑造和发展自己。这就是说，主体的人必须在实践生活中，从主体的目的出发，不断使客观对象符合主体的需求，实现主体的自由全面发展。

西方主流经济学在追求人的状态时，由于其"经济人"假设，使得经济学研究逐渐脱离现实，更多的是对物质和金钱的膨胀，在既定的抽象假设之上，难以分析具体的社会关系。因而，西方主流经济学的人的状态会陷入异化之境，具有形而上学性质。其实，人对美好幸福的追求往往会陷入不快乐、不幸福的状态，西方主流经济学也会逐渐成为抽象的象牙塔思维。

然而，脱离现实生活而谈论人的美好生活，这种所谓的美好生活只能

① 《马克思恩格斯文集》（第 1 卷），人民出版社 2009 年版，第 185 页。

② 《人民对美好生活的向往就是我们的奋斗目标》，《人民日报》2012 年 11 月 16 日。

是人民的"虚假美好生活",人民要实现美好生活,应当"抛弃关于人民处境的幻觉,就是要求抛弃那需要幻觉的处境"①。这就要求人们要做自己真正的生活主人,回归现实的生活。新时代中国特色社会主义政治经济学是现实的人对美好生活向往的追求,是回归人民主体性的美好现实生活追求,特别是新时代我国对主要矛盾作出新的历史定位,贯穿于我国经济发展和人民对美好生活的追求中。

一方面,经济生活是人民美好生活的物质来源和保证。尊重人民的经济生活,有利于人民对美好生活的追求。特别是在市场经济条件下,尊重人民合理的经济生活原则,是保证人民美好生活追求的现实途径。另一方面,有生命的主体是人民美好生活保障的首要前提。这就包括人民身体、生命的健康,充分体现在民生领域的各个方面,囊括了生态和环境等方面。马克思曾说:"全部人类历史的第一个前提无疑是有生命的个人的存在。"②

### 3. 幸福指数是新时代中国特色社会主义政治经济学的量化指标

新时代中国特色社会主义政治经济学不仅要有质的分析,而且要有量的分析。马克思指出:"不论我的著作有什么缺点,它们却有一个长处,即它们是一个艺术的整体;但要达到这一点,只有用我的方法"。③在马克思看来,政治经济学量和质相结合方法体现出其辩证法,这种方法具体体现在《资本论》中运用的数量分析方法。习近平总书记指出"要坚持以人民为中心的发展思想,这是马克思主义政治经济学的根本立场。要坚持把增进人民福祉、促进人的全面发展、朝着共同富裕方向稳步前进作为经济发展的出发点和落脚点"④。人民福祉即人民的幸福和利益,包括衣食住行等民生领域的各个问题,而衡量民生问题的量化指标是幸福指

---

① [英]约翰·格雷:《人类幸福论》,商务印书馆1963年版,第10页。
② 《马克思恩格斯文集》(第1卷),人民出版社2009年版,第519页。
③ 《马克思恩格斯文集》(第10卷),人民出版社2009年版,第231页。
④ 《习近平主持中共中央政治局第二十八次集体学习并讲话》,《人民日报》2015年11月25日。

数。幸福指数也称为国民幸福指数，是衡量人民幸福感的重要量化综合指标。

在国外，幸福指数的定义较早被认为是"生活质量指标"，是由美国经济学者加尔布雷斯提出。萨缪尔森依照人民的实际感受，将幸福指数用幸福与欲望、效用之间的关联度来描述，较早地提出幸福指数概念，认为幸福与效用是正比例关系；幸福与欲望是反比例关系。后来，幸福指数引入积极心理学，建构起了心理学和后天环境等结合的幸福指数公式等，西方发达国家根据自身实际情况对幸福指数作了专门的研究，对幸福指数的含义、观点、模型等都有独到的见解。而我国对幸福指数的研究，与西方发达国家相比较晚。改革开放以来，心理学领域逐渐渗透到幸福研究中来，从国家层面看，我国对国民指数的关注则是始于 2006 年 4 月胡锦涛在美国耶鲁大学的演讲时提出幸福指数。自此之后，党和国家非常重视人民幸福的问题，始终把增进人民福祉当作我国经济发展的出发点和落脚点。

一方面，幸福指数能够体现人们生活质量的高低，这是从主观层面上从人们对生活质量的满意度所折射出来的心理体验，指的是一种主观量化指标；另一方面，幸福指数还会受到客观因素的影响，是一种主观见之于客观的量化指标。这就是说，在衡量幸福指标时，要注重环境、社会等外部因素的渗透，综合考量幸福指标。胡希宁指出："英国的霍布森认为，经济学的中心任务在于增进人类福利。意大利经济学家帕累托提出了资源重新配置增进社会福利的标准，即帕累托最优。"[①] 可见，增进人民福祉是全球性的话题，但共性的是增进人民福祉是世界人民的追求，也是新时代中国特色社会主义政治经济学发展的必然要求。真正意义上的幸福是物质生活与精神生活的统一。马克思认为，以物质利益作为目的会使人陷入异

---

① 胡希宁：《当代西方经济学概论》，中共中央党校出版社 1998 年版，第 102 页。

化之境，"吃、喝、生殖等等，固然也是真正的人的机能。但是，如果加以抽象，使这些机能脱离人的其他活动领域并成为最后的和唯一的终极目的，那它们就是动物的机能。"①

### 4. 共同富裕是新时代中国特色社会主义政治经济学的价值旨归

共同富裕体现了以人民为中心的立场。共同富裕不仅是经济发展的出发点，更是经济发展的价值旨归，充分体现了人民主体性的原则。

西方主流经济学所谓的共同富裕是建立在资产阶级利益基础上，特别是市场经济在西方发达国家的阶级统治中所创造的生产力是相当惊人。然而，在西方经济学看来，生产力发展的社会制度是私有制，在较早的时候，亚当·斯密就指出："我们每天所需的食料和饮料，不是出自屠户、酿酒家或烙面师的恩惠，而是出自他们自利的打算。我们不说唤起他们利他心的话，而说唤起他们利己心的话。我们不说自己有需要，而说对他们有利。"② 这就是说，在西方市场经济制度下的人们是自私的，人们之所以去做事，是因为这些事情对他们而言是有益的，且要唤醒他们的自私心才会把事情做到位。可见，西方经济制度下的人性是非常明显的。

然而，我国的共同富裕目标是马克思在对资产阶级的私有制、剥削等的批判，是对我国未来经济发展方式的揭示以及新时代中国经济发展的价值目标。2013 年 12 月 26 日，习近平总书记指出："面对人民过上更好生活的新期待，我们不能有丝毫自满和懈怠，必须再接再厉，使发展成果更多更公平惠及全体人民，朝着共同富裕方向稳步前进。"③ 那么，在新时期，如何在共同富裕的基础上发展我国经济呢？马克思指出："通过社会化生产，不仅可能保证一切社会成员有富足的和一天比一天充裕的物质生活，

---

① 《马克思恩格斯文集》（第 1 卷），人民出版社 2009 年版，第 160 页。

② ［英］亚当·斯密：《国富论》（上卷），商务印书馆 2016 年版，第 12 页。

③ 中共中央文献研究室：《十八大以来重要文献选编》（上），中央文献出版社 2014 年版，第 698 页。

而且还可能保证他们的体力和智力获得充分的自由的发展和运用。"[1] 我国在党的十八届五中全会时，首次提出共享发展。这不仅是在共同富裕思想基础上，对中国特色社会主义经济的本质理解，更是在新时代引领我国经济发展的理念指南，突显了人民群众的主体性地位。因为共享发展理念是区别于资本主义经济关系的一种具有人类所需求的价值取向以及体现以人民为中心的特质。在关于人民脱贫致富的决议时，我国明确地指出："消除贫困、改善民生、逐步实现共同富裕，是社会主义的本质要求，是我们党的重要使命。"[2] 而且在我国生产发展不平衡等的情况下，共享发展能调节生产效率和社会公平的关系，是实现人民共同富裕的重要支柱。

## 二、坚持增强社会主义微观经济原则

改革的实践证明，市场在社会主义经济中占据重要地位。因为发展市场不仅是实现政治经济学数量分析目标的内在要求，而且是实现社会主义经济腾飞的重要途径。因而，在社会主义经济中，并不是要把市场消除，而是要完善和发展市场。宏观经济和微观经济作为社会主义市场经济的范畴，两者的区别并非是大小之分或是整体与部分之分。微观经济之所以能充当社会主义市场经济的基础，原因在于其是经济的灵魂和中枢，即社会主义微观经济具有独立自主的经济行为和利益，有利于经济利益主体的多元化、自利性，繁荣政治经济学的包容性。这就是说，在社会主义经济中，微观经济主体，必须要有独立自主的经济行为这条经济生命线，才会形成"成本—收入"这根经济神经。倘若缺少经济灵魂和经济神经，那么，微观经济主体则会成为缺少"灵魂"的空壳，成为缺乏经济活力的企业单位。

---

① 《马克思恩格斯选集》（第 3 卷），人民出版社 2012 年版，第 670 页。

② 《中共中央、国务院关于打赢脱贫攻坚战的决定》，《人民日报》2015 年 12 月 8 日。

但是，这并不意味着在铸造"微观经济基础"的同时忽视宏观经济。相反，没有宏观经济调控的微观经济基础是较难存活的。社会主义宏观经济和社会主义微观经济是互相促进的。过去以来，我国经济发展比较重视社会主义宏观经济调控的作用，而社会主义微观经济运行却非常不济。一方面，传统社会主义政治经济学理论研究几乎是按照原则、立论对经济问题展开逻辑演绎，排斥经济运行机理和问题的研究。因而研究出来的结论往往具有规范性，甚至是呈现出有规律的教条主义。郭盛指出：传统社会主义微观经济的特点之一，是以"规范分析为主，描述更多的是'社会主义应该怎么样'的问题，而对社会主义'实际上怎么样'没作更多的考察，这就使得其中的某些假说、演绎在现实中不成立。现实逻辑和理论逻辑相悖"[①]。另一方面，在展开社会主义微观经济的运行过程中，对生产、分配、流通和消费经济活动环节直接实行数量比例调节，微观经济主体独立自主经营的权力微乎其微，基于这种情况，社会主义微观经济则是艰难成长。

马克思主义唯物史观认为人类社会发展最根本的活动是物质生产活动，因为在马克思看来，"现实的人"最根本的活动是物质资料生产活动。物质生产活动作为主体的微观基础是马克思主义经济理论关于社会主义微观经济研究的奠基石。同时需要汲取西方微观经济理论的合理成分来发展社会主义微观经济。社会主义经济发展迫切需要建设社会主义市场微观经济。

第一，建立社会主义微观经济是发展和完善马克思政治经济学的需要。在《资本论》中，马克思从宏观经济和微观经济层面对西方资本主义经济的生产方式做出深刻的论述。商品、价值、价格、资本循环、剩余价值等都是从微观经济层面对资本主义经济进行微观批判和分析；资本积累

---

① 郭盛：《社会主义微观经济理论分析的特点及其演变》，《经济评论》1999年第1期，第17页。

扩大再生产、社会总资本、平均利润率等是从宏观经济层面对资本主义经济进行宏观分析和批判。但宏观经济和微观经济并没有被马克思主义经济学家确切地提出，没有遵循这两个层面建立经济理论体系。当前，微观经济学和宏观经济学作用随着社会化生产的发展越来越凸显。马克思主义经济学产生的时代背景、研究目的决定了马克思主义经济学依然是对西方资产阶级经济学作出数量分析，通过对经济范畴的量化分析，揭示资本主义经济关系的本质。其实，马克思政治经济学数量分析功能是对社会主义微观经济的高度概括，更为其他经济学科提供方法论的指导。马涛指出："一旦突破了量的范围，事物的运动就进入了一个新的领域，从而产生出新质……《资本论》运用这一规律（量变与质变规律）对资本主义的生产关系进行分析。"① 马克思政治经济学为建立社会主义微观经济打下了坚实的基础，提供了方法论的指导，社会主义微观经济同时是马克思主义政治经济学完善和发展的必然产物和内在需要。

第二，社会主义微观经济是我国经济实践和经济发展急需的理论经济科学。经济社会发展要面临效率和质量两方面的问题。一方面是关于经济社会发展的活力、效率的问题，即经济发展的动力、活力的大小，以及经济效率高低的问题；另一方面是关于经济社会发展的质量、均衡的问题，即如何维持经济发展的平衡性和质量的问题。我国社会主义经济发展在很长时期比较注重宏观经济质量问题。然而，效率、活力这些问题往往是由社会主义微观经济学来回答和解决，这是因为社会主义微观经济运行的核心和关键是经济效率和效益是如何的问题。而且，动力和活力的源泉来自微观，重在微观经济主体以及市场经济中。正因为这样，党和国家多次强调宏观经济政策要稳，微观经济要活。王晓东指出："坚持市场主体地位，

---

① 马涛、邵骏：《〈资本论〉对西方经济学研究范式的超越》，《财经问题研究》2017 年第 8 期，第 11 页。

以市场化改革增强微观经济活力。"[①] 经济效率的问题，主要是由微观经济学来回答和解决，是因为效率涉及的是活力和动力的因素，微观经济主体有了动力与活力因素，微观经济主体就能提高经济效率，实现经济利益主体的目标。

第三，建立社会主义微观经济量的分析有助于提高经济效益。微观经济强调效率、计算的问题，而经济计算和效率离不开量化分析。微观经济运行分析的目的是揭示各企业的生产经营特点及其规律性，实现企业利润最大化。社会主义宏观经济也离不开社会主义微观经济基础，量化分析是市场经济主体在市场竞争中提高企业生存和发展的一种方法。社会主义市场经济要围绕着经济活动展开。一方面，商品的生产与消费需要社会主义市场这一桥梁纽带，社会主义微观经济主体的经济活动是从市场中来到市场中去。这就是说，社会主义微观经济的首要任务是要明确市场机制的问题，即价格机制、供求机制、竞争机制问题。另一方面，微观经济主体的经济效率和效益如何，与投入和产出的数量比例关系有关。社会主义微观经济通过投入和产出的数量比例关系，来寻找微观经济主体经济活动的规律。

## 三、坚持量与质的辩证统一方法来把握经济规律原则

从马克思政治经济学的研究对象来看，新时代中国特色社会主义政治经济学的研究对象应是新时代中国特色社会主义生产方式以及和它相适应的生产关系和交换关系。而要把握新时代中国特色社会主义的经济运行规律，应坚持量与质的辩证统一原则。马克思政治经济学在理论上之所以超越其他经济学理论，就在于它能够自觉地以马克思主义哲学理论作为指导，西方经济学尽管建立在既定的世界观上，但其哲学基因是比较含糊

---

① 王晓东：《做好搞活微观经济这篇大文章》，《求是》2014 年第 12 期，第 25 页。

的。量与质作为马克思主义哲学的基本范畴，本身就对新时代中国特色社会主义经济运行规律具有指导作用。那么，为什么要以量和质的辩证统一原则来把握经济规律呢？主要有以下几点原因：

第一，数量分析是新时代中国特色社会主义政治经济学必不可少的方法。马克思经济数量分析方法，不仅从数量方面研究经济社会现象，而且从质量层面揭示经济社会发展规律。数量分析所涉及的政治经济学研究范围较为广阔，统一于生产力和生产关系、经济基础和上层建筑中。数量分析与社会、自然密切联系，注重自然和技术因素对经济社会生活量变的影响。譬如，数字资本对经济社会生活的影响。随着数字化技术的广泛运用，资本获得了政治经济学新的样态，即数字资本。数字资本的核心是对数据信息的挖掘，并从中获取大量的经济利益，如在当当网上购买一本马克斯·韦伯的《新教伦理与资本主义精神》，其他与马克斯·韦伯有关的著作，如《马克斯·韦伯与经济社会学思想》《民族国家与经济政策》等，就会在《新教伦理与资本主义精神》购买页面下方显示出来。一般而言，在页下脚显示出来的商品，我们不一定是非常感兴趣，但会不由自主地点开来看看，说不定会有喜欢的商品。实际上，这类情况在京东、天猫等电商平台上是常有的事，然而，关键是这些商品信息是如何显示出来，并推送到我们眼前的呢？这与大数据技术、云计算有关。这就是说，消费者的消费信息被电商平台收集和挖掘了，并通过数字化技术计算得出有关消费喜好的结论。其实，数字化技术就是数量分析在技术方面的运用，对我们的经济社会生活影响很大。马克思主义哲学关于量和质的基本范畴，是研究经济规律的科学。从经济生产关系的历史发展脉络可以看到经济现象和经济矛盾是遵循一定的经济客观规律发展而不断发展。倘若不坚持数量分析方法中量和质的原则出发，是难以看到数据资料背后潜藏的各种经济现象本质和规律。罗清和认为量和质的哲学范畴就是要"揭示一定的社会生产关系怎样由量变的积累到部分质变，再到根本的质变这一发展过程的必然性"①。

第二，科学数据是推动新时代中国特色社会主义政治经济学发展的条件。新时代中国特色社会主义政治经济学代表的是广大劳动人民群众主体的利益，不仅是一门质的学科，而且是客观公正量的科学。因而，统计学和数学为建构新时代中国特色社会主义政治经济学具有方法论上的借鉴意义。一方面，经济学理论必须要以精确的数量统计资料作为基础。因为新时代面对的经济问题和矛盾复杂多变，需要根据精准的经济材料来研判经济发展现实和基本态势。新时代对社会主要矛盾有了新的定位，也迫切需要优化经济结构，通过提高经济质量来化解社会主要矛盾，推动经济发展。新时代中国特色社会主义政治经济学以精准的科学数据，紧扣我国社会主要矛盾的变化，提出经济发展要转向高质量的要求，因而，推动高质量经济发展是新时代确定经济发展思路和制定经济政策的根本要求。在全面建成小康社会的进程中，科学数据能够为精准脱贫、化解重大风险提供量化依据。其实，不管是经济建设，还是政治建设等，都不能离开科学的统计数据和数量概念。正如毛泽东指出："胸中有'数'。这是说，对情况和问题一定要注意到它们的数量方面，要有基本的数量的分析。"② 另一方面，数学为经济学理论提供数量依据。恩格斯认为数学是关于数和形的科学，人类的经济活动本身就是一个克服经济问题的活动过程。从某种程度上来说，政治经济学具有数学性质。政治经济学所要研究的生产、分配、流通和消费等这些经济活动，本身在研究过程中就蕴含着数学特征。英国数理经济学家杰文斯指出："说快乐、痛苦、劳动、效用、价值、财富、货币、资本是量的概念，已经是没有疑问的。"③ 正是由于政治经济学本身在一定意义上具有数学味道，致使政治经济学与数学的相融成为可能，布

---

① 罗清和、鲁志国：《政治经济学》（第 4 版），清华大学出版社 2016 年版，第 13 页。

② 《毛泽东选集》（第 4 卷），人民出版社 1991 年版，第 1442 页。

③ ［英］威廉·斯坦利·杰文斯：《政治经济学理论》，商务印书馆 1984 年版，第 34 页。

拉玛塔指出："欠债减去零是欠债。有钱减去零是有钱。零减去零是零。零减去欠债是有钱。零减去欠债是有钱。……一个欠债与一个有钱的积或商是欠债。"① 可见，数学为政治经济学研究提供了量的依据。

　　第三，质的规定性是推动新时代中国特色社会主义政治经济学发展的目标。政治经济学研究最首要的目的是揭示其本质，获得真理性的认识。新时代中国特色社会主义政治经济学的存在和发展的复杂性，致使人们对其本质的揭示，需要一个过程。对新时代经济学的认识发展过程，通常来说，是要从质性分析开始，然后进入量化阶段。质的规定性是对经济学的定性描述；量的规定性是对经济学的定量分析。从政治经济学数量分析的研究对象来看，新时代中国特色社会主义政治经济学质的规定性，是对宏观经济质的研究，集中研究政府对经济发展的作用。改革开放是新时代鲜明的特征，新时期我国在经济改革实践中丰富和完善了社会主义市场经济理论，对经济改革的目标有了明确认识。维克拉夫·哈维尔曾认为市场经济是唯一能够自然、合理体现生活本质的经济。党的十八届三中全会提出了市场对资源配置起决定性作用，是社会主义市场经济发展的突破。由于市场的决定性，使得政府要从广度和深度上推进市场经济改革，减少对市场的干预和资源的配置，积极调动和发挥微观经济在市场中的作用，推动资源配置实现高效发展，激发企业和个人的活力，推动经济发展和创造财富。可见，质的规定性对我国经济发展方向性的把握是至关重要的，意味着社会主义市场经济的发展在进行量的规定性之前，要以质的规定性作为前提。只有坚持经济学质的规定性为前提，定量分析才有意义，才能对经济学研究做出科学研判。因为脱离质性分析的政治经济学数量分析研究，经济学的定量分析会缺乏方向性。正如马克思在评价古典政治经济学时指

① 刘景华、张功耀：《欧洲文艺复兴》（科学技术卷），人民出版社2008年版，第101页。

出："政治经济学曾经分析了价值和价值量（虽然不充分），揭示了这些形式所掩盖的内容。……为什么劳动表现为价值，用劳动时间计算的劳动量表现为劳动产品的价值量呢？……但在政治经济学的资产阶级意识中，它们竟像生产劳动本身一样，成了不言而喻的自然必然性。"① 可见，资产阶级政治经济学将其质的规定性——资本主义生产方式看作是社会生产的永恒自然形式。还有，马克思继承了李嘉图的劳动价值论，但不同的是马克思对劳动价值论的研究是要揭示经济关系的本质，指出，李嘉图犯有"把资产阶级的生产关系当做永恒范畴的一切经济学家的通病"②。

第四，数量界限分析是维持新时代中国特色社会主义政治经济学发展的度。坚持量和质的统一原则要把握好新时代中国特色社会主义政治经济学研究的数量界限，也即度。党的十八大以来我国对经济作出新常态的判断，其实，也是一种数量界限分析，因为新常态是一种符合经济规律的增长状态。经济从效率粗放型转向质量集约型，从高速增长转向中高速增长，从增量扩能转向调整存量。那么，新常态下经济增长、效率和质量从何而来呢？主要来自经济结构调整和转变经济发展方式，经济结构调整和转变经济发展方式离不开数量界限分析，而且经济活动的生产、消费、交换和流通环节也离不开所谓的加减乘除，要把握好数量界限，也即度。正如习近平总书记指出："要处理好减法和加法的关系。做减法，就是减少低端供给和无效供给，去产能、去库存、去杠杆，为经济发展留出新空间。做加法，就是扩大有效供给和中高端供给……无论做减法还是做加法，都要把握症结、用力得当，突出定向、精准、有度。"③

---

① ［德］马克思：《资本论》（第 1 卷），人民出版社 2004 年版，第 98–99 页。

② 《马克思恩格斯文集》（第 1 卷），人民出版社 2009 年版，第 644 页。

③ 《习近平：把改善供给侧结构作为主攻方向　推动经济朝着更高质量方向发展》，《人民日报》2017 年 1 月 23 日。

第三节 | 数量分析方法视域的新时代中国特色社会主义政治经济学创新路径

## 一、用数量分析方法解决现实经济问题

通常来讲，经济理论具有科学性、人文性的特征。这就是说，从事经济学理论研究时，既要对经济范畴进行辩证分析，而且要对机械、形而上学的教条进行扬弃。实际上，企图维护一个经济体系来获得认知上的进步，往往会受到主体的认知能力和对世界的认知能力的限制。比如，就西方主流经济学而言，倘若某个经济学派仅仅是围绕着某个角度在既定的范围内进行经济解释，而忽视或者放弃其他领域的可行性解释。虽然西方主流经济学能够发挥其最大的优势，但也会受到现实世界带来的解释障碍。从经济学的历史脉络来看，当现代经济学的某一个学派对其中一个问题获得了最大限度的解释时，其解释能力也是存在上限。因为西方经济学在其发展过程中呈现出强势的主流化趋势，主要表现在数学的运用上。正是因为数学对西方经济学的主宰，使得西方主流经济学越来越脱离研究经济本质和经济规律的要求，而逐渐成为一种数学智力游戏。美国著名经济学家里昂惕夫指出："专业经济学杂志上连篇累牍地充满了数学公式，让读者从一大堆多少有点道理但又是完全随意捏造的假设前提中去推导出精确但毫不相关的理论结论。"[1]

---

[1] Leontief W.Academic Economics, *Letter in Science*, 1982, 217（9）, p. 104.

第一，西方主流经济学数学化陷入困境的原因分析。数学化是西方经济学的显著特征，西方非主流经济学却认为，数学化充斥在经济学中，只不过是从理性的假设出发，将人们带入数学化的表达上来，而不是在经济现实中。而且与数学化所根据的形式逻辑相抵抗，致使形式逻辑在西方主流经济学的分析中无法引入真正意义上的马克思经济学数量分析。因为数学化已成为西方经济学是否主流的判断标准，功利主义在西方经济学中的泛滥，使得西方现代经济学的价值取向产生了巨大变化。一方面，模糊了马克思主义经济学和西方主流经济学关于经济分析方法的界分。这两种经济理论都具有价值取向的成分，从经济发展史来看，马克思主义经济学注重社会经济体制的维护，注重宏观经济质的研究，研究方法上则采用量和质相结合的数量分析方法；相反，西方主流经济学注重微观经济量的分析，研究方法上则采用数理分析，注重数学化，但缺乏的是人文价值取向。另一方面，衍生了经济理论的新生态。比如，演化经济学、公共选择经济学、新地理经济学、信息经济学等新分支的兴起。然而，这些新生态经济学并没有摆脱新古典经济学的逻辑思维，仍然是为统治阶级服务的经济学说。同时，为了能够挤进主流地位，这些新生态经济学却转而大量运用数理分析，不顾回归经济本质和规律。

探究其原因，西方主流经济学数学化的一个最大缺陷就是它的数理分析体现的是功利主义。数理建模具有先验主义性质，没有立足于经济学研究的现实性。何梦笔指出："方法论工具主义认为，新古典模型只是为计量经济学工具服务的。它不需要声称是对真实的描述。如果通过统计检验，经验上得出了有意义的结果，那么可以得出结论：理论是正确的，正如对效用的经验研究所测量的那样。"① 可见，这种功利主义的数理分析违背了经济科学理论的研究，局限于数学化的西方主流经济学难以提供现

---

① 何梦笔：《演化经济学的本体论基础》，高等教育出版社 2004 年版，第 87 页。

实的治本策略。显然，不管是经济理论的要求，还是经济学研究的现实状态，都对西方经济学的方法论转换提出了要求。即正视数理分析的缺陷，重拾马克思经济数量分析的科学性和人文性，摆脱古典经济对现代经济的束缚，汲取交叉学科的合理成分。

第二，从经济事实出发的数量分析。马克思在最初研究政治经济学时，就强调要"从当前的国民经济的事实出发"[①]的重要性。这就意味着政治经济学的研究要从实际和现实的经济问题出发，为新时代中国特色社会主义政治经济学方法论创新奠定了基础，突显了政治经济学的研究特色。早在 2008 年金融危机时，西方主流经济学家通过数理建模和数理计算来解释或推理经济范畴之间的变量关系，以此希望对经济危机作出现实解释，包括关注货币供给、固定资本、原材料等因素对市场的影响，甚至是政府宏观经济政策等。但事与愿违，这种经济分析方法"治标不治本"，体现的只是某些触发危机爆发的因素，而不是解释引起金融危机爆发的深层次原因。英国学者克拉克曾指出，"真正的理论问题也不是要解释这一次或那一次危机的特定原因"[②]，而是要从深层次原因中揭示其中存在的问题和矛盾以及经济趋势。其实，马克思早在一百多年前的时候就揭示出经济危机爆发的病根，即资本主义生产方式的内在矛盾。其中，生产过剩是经济危机的最大特征，并且遵循物质生产资料资本主义占有制度—劳资分配的两极化—消费者购买力不足—有效需求不足—商品生产过剩，这样的生成路径，不断循环往复，当量的积累达到一定程度时，引发质的突变，即爆发经济危机。而且经济危机本身是由不同的形态来呈现，这些不同的形态又是由各种触发因素引发。比如，银行信用、技术因素、债务冲击等。因此，马克思指出："所以乍看起来，好像整个危机只表现为信用

---

① 《马克思恩格斯文集》（第 1 卷），人民出版社 2009 年版，第 156 页。

② ［英］克拉克：《经济危机理论：马克思的视角》，北京师范大学出版社 2011 年版，第 3 页。

危机和货币危机。而且，事实上问题只是在于汇票能否兑换为货币。但是这种汇票多数是代表现实买卖的，而这种现实买卖的扩大远远超过社会需要的限度这一事实，归根到底是整个危机的基础。"① 这就是说，要揭示经济危机的根源，主要是深入挖掘内在的因素，这就亟须转向马克思主义经济学的方法论、认识论等思维。

相比之下，马克思经济数量分析注重从量和质的结合，深入探究经济现象的内在规律和本质，以及导致偏离经济本质的内因。在马克思主义政治经济学看来，生产过剩是经济危机的本质。对于具有从事社会实践能力的劳动者的就业而言，物质生产资料的生产确实是过多了。然而，"生产过剩只同有支付能力的需要有关"②。生产过剩源自生产和分配之间的脱离，使得有效需求不足，引发危机。马克思政治经济学正是通过量和质相结合的数量分析对生产、分配、消费等经济活动环节进行分析，得出结论。

第三，反思与启示。马克思确立了政治经济学数量分析的研究立场，因而，在经济学的研究中则是要从经济现实出发，而不是从先验、形而上学，忽视人文性质的数理计算的经济原则来解决经济问题。马克思运用数量分析本身就是在发现和探究经济事实之间的内在本质和规律，揭示资本主义生产方式的本质。恩格斯在回忆年轻时代时说道："我在曼彻斯特时异常清晰地观察到，迄今为止在历史著作中根本不起作用或者只起极小作用的经济事实，至少在现代世界中是一个决定性的历史力量……因而也是全部政治历史的基础。"③ 在恩格斯看来，经济事实是全部政治历史的基础，需要政治经济学对经济事实研究。在新时代，从经济问题出发对政治经济学的研究至关重要。因此，不管是经济理论的要求，还是经济学研究的现实状态，都对西方经济学的方法论转换提出了要求。正视数量分析的缺

---

① 〔德〕马克思：《资本论》（第 3 卷），人民出版社 2004 年版，第 555 页。
② 《马克思恩格斯全集》（第 26 卷Ⅱ），人民出版社 1972 年版，第 578 页。
③ 《马克思恩格斯全集》（第 21 卷），人民出版社 1972 年版，第 247–248 页。

陷，重拾数量分析的科学性和人文性，摆脱古典经济对现代经济的束缚，汲取西方经济学的合理成分。特别是要将马克思的经济数量分析运用于我国实际经济问题，促使我国政治经济学的研究突显人文精神和科学精神，立足于现实。

## 二、构建新时代中国特色社会主义政治经济学话语体系

马克思经济学作为其同一时代的经济数量分析的典范，以《资本论》为基础，为构建新时代中国特色社会主义政治经济学的话语体系奠定了基础。每一个学科都有其自身的话语体系。通常来讲，政治经济学作为理论经济学，既包括经济学范式及其运用的经济学范畴，也强调经济学范式的立场、观点和方法。马克思政治经济学和西方经济学是两种不同的经济学范式，不管是研究对象，还是研究方法都存在差别。前者在于经济问题的质性分析，对人与人之间的本质关系有着深刻的洞见，其经济学范畴是围绕着社会生产关系而展开；后者侧重的是各种经济现象的数量关系的表述，以及宏观和微观经济运行的量化分析。然而，这两个经济学范式对经济分析而言，具有一定的现实和理论意义，既不能相互对斥，也不能相互取代，而是相互借鉴和学习。构建新时代中国特色社会主义政治经济学的话语体系，不能离开经济研究对象和任务。中国特色社会主义政治经济学的研究对象是中国特色社会主义的生产关系，研究任务是发展生产力，完善我国基本经济制度，强调的是经济制度方面的分析。这就是说，新时代中国特色社会主义政治经济学的话语体系的基础是《资本论》，包括以下这几方面的内容：

第一，《资本论》基本理论。在数量分析方法下，科学的批判精神是《资本论》的一个显著的特色和本身所固有的本质属性，体现在《资本论》

中的经济范畴和经济理论的创新上。例如，商品、资本、利润等最基本的经济范畴，在赋予这些基本的经济范畴的科学内涵之前，尽管这些经济范畴是资本主义经济学家提出，但却忽视作出科学合理的解释。如商品，资产阶级经济学家对商品的解释仅仅是停留在量化描述的表面之上，只是市场上可任意买卖的东西而已。然而，马克思的《资本论》除了在数量分析方法上考察了商品的表层现象之外，更为重要的是揭示了商品拜物教现象，围绕着经济社会关系，以商品作为起点展开论述。价值、价格、资本、利润等基本范畴亦是如此。因而，马克思和恩格斯也认为在数量分析方法下，《资本论》按照这种科学批判精神揭示了政治经济学的质的深层次本质，即"经济学研究的不是物，而是人和人之间的关系，归根到底是阶级和阶级之间的关系；可是这些关系总是同物结合着，并且作为物出现；诚然，这个或那个经济学家在个别场合也曾觉察到这种联系，而马克思第一次揭示出它对于整个经济学的意义，从而使最难的问题变得如此简单明了"。①

马克思和恩格斯在《资本论》等著作中对经济学观点和理论的科学批判精神具有系统性。马克思和恩格斯指出："我们面前的这部著作，决不是对经济学的个别章节作零碎的批判，决不是对经济学的某些争论问题作孤立的研究。相反，它一开始就以系统地概括经济科学的全部复杂内容，并且在联系中阐述资产阶级生产和资产阶级交换的规律为目的。既然经济学家无非是这些规律的代言人和辩护人，那么，这种阐述同时也就是对全部经济学文献的批判。"② 比如，劳动价值论最早是由配第提出，但配第的劳动价值论观点是以金银财宝的劳动创造价值。斯密进一步深化劳动价值论，认为工资、地租、利润构成商品的价值，是价值的来源。李嘉图则为劳动价值论添加了一

---

① 《马克思恩格斯文集》（第 2 卷），人民出版社 2009 年版，第 604 页。
② 《马克思恩格斯文集》（第 2 卷），人民出版社 2009 年版，第 600 页。

些合理元素，一方面认可劳动创造价值观点，对商品价值量有一定的认识；另一方面，他对商品价值实体是何物以及劳动创造价值的劳动是何种劳动较为模糊。这使得劳动价值论的观点陷入困境，甚至是造成古典经济学庸俗化。马克思则是继承和发展了古典经济学劳动价值论观点，明确指明劳动二重性是理解政治经济学的枢纽，为政治经济学的变革奠定了基础。体现出在数量分析和科学批判的精神下，《资本论》基本理论的分析，是中国特色社会主义政治经济学的重要话语和创新路径。

第二，《资本论》研究方法。西方资本主义利用资本积累攫取大量物质财富来扩张经济生产力，通过剥削劳动者肆意创造剩余价值，耗损生态自然资源。其中的手段形式就是西方资产阶级经济学利用数理形式彰显其所谓的"科学性"，企图以所谓的"科学性"来维护资本主义制度，斥责马克思政治经济学。然而，马克思政治经济学数量分析方法能从量的层面去揭示深层次的内在本质。因为西方资本主义经济学的数理分析是为了维护资产阶级的经济利益，而不是以数理分析回归经济本质。新时代中国特色社会主义政治经济学话语创新是在继承马克思政治经济学的基础上，结合我国经济实际情况，学习和借鉴《资本论》，甚至是西方经济学中有益的成分。研究方法的创新，也是新时代中国特色社会主义政治经济学的重要话语创新，《资本论》研究方法提供了方法论的指导。因为《资本论》严密的理论体系，扎实的理论内容和研究任务、目的，为新时代中国特色社会主义政治经济学的方法论指导提供了严密而具有逻辑性的体系和坚实的方法论基础。《资本论》以剩余价值为中心，资本为主线，共有四卷本。《资本论》前面三卷，马克思用数量分析方法对生产、分配、流通和消费经济活动环节展开论述，从对经济范畴量的分析，以质性分析揭示经济社会关系的内在本质。而且，在运用数量分析方法进行描述时，方法论层面上蕴含着《资本论》深厚的哲学基因。比如，《资本论》中的劳动二重性就是站在其哲学密码之上的一种经济学量度，鲁品越指出："劳动过程首先是人与自然关系的具体的技术过程，此称'具体劳动'；与此同时也在生产着人与人的作为整体的社会关系，此称'抽象劳动'。作为生产社会关系的抽象劳动必须通过技术性的具体劳动来实现，这就是劳动二重性的意义所在。"① 实际上，劳动二重性正是通过数量分析体现出其唯物史观的哲学意义。

第三，《资本论》当代意义。"经典文本"与"现实逻辑"是相互交融，互相促进的。政治经济学的"经典文本"不仅是对"现实逻辑"之政治经济学理解的历史积淀，而且为理解"现实逻辑"提供了思想源泉。新时代中国特色社会主义政治经济学的创新和发展，要立足于"经典文本"与"现实逻辑"的融会贯通和相互作用。促进新时代中国特色社会主义政治经济学话语创新和发展，既要从"经典文本"中获得政治经济学上的方法、立场和观点以及思想源泉，也要从"现实逻辑"的把握中汲取实际经济问题、人民心声、时代精神等。因而，"经典文本"和"现实逻辑"这两方面，共同构成了新时代中国特色社会主义政治经济学创新和发展的不可缺少的关键所在。《资本论》的当代意义，体现的是马克思《资本论》文本与现实的对话。早在 20 世纪 80 年代末时，吴敬琏指出："对于改革的理论和实际问题进行自由而切实的讨论，是改革向前推进的必要前提。"② 改革开放 40 多年来，我国经济取得了惊人的成绩，但与之相伴的是我国政治经济学话语优势较为欠缺，没有将经济优势进一步转化为话语优势。探究其原因，一个最大的问题就是核心创造力欠缺，具体而言，主要凸显在这几个方面：其一，直接将西方发达国家的经济学术语用于我国经济学研究中，比如经济学概念、名词等。其二，我国政治经济学理论受西方发达国家的人文社会科学约束。其三，我国政治经济学的研究和学习教材的编写受到西方经济学教材体例的影

---

① 鲁品越：《鲜活的资本论》，上海人民出版社 2016 年版，第 148 页。

② 吴敬琏、周小川等：《中国经济改革的整体设计》，中国展望出版社 1990 年版，第 14 页。

响。新时代中国特色社会主义政治经济学的话语创新要以《资本论》作为基础，结合中国特色社会主义经济实际情况。2014 年 5 月，我国经济新常态的提出，意味着我国经济社会进入崭新的阶段，相较于之前高速增长的经济，现阶段的经济运行态势应有新的调整。宏观经济要致力于整个经济社会的平稳发展，处理好经济指标的量化发展与经济效益质量发展的关系。微观经济要实现经济发展方式的转变，提高经济效率、质量和效益。这就是说，经济发展要从量的扩张转向质的提升。实际上，新时代中国特色社会主义经济发展，不管是从微观层面，还是宏观层面，不能离开以《资本论》为基础的马克思政治经济学范式的指导。

## 三、实现政治经济学数理与制度分析

政治经济学的制度因素，通常来说，是指影响政治经济学发展的人文社会、政策制度等因素。经济制度主要是存在于生产关系当中，用来制约人们经济社会生活的行为规范，维持经济社会秩序，减少经济交易的风险。那么，制度和数理经济增长，哪个因素对政治经济学发展起到决定性的作用呢？

自亚当·斯密以来，西方经济学家就热衷于以"经济人"假设作为前提，即把经济制度作为常量来研究经济问题。虽然理性"经济人"假设有助于经济学家在忽视社会制度因素研究经济问题，但人类的经济社会行为往往比古典经济理论"经济人"假设要复杂烦琐得多。早在 20 世纪 80 年代以来，随着新制度经济学的兴起，西方经济学家将新制度经济学用来解释西方国家，逐渐形成经济史理论框架，比如交易费用、产权理论等。实际上，马克思的生产关系在一定程度上来讲，就是制度分析。从马克思的经济发展规律来看，"生产力和生产关系，经济基础和上层建筑"的经济制度变化，就可以看出马克思经济制度对我国经济发展的影响。相较于西方资本主义经济学家从经济现象层面进行制度分析，马克思更注重的是从本质层面进行制度分析，突显制度分析的客观性和实用性。关于制度分析和数理分析，究竟二者谁决定政治经济学的发展，可从以下几方面进行比较。

第一，二者的理论前提比较。诺贝尔经济学奖得主诺斯认为制度分析是决定经济获得长期增长的首要条件，脱离制度的保障，财富数量的积累和经济增长则是举步维艰。为证明制度决定论，制度经济学家埃西姆格鲁考察了西方殖民地的收入情况，得出当时的贫困地区之所以富裕，是因为这些地方得到了私有产权制度的保护。制度上的差异使不同地区的经济增长不尽相同，并遵循这一路径，制度因素成为西方历史进程中一个很重要的因素。而在马克思政治经济学制度理论看来，经济制度则是从人类社会发展的基本矛盾中来解释。在马克思看来，生产力是经济制度的根本动力。由于科技进步对生产力的作用，加速了经济制度的变化发展。可见，马克思则是从生产关系、上层建筑层面来阐释经济制度。他指出："这种具有契约形式的（不管这种契约是不是用法律固定下来的）法的关系，是一种反映着经济关系的意志关系。这种法的关系或意志关系的内容是由这种经济关系本身决定的。"①

第二，二者的方法论比较。从方法论层面来看，数理分析和制度分析体现的是政治经济学研究中的一种实证分析和规范分析。实证分析，通常来说是对经济问题是什么的一种分析，但这种研究方法往往忽视经济运行的结果，而忽略考虑是否值得采取和运用，所依据的研究方法是对经济范畴之间的变量关系的数理分析。但这种研究方法具有客观性。樊刚指出："从经济现象的分析、归纳中，概括出一些基本的理论前提假设作为逻辑分析的起点，然后在这些基于现实得出的假设基础上进行逻辑演绎，推导

---

① 《马克思恩格斯文集》（第5卷），人民出版社2009年版，第103页。

出一系列结论，并逐步放松一些假设，使理论结论更加接近具体事实。"①
规范分析，通常来说是对经济运行应该是什么的一种分析，涉及的是经济
社会关系的价值判断，所依据的研究方法是制度分析，旨在达到一种价值
评判的目的。19 世纪 20 年代，现代西方资本主义经济学将这两种分析法
进行了划分，使得这两种分析法相互分离。陈岱孙指出："实证经济论者
否定价值判断。但是否定不等于不存在。数理模型分析了各种经济变量之
间的关系，得到了一种结果。但是这种结果是否符合现实实际，完全与价
值判断无关吗？当然不是。"② 这就是说，在一定意义上，数理分析和制度
分析是相互融合，各自有自身的优势。

　　第三，二者基本假设的比较。西方经济学的基本假设是理性"经济人"
假设，忽视了"经济人"假设的有限性，用数理分析方法追求源源不断的
财富增长。但是在政治经济学研究中，数理分析方法还要结合经济实际情
况，避免数理分析的滥用。诚如茅于轼指出："这一门主要在西方国家里
发展起来的数理经济学并不是直接搬到我国来就可以应用的。社会制度不
同，经济实践经验不同，人们考虑经济问题的出发点不同，不结合我国具
体情况，生搬硬套，必定是害多利少。"③ 马克思政治经济学坚持从"现实
的人"出发，在马克思看来，人的本质是社会关系的总和。数量分析的引
入，为马克思政治经济学的研究方法注入新元素，既可以使经济现象和经
济过程的表达清晰简洁，也可以使政治经济学的推理精确化，理论框架具
有逻辑性和富有条理。

　　马克思政治经济学和西方经济学关于数理分析与制度分析都有一定的
研究，具有各自的特色。通过二者的研究，得到以下几点启示：

　　第一，用马克思政治经济学的数量分析来研究西方经济学的数理分

---

① 樊纲：《公有制宏观经济理论大纲》，上海三联书店、上海人民出版社 1995 年版，第 5 页。

② 《陈岱孙文集》（下卷），北京大学出版社 1989 年版，第 901 页。

③ 茅于轼：《经济学所用的思考方法》，《读书》1998 年第 1 期，第 1 页。

析。马克思政治经济学数量分析是在对西方资本主义经济学数理分析的批判和深化中产生和发展，而且获得了马克思研究政治经济学理论和实践的方法、观点和立场。对深入研究政治经济学理论非常重要。马克思政治经济学数量分析对西方经济学数理分析不是持直接否定的态度，但也不意味着盲目地推崇数理分析，而是对西方经济学数理分析不能回归经济学研究的本质进行批判和发展，但其数理分析方法具有借鉴价值。新时代中国特色社会主义政治经济学引入数量分析方法，不仅是扭转盲目崇拜、完全照搬西方经济学、苏联范式经济学，边缘化、不重视马克思主义经济学等局面，而且是解决我国经济改革过程中的现实问题，并提出有效建议的重要途径。恩格斯指出："马克思的整个世界观不是教义，而是方法。它提供的不是现成的教条，而是进一步研究的出发点和供这种研究使用的方法。"[①] 这就是说，在马克思政治经济学的指导基础上，发展我国政治经济学要结合我国经济实际情况，运用有益的经济分析方法。

第二，数理分析和制度分析是影响政治经济学运行发展的重要因素。不管是现代西方经济学，还是马克思政治经济学，都离不开经济制度分析。因为没有制度政策的制约，市场经济运行机制则是杂乱无章。微观经济各主体都必须在经济制度的约束下才能实现经济活动的利益和目标，比如家庭经济主体可以选择其经济活动方式来实现家庭利益最大化，企业等亦是如此。崔巍指出："经济制度调整的对象是经济主体间的经济关系，即人和由人组成的经济组织在从事物质资料生产、分配、流通和消费活动中所形成的物质利益关系。"[②] 现代西方经济学的数理分析工具应该要被汲取，要真正将数理分析方法运用到经济学研究中，回归经济本质。这就是说，新时代中国特色社会主义政治经济学数量分析是对西方资本主义政

---

[①] 《马克思恩格斯文集》（第 10 卷），人民出版社 2009 年版，第 691 页。

[②] 崔巍：《制度经济学派的扬弃、理论再造与中国适用》，《东南大学学报》（哲学社会科学报）2007 年第 2 期，第 15 页。

治经济学数理分析的扬弃，而不是否定。数量分析有助于经济生产力的发展，比如说供给侧结构性改革，实际上就是在数量分析方法推动下，在量和质相结合基础上，经济发展所获得的经济成果。

第三，符合马克思政治经济学数量分析的数理分析和制度分析才具有强大的功能。马克思政治经济学数量分析凸显的是量和质的辩证统一，政治经济学研究不仅要有数理分析，也要有制度分析。马克思政治经济学是应用数量分析的典范，有学者认为马克思的政治经济学缺乏数量分析。事实上，这种说法具有片面性。从政治经济学的思想史来看，马克思的政治经济学成功地将数理分析运用于古典经济学研究中，并且是运用数量分析方法于古典经济学中是最多的。比如，马克思《资本论》就是最好的典范，《资本论》第一、第二、第三卷围绕剩余价值的生产、分配、流通和消费等经济活动环节的研究都运用了数量分析，揭示资本主义生产方式的本质和规律。其实，正是因为马克思运用了数量分析对资产阶级古典经济学进行批判和反思，才使得古典经济学的弊病逐渐揭露出来。譬如，马克思在对资产阶级私有财产的批判时指出："国民经济学从私有财产的事实出发。它没有给我们说明这个事实。它把私有财产在现实中所经历的物质过程，放进一般的、抽象的公式，然后把这些公式当作规律。它不理解这些规律，就是说，它没有指明这些规律是怎样从私有财产的本质中产生出来的。"①马克思澄清了数量分析和经济学的关系，指出了资产阶级古典经济学的弊病，使得马克思对古典政治经济学上升到一种全新的认识。可见，马克思是政治经济学数量分析的先驱。因此，在新时代，面对经济发展方式的转换、经济结构的调整，要将政治经济学数理与制度分析落实到经济研究中，实现经济从粗放型向集约型、数量增长向质量发展的转变，适应现代经济体系的要求。

———

① 《马克思恩格斯文集》（第1卷），人民出版社2009年版，第155页。

# 结　语

　　本研究以马克思主义经济哲学为主要研究视域，对马克思政治经济学数量分析进行研究。马克思在继承和批判基础上，实现经济数量分析从古典范式向现代分析的转变。从对马克思经济学范畴的数量分析解读，得出马克思经济学数量分析是关于量和质有机融合的数量分析。以此达到经济学研究人和物的理解，并寻找到适合新时代中国特色社会主义政治经济学创新和发展的路径。首先，基于马克思政治经济学数量分析主体、议题、主张的逻辑建构，通过西方经济学与马克思政治经济学关于主体、议题、主张的考察，来说明马克思经济学数量分析的主体是现实的人。得出马克思生产、分配、流通和消费的数量分析注重生产关系的质的分析。根据由核心议题生发的经济矛盾思路贯彻于主体经济利益的实现，并按照马克思政治经济学数量分析的逻辑建构探讨其价值意义。其次，基于马克思政治经济学数量分析的目标、逻辑、归宿，得出经济利益主体多元化、经济利益主体自利性、政治经济学的包容性发展是目标。通过西方经济学和马克思政治经济学关于核心议题的数量分析的比较，得出马克思政治经济数量分析的逻辑包括有：数量性和质量性的统一，历史性和逻辑性的统一，工具性和价值性的统一，实证性和抽象性的统一。因而，为马克思政治经济学数量分析的发展指明了方向，即马克思政治经济学数量分析的落脚点和归宿是在量和质的统一中揭示生产关系，发展以人民为中心的具有科学性和人文性质的经济学。再次，基于马克思政治经济学数量分析的质量互变、微观与宏观分析、系统与要素相协同的辩证方法，有助于研究政治经济学方法的数量分析意义。最后，基于马克思政治经济学数量分析的发展与影响，遵循马克思政治经济学数量分析主体、目标、方法，贯彻于发展以人民为中心的经济学，为改善民生服务。

本研究致力于在几个层面有所突破：一是在理论层面，本研究将马克思政治经济学数量分析的问题作为中国特色社会主义政治经济学建设的逻辑起点，对马克思政治经济学数量分析的理论溯源进行了梳理，对马克思政治经济学数量分析的内容作了概括，初步建立起马克思政治经济学数量分析的思想体系。二是在观点层面，注重对政治经济学经济范畴的解读，马克思以资本主义生产关系作为研究对象，用数学对经济范畴进行研究。马克思的数量分析就是对经济范畴以数学形式揭示资本主义生产关系的本质。数量分析本身是关于数量的分析方法，但马克思政治经济学数量分析则是关于量和质有机融合的数量分析方法。从这一角度出发，经济数量分析，就是人和物、数理和制度的关系。本研究按照这一线索对马克思政治经济学数量分析进行研究。三是在研究方法层面，从与西方经济学理论方法的比较中，探索了马克思政治经济学数量分析的数量性和质量性，历史性和逻辑性，工具性和价值性，实证性和抽象性的统一等方法论特征。四是在实践层面，数量分析是马克思政治经济学的重要内容和分析方法。马克思政治经济学数量分析是新时代中国特色社会主义经济学的重要问题，本研究为新时代中国特色社会主义经济学的研究拓宽了新的领域和路径。

# 主要参考文献

## 一、中文著作类

1. 《马克思恩格斯文集》(1—10 卷)，人民出版社 2009 年版。

2. 《马克思恩格斯选集》(1—4 卷)，人民出版社 2012 年版。

3. 《马克思恩格斯全集》(第 20、21、26 Ⅱ卷)，人民出版社 1972 年版。

4. 《马克思恩格斯全集》(第 46 卷上)，人民出版社 1979 年版。

5. 《列宁全集》(第 20、55、58 卷)，人民出版社 1990 年版。

6. 《苏联社会主义经济问题》，人民出版社 1961 年版。

7. 《毛泽东选集》(第 1、4 卷)，人民出版社 1991 年版。

8. 《邓小平文选》(第 3 卷)，人民出版社 1993 年版。

9. 《决胜全面建成小康社会，夺取新时代中国特色社会主义伟大胜利》，人民出版社 2017 年版。

10. 《习近平谈治国理政》(第 1 卷)，外文出版社 2018 年版。

11. 马艳：《现代政治经济学数理分析》，上海财经大学出版社 2011 年版。

12. 刘永佶：《中国政治经济学方法论》，中国社会科学出版社 2015 年版。

13. 乌家培：《经济数量分析概论》，中国社会科学出版社 1983 年版。

14. 纪明山：《古典经济学数量分析概论》，南开大学出版社 1993 年版。

15. 朱成全：《经济学哲学名篇中的元经济学问题研究》，东北财经大学出版社 2014 年版。

16．吴易风：《当前经济理论界的意见分歧》，中国经济出版社 2000 年版。

17．王明友：《〈资本论〉中的市场经济逻辑》，社会科学文献出版社 2015 年版。

18．薛天栋：《数量经济学》，华中工学院出版社 1986 年版。

19．于建嵘：《中国特色社会主义政治经济学》，国家行政学院出版社 2016 年版。

20．张忠任：《数理政治经济学》，经济科学出版社 2006 年版。

21．余元希：《数的概念》，上海教育出版社 1963 年版。

22．杨适：《古希腊哲学探本》，商务印书馆 2003 年版。

23．苗力田：《亚里士多德全集》（第 7 卷），中国人民大学出版社 1993 年版。

24．杜丹：《古代世界经济生活》，商务印书馆 1963 年版。

25．周辅成：《西方伦理学名著选辑》（上），商务印书馆 1964 年版。

26．田国强：《高级微观经济学》，中国人民大学出版社 2016 年版。

27．张守文：《分配危机与经济法规制》，北京大学出版社 2015 年版。

28．张屹山：《经济数量分析》，吉林大学出版社 1987 年版。

29．韩建新：《信息经济学》，北京图书馆出版社 2000 年版。

30．朱玉春、刘天军：《数量经济学》，中国农业出版社 2006 年版。

31．史树中：《诺贝尔经济学奖与数学》，清华大学出版社 2002 年版。

32．朱钟棣：《国外马克思主义经济学新探》，上海人民出版社 2007 年版。

33．王亚南：《中国经济原论》，商务印书馆 2014 年版。

34．张宇：《中国特色社会主义政治经济学》，中国人民大学出版社 2016 年版。

35．鲁品越：《鲜活的资本论》，上海人民出版社 2016 年版。

36．［德］马克斯·韦伯：《社会科学方法论》，中国人民大学出版社

1999 年版。

37. ［德］爱德华·伯恩斯坦：《伯恩斯坦文选》，人民出版社 2008 年版。

38. ［英］托马斯·孟：《英国得自对外贸易的财富》，商务印书馆 1959 年版。

39. ［英］迈尔·舍恩伯格、肯尼斯·库克耶：《大数据时代》，浙江人民出版社 2013 年版。

40. ［英］萨伊：《政治经济学概论》，商务印书馆 2010 年版。

41. ［英］亚当·斯密：《国富论》（上、下卷），商务印书馆 2016 年版。

42. ［英］威廉·配第：《政治算术》，商务印书馆 1963 年版。

43. ［英］威廉·配第：《政治算术》，中国社会科学出版社 2010 年版。

44. ［英］威廉·配第：《货币略论》，商务印书馆 1978 年版。

45. ［英］大卫·李嘉图：《政治经济学及赋税原理》，商务印书馆 1976 年版。

46. ［英］阿弗里德·马歇尔：《经济学原理》（上卷），商务印书馆 1981 年版。

47. ［英］埃克伦德、赫伯特：《经济理论和方法史》（第四版），中国人民大学出版社 2001 年版。

48. ［英］埃里克·罗尔：《经济思想史》，商务印书馆 1981 年版。

49. ［英］斯坦利·杰文斯：《政治经济学理论》，商务印书馆 1984 年版。

50. ［英］琼·罗宾逊：《经济哲学》，商务印书馆 2011 年版。

51. ［英］约翰·格雷：《人类幸福论》，商务印书馆 1963 年版。

52. ［英］霍奇逊：《演化与制度：论演化经济学和经济学的演化》，中国人民大学出版社 2007 年版。

53. ［法］奥古斯丁·古诺：《财富理论的数学原理研究》，商务印书馆 1994 年版。

54. ［法］萨伊：《政治经济学概论》，商务印书馆 2010 年版。

55.［法］鲍德里亚:《符号政治经济学批判》,南京大学出版社 2009年版。

56.［法］保尔·拉法格:《回忆马克思恩格斯》,人民出版社 1957年版。

57.［美］托马斯·库恩:《科学革命的结构》,北京大学出版社 2003年版。

58.［美］丹尼尔·贝尔:《资本主义的文化矛盾》,三联书店 1989年版。

59.［美］R·D·C·布莱克:《经济学的边际革命》,商务印书馆1987年版。

60.［美］曼昆:《经济学原理》(宏观经济学分册),北京大学出版社2015年版。

61.［美］保罗·萨缪尔森:《经济学》(第 18 版),人民邮电出版社2016年版。

62.［美］斯坦利·布鲁、兰迪·格兰特:《经济思想史》,北京大学出版社 2008年版。

63.［美］曼纽尔·卡斯特:《网络社会的崛起》,社会科学文献出版社 2006年版。

64.［美］保罗·萨缪尔森、威廉·诺德豪斯:《经济学》,人民邮电出版社 2016年版。

65.［美］詹姆斯·M.布坎南:《同意的计算》,中国社会科学出版社2000年版。

66.［美］罗伯特·吉尔平:《国际关系政治经济学》,上海人民出版社 2006年版。

67.［古希腊］杨布里柯:《算数的神学原理》,中国社会科学出版社2008年版。

68.［古希腊］色诺芬:《经济论:雅典的收入》,商务印书馆1961年版。

69.［古希腊］亚里士多德:《伦理学》,商务印书馆1933年版。

70. ［苏］奥斯卡·兰格：《社会主义经济理论》，中国社会科学出版社 1981 年版。

71. ［苏］涅姆钦诺夫：《经济数学方法和模型》，商务印书馆 1980 年版。

## 二、论文类

1. 何干强：《论唯物史观的经济分析范式》，《中国社会科学》2007 年第 5 期。

2. 谭培文：《社会主义自由的张力与限制》，《中国社会科学》2014 年第 6 期。

3. 程祖瑞：《数学化的经济学是数量经济学发展的归宿》，《郑州大学学报》（哲学社会科学版）1999 年第 3 期。

4. 幸国强：《度是事物保持其质的多维数量界限》，《四川师范大学学报》（社会科学版）1990 年第 2 期。

5. 杨玉生：《从本质上坚持马克思的劳动价值论》，《当代经济研究》2000 年第 6 期。

6. 张增强：《〈资本论〉研究的几点再认识》，《当代经济研究》2017 年第 8 期。

7. 杜受祜：《经济理论数量分析精确化》，《数量经济技术经济研究》1985 年第 7 期。

8. 王今朝：《对西方资本主义市场经济的再认识》，《马克思主义研究》2016 年第 5 期。

9. 赵凌云：《经济学数学化的是与非》，《经济学家》1999 年第 1 期。

10. 逄锦聚：《中国特色社会主义政治经济学论纲》，《政治经济学评论》2016 年第 5 期。

11. 王晓东：《做好搞活微观经济这篇大文章》，《求是》2014 年第 12 期。

# 后 记

时光荏苒，走过了春夏秋冬，经过四季轮回，年轻的梦在这里发芽，六年的桂林求学生涯，是我人生阶段中非常难忘的经历。容园、静园的茶话时光，雁山新城的繁华景象，图书馆里勤奋学习、田径场上挥汗如雨……这一切都历历在目，并将永远定格在记忆深处。经历充满求知的渴望、艰难的耕耘、遇挫的沮丧、收获的兴奋诸多情感的心路历程后，博士论文的完稿是自己人生宝贵成长经历的一个重要符号。离别之际，我无尽感慨，更多的是不舍，舍不得离开学校，舍不得离开导师，太多的回忆，太多的话要说，但此时最想说的还是感谢！

在此我要首先感谢敬爱的导师谭培文教授。从硕士到博士，谭老师从学业、生活、工作上都给予了我终生难忘的指导和关怀。六年前，自己满怀希望和憧憬踏入广西师范大学校门的情景记忆犹新。正是谭老师的谆谆教导，开启了自己对马克思主义哲学的幼稚探索，历经多年的积累，导师的激励督促、耳提面命，从如何阅读和掌握马克思主义经典文本到如何提炼观点，从论文选题到思路的展开都给予我关键性的点拨。面对"马克思政治经济学数量分析研究"这样一个颇具创新性和现实感极强的题目，我特别担心自己的理论水平有限而无法充分展示其中的要义。在我感到困惑的时候，谭老师给予高屋建瓴的分析指导；在我论文写作遇到观点理解障碍时，谭老师深刻到位的分析，使我顿悟，思路逐渐明朗清晰；在我对学术懵懂迷茫时，谭老师不断训练我的学术能力，使我在专业技能上有了进步。在此，我深深感谢谭老师，感谢谭老师传授给我的理论研究学习能力、严谨的学习态度和平易近人的学者风范，能够成为谭老师的弟子实乃我人生中的一大幸事。六年来，谭老师于我亦师亦友亦父，不仅以师之严教会我专业之道，还言传身教，为人之道，为师之严，为友之志，为父之慈。谭老师敏捷的逻辑思维，豁达开阔的胸襟、严谨的大局观、积极向上的生活态度是我一生要学习的宝贵财富，师恩厚重，弟子永远铭记于心，诚心祝愿老师永远幸福安康，学术常青！

其次，我要感谢汤志华老师对我学习和论文写作进展的关怀和指导。感谢钟瑞添老师、韦冬雪老师、林春逸老师、黄瑞雄老师、李长成老师的精彩课堂和学习指导，你们在我求学道路上不吝赐教，你们或严厉、或鼓励的话语依然回荡在我耳边。感谢所有关心和帮助过我的师友们，谢谢您们的真诚交流和鼓励。当然，也忘不了和我一起求学的同窗们，感谢有你们的相伴，让我的求学之路不至于枯燥和孤单。

最后，我要感谢严厉慈爱的父亲和温柔善良的母亲对我的支持与鼓励，让我在求学道路上勇往直前，学会勇敢面对一切困难挫折。感谢各位伯伯、叔叔们对我学习情况的殷切关怀，是你们鞭策我不断努力。需要感谢的人太多，在此，祝愿所有关心和帮助过我的老师、同学、亲友幸福快乐！感谢中共广东省委宣传部和广东人民出版社的支持！

丘艳娟

2020 年 10 月 28 日